dtv

Tante Jolesch, der Kenner weiß es seit langem, ist bereits im Jahre 1932 friedlich gestorben, und das Rezept ihrer unübertrefflichen »Krautfleckerln« nahm sie überdies mit ins Grab. Aber daß Friedrich Torberg auch ihren »Erben« ein komplettes Anekdotenbuch widmet, daß er die Wiener Kaffeehauswelt mit ihren Käuzen und Originalen, mit ihren Kulturphilosophen und literarischen Größen noch einmal zum Leben erweckt, ließ sich gar nicht vermeiden: Zu vieles war im ersten Buch nicht erzählt worden, tauchte später erst aus der Erinnerung auf – den Lesern zur Freude. »Wer Torbergs Beschwörung der unwiederbringlich verlorenen Ära, der ersten Jahrhunderthälfte zwischen Wien/Brünn und Hollywood, dem Café Griensteidel und dem Broadway gelauscht und ›Mehr, mehr!‹ verlangt hat, dessen Wunsch geht hier in Erfüllung«, schrieb Hellmut Jaesrich in der ›Welt‹.

Friedrich Torberg, am 16. September 1908 in Wien geboren und am 10. November 1979 in seiner Geburtsstadt gestorben, studierte in Prag und Wien und begann nach ersten Buchveröffentlichungen Theaterkritiken zu schreiben. 1938 emigrierte er in die Schweiz und flüchtete 1940 aus Frankreich nach Amerika. 1951 Rückkehr nach Wien. Bis 1965 gab er die kulturpolitische Zeitschrift ›Forum‹ heraus.

Friedrich Torberg

Die Erben der Tante Jolesch

Deutscher Taschenbuch Verlag

Dieses Buch liegt auch in der Reihe dtv großdruck
als Band 25038 vor.

Von Friedrich Torberg sind außerdem
im Deutschen Taschenbuch Verlag erschienen:
Der Schüler Gerber (884)
Die Tante Jolesch (1266)

Ungekürzte Ausgabe
April 1981
10. Auflage Februar 1999
Deutscher Taschenbuch Verlag GmbH & Co. KG,
München
Lizenzausgabe mit freundlicher Genehmigung der
Albert Langen · Georg Müller Verlag GmbH,
München · Wien
© 1978 Friedrich Torberg
Umschlagkonzept: Balk & Brumshagen
Umschlagbild: ›Regentag in Scheveningen‹ (1959) von Karl Hubbuch
(© Myriam Hubbuch)
Gesamtherstellung: C. H. Beck'sche Buchdruckerei,
Nördlingen
Gedruckt auf säurefreiem, chlorfrei gebleichtem Papier
Printed in Germany · ISBN 3-423-01644-2

Inhalt

Anhang

Zweite Bände oder Fortsetzungen, wenn sie nicht von vornherein angekündigt oder zumindest geplant waren, haben immer etwas Verdächtiges an sich, etwas von unlauterer Spekulation auf einen vorangegangenen Erfolg. Ich versuche erst gar nicht, diesen Verdacht zurückzuweisen; ich kann nur zu erklären versuchen, warum ich ihn auf mich nehme.

›Die Tante Jolesch‹ war die Druckfassung von Anekdoten und Bonmots, von teils historischen, teils persönlichen Reminiszenzen an eine versunkene Welt, von kleinen Geschichten, die ich jahre- und jahrzehntelang mit mir herumgetragen und im Kreis empfänglicher Freunde erzählt hatte – und war das Ergebnis des jahrelangen Zuspruchs eben dieser Freunde: ich sollte doch endlich niederschreiben, was ich da erzähle, sonst ginge es verloren, und das wäre doch schade. Daß es schade wäre, glaubte auch ich, daß es verlorengehen könnte, glaubte ich nicht. Aber je älter ich wurde, um so bedrohlicher schien mir diese Möglichkeit näherzurücken. Zuspruch und Mahnung verstärkten sich im gleichen Maß, in dem sich die Anzahl derer verringerte, die meine Erinnerung noch aus eigenem Erleben teilten, bei denen ich mir im Bedarfsfall noch Auskunft holen konnte, wie das damals war, wer bei welcher Gelegenheit was gesagt hat, ob die betreffende Geschichte verbürgt sei oder erfunden und von wem. Eines Tages sah ich mich um und mußte feststellen, daß die potentiellen Auskunftgeber sich an den Fingern einer Hand abzählen ließen. An diesem Tag begann ich mit der Niederschrift der ›Tante Jolesch‹.

Sie erfolgte ohne jede Unterlage, ohne Stützung auf irgendwelche Aufzeichnungen oder Dokumente, ohne System oder Konzeption. Sie erfolgte, um es kurz zu sagen, aufs Geratewohl, und daß sie halbwegs wohlgeraten ist, ja daß während des Schreibens sogar eine Art innerer Struktur zustande kam und das Ganze zusammenhielt, hat sich erst nachher gezeigt. Die einzige Quelle, über die ich verfügte, war mein Gedächtnis. Und mein Gedächtnis ist zwar dort, wo es funktioniert, sehr gut, aber es ist – was sich desgleichen erst nachher gezeigt hat – von Lücken nicht ganz frei. Der vorliegende Band entstand aus dem Wunsch und zu dem Zweck, diese Lücken aufzufüllen. Fast alles, was hier steht, hätte schon in der ›Tante Jolesch‹

stehen können – ich habe mich nur zu spät daran erinnert. Und da ich diese verspäteten Erinnerungen für ebenso verbuchenswert halte wie die in der ›Tante Jolesch‹ bereits verbuchten, scheint es mit nicht bloß gerechtfertigt, sondern schlechterdings geboten, sie den Lesern der ›Tante Jolesch‹ nachzuliefern.

Wer die ›Tante Jolesch‹ nicht gelesen hat, soll sich deshalb von der Lektüre keineswegs ausgeschlossen fühlen, sondern lediglich verstehen, daß ich (sozusagen unwillkürlich) vor allem an Leser denke, die mit gewissen Vorkenntnissen ausgerüstet sind und denen die im Text gelegentlich angebrachten Bezugs-Vermerke* etwas besagen. Offen gestanden, ist mir die Vorstellung eines Lesers, der jetzt zum erstenmal etwas von der ›Tante Jolesch‹ erfährt, nicht just behaglich – es sei denn, er eilte stracks in die nächste Buchhandlung, um das ihm unbekannte Grundbuch zu erwerben. Hingegen wäre ein Kenner des Grundbuchs, dem der Nachtragsband unbekannt bliebe, für mich kein Gegenstand des Unbehagens, sondern allenfalls eines leisen Bedauerns. Man kann die ›Tante Jolesch‹ sehr wohl genießen, ohne ›Die Erben der Tante Jolesch‹ zu kennen. Ob's auch umgekehrt geht, entzieht sich meiner Entscheidung.

Sagte ich »genießen«? Und will ich damit gesagt haben, daß die Lektüre der ›Tante Jolesch‹ ein Genuß wäre? Das stünde mir ganz gewiß nicht zu. Aber ich dürfte mich, wenn ich's dennoch getan hätte, immerhin auf eine beträchtliche Anzahl von Kritikern berufen, die der gleichen Meinung waren, denen also die ›Tante Jolesch‹ gefallen hat.

Nun ließe sich denken, daß einigen unter ihnen, vielleicht auch einigen neben ihnen, die ›Erben der Tante Jolesch‹ *nicht* gefallen werden; ja mehr als das: sie könnten mir übelnehmen, daß ich diesen zweiten Band überhaupt geschrieben und veröffentlicht habe. Das ist ihr gutes Recht, und sie werden es hoffentlich gut verwalten. Aber sicher ist sicher, und da ich der Kritikerzunft fast ebenso lange angehöre wie der Zunft ihrer Opfer, mit anderen Worten: da ich annähernd gleichzeitig Bücher und Buchkritiken zu schreiben begann, möchte ich ihnen – schon als Buße für mein unstatthaftes Eigenlob – ein wenig an die Hand gehen und möchte ihnen die Aufgabe, den vorliegenden Band zu verreißen, nach Möglichkeit abnehmen oder we-

* Es handelt sich um in Klammern eingefügte Seitenzahlen mit dem Kennzeichen ›TJ‹, die auf einen Zusammenhang der betreffenden Stelle mit der ›Tante Jolesch‹ (dtv-Band 1266) hinweisen.

nigstens erleichtern. Sie werden mir, daran zweifle ich nicht, diesen Akt der Kollegialität zu danken wissen.

VERRISS-MUSTER I (ZIELRICHTUNG AUTOR)

Das mußte kommen. Wenn ein Autor nach Jahrzehnten vergeblicher Anstrengung endlich eine Art Bestseller produziert hat, will er das natürlich ausnützen und aus seinem späten Erfolg alles nur Mögliche herausholen. Friedrich Torberg, dem seit seinem 1930 erschienenen Erstlingsroman ›Der Schüler Gerber hat absolviert‹ jede breitere Publikumswirkung versagt geblieben ist, bittet also die Leser seiner erfolgreichen ›Tante Jolesch‹ ein zweitesmal zur Kassa. Man merkt die Absicht und man ist von vornherein verstimmt.

Hinterher ist man es erst recht. Der Inhalt dieser 320 Seiten erweist sich als ebenso peinlicher wie untauglicher Versuch, an die halb witzige, halb sentimentale Rückschau des ersten Buches anzuknüpfen. Der Versuch scheitert nicht nur mangels Substanz. Vielmehr fehlen hier die historischen und atmosphärischen Voraussetzungen, die in den Erzählungsfluß der ›Tante Jolesch‹ als zwangloser Bestandteil integriert waren und deren Wiederholung der Autor seinen Lesern denn doch nicht zumuten wollte. Damit hängt aber alles, was sich aus diesen Voraussetzungen ergeben soll, im luftleeren Raum, wo es wirkungslos verpufft. Ein paar amüsante Histörchen, ein paar pointierte Aussprüche eines Polgar oder Molnár – der Rest ist Krampf und rechtfertigt in keiner Weise den vom Autor angegebenen Zweck, wichtiges Ergänzungsmaterial vor der Vergessenheit zu bewahren. Torberg hätte besser getan, die wenigen halbwegs brauchbaren Geschichten, die ihm angeblich zu spät eingefallen sind, in einer Neuauflage der ›Tante Jolesch‹ nachzutragen. Für ein eigenes Buch reichen sie bei weitem nicht aus. ›Die Erben der Tante Jolesch‹ sind in Wahrheit Erbschleicher und als solche zu behandeln. Weg mit ihnen.

VERRISS-MUSTER II (ZIELRICHTUNG VERLAG)

Die Nostalgiewelle ist längst vorüber, aber das scheint sich bis zum Verlag Langen-Müller noch nicht herumgesprochen zu haben. Herr Dr. Fleissner, der überaus betriebsame Verlagsinha-

ber, der ja schon aus Ephraim Kishon unter Anwendung rüdester Propagandamittel einen Verkaufsschlager gemacht hat, plant jetzt offenbar etwas Ähnliches mit Kishon-Übersetzer Friedrich Torberg, wobei ihm dessen ›Tante Jolesch‹ als Erfolgsmarke dienen soll. Wenn es nach ihm ginge, müßte ihr Name rückwirkend in die Titel früher erschienener Torberg-Romane eingebaut werden: statt ›Hier bin ich, mein Vater‹ hätte es ›Hier bin ich, Tante Jolesch‹ zu heißen, statt des ›Schüler Gerber‹ hätte der Schüler Jolesch absolviert, und ›Die zweite Begegnung‹ mit der Tante Jolesch ist uns ja nun in der Tat zuteil geworden.

Wir hätten gerne auf sie verzichtet. War es dem Autor im ersten Band noch nicht geglückt, wehmütig-heitere Erinnerungen an eine untergegangene Epoche wachzurufen, so präsentiert sich der zweite Band als ein gewaltsam breitgetretenes Sammelsurium unzusammenhängender Anekdoten und Reminiszenzen, die weder auf Witz noch auf Weisheit, weder auf zeit- noch auf geistesgeschichtliche Relevanz Anspruch erheben können.

Es unterliegt keinem Zweifel – und im Text gibt es Anhaltspunkte dafür –, daß sich der Autor bei alledem nicht wohl gefühlt und nur dem Druck seines geschäftstüchtigen Verlegers nachgegeben hat. Aber bis zum Druck dieses Buchs hätte seine Nachgiebigkeit nicht gehen dürfen. Es wird seinem literarischen Ruf mehr schaden als nützen. Es ist auf eine ganz andere Weise, als er es im Untertitel des ersten Bandes gemeint hat, symptomatisch für den Untergang des Abendlandes, nämlich für gewisse Geschäftspraktiken deutscher Verleger, denen es nur auf den Umsatz ankommt, gleichgültig, ob dabei ein Autor verheizt wird oder nicht. Den ›Erben der Tante Jolesch‹ geht es, wie allen Erben, nur ums Geld.

VERRISS-MUSTER III (ZIELRICHTUNG VERRISS-MUSTER)

Es ist schlimmer als ein Malheur. Es ist ein Ärgernis.

Daß Friedrich Torberg, von den Verkaufsziffern seiner ›Tante Jolesch‹ geblendet, das unwiderstehliche Bedürfnis nach einer Fortsetzung verspürt hat, kommt für den Kenner nicht überraschend. Und daß sein Verleger ihn nicht bremsen, sondern im Gegenteil ermuntern würde, war erst recht vorauszusehen. So weit, so schlecht, und das alles könnte man noch hingehen lassen. Dann hätten eben die ›Erben der Tante Jolesch‹ vergebens nach dem Erfolg – lies: nach dem Geld – der Erblasserin geschielt, hätten vergebens darauf gehofft, es den ertragreichen Fortsetzungs-Serien, wie sie etwa von ›Trotzköpfchens Brautzeit‹ bis zu ›Trotzkopf als Großmutter‹ reichten, gleichzutun, und wären sang- und klanglos untergegangen. Da und dort hätte ein Provinzblättchen ein paar Sätze aus dem Waschzettel nachgedruckt, die dann im nächsten Verlagsprospekt als lobende Kritik zitiert worden wären. Vielleicht hätte sich da und dort sogar ein Kritiker gefunden, der sich mit dem läppischen Machwerk kurz auseinandergesetzt und es nach Gebühr verrissen hätte. So weit, so schlecht.

Der Trick jedoch, mit dem der Autor diesen Verrissen vorzubeugen oder gar zu entgehen trachtet, ist des Schlechten zuviel. In seinem Vorwort nämlich, in dem er uns zunächst allerlei windige Entschuldigungen für sein windiges Unternehmen auftischt, liefert Herr Torberg gleich auch »Verriß-Muster« mit, die der Kritik den Wind aus den Segeln nehmen sollen. Nun, da hat er die Rechnung ohne den Wind gemacht. Diese »Muster«, mit denen er die Schwächen seines Buchs zu überdecken versucht, indem er sie preisgibt, sind ebenso witzlos wie das Buch selbst. Und wir können nichts anderes tun, als ihm zu bestätigen, daß es sich bei den ›Erben der Tante Jolesch‹ in der Tat um ein peinliches, verkrampftes, gewaltsam breitgetretenes Sammelsurium ohne jede Substanz und Atmosphäre handelt, um eine billige Spekulation, um einen schäbigen zweiten Aufguß. Sie sagen es selbst, Herr Torberg. Und Sie haben vollkommen recht.

In jenen Jahren, um deren Verbuchung (und Verklärung) ich bemüht bin, spielte eines der damals noch lebendigen Wiener Cabarets einen Sketch, betitelt ›Der Schnorrbrief‹ und selbstverständlich aus Budapest importiert. Darsteller waren der unvergeßliche, 1939 in einem deutschen KZ ums Leben gekommene Fritz Grünbaum und der 1972 gewaltlos in die Unvergeßlichkeit eingegangene Karl Farkas. Farkas gab einen Schnorrer, der bei seinem besser gestellten Freund Grünbaum mit der Bitte vorsprach, er, Grünbaum, weithin als hochgebildeter Mann bekannt, möge für ihn, Farkas, dem auch in geistiger Hinsicht Minderbemittelten, einen möglichst herzerweichenden Bittbrief verfassen; mit diesem Brief wollte er dann seine präsumtiven Opfer, vor denen er sich als stumm ausgeben würde, zu Geldspenden bewegen, was ihm andernfalls, bei der bekannten Hartherzigkeit reicher Leute, nicht gelänge. Ihn selbst, den verehrten Freund Grünbaum, mit einem Pumpversuch zu behelligen, würde ihm natürlich niemals einfallen.

Grünbaum verfaßte den erbetenen Bittbrief, den er mit immer neuen mitleiderregenden Schnörkeln ausschmückte, Farkas verabschiedete sich unter enthusiastischen Dankesbezeigungen, kurz darauf klopfte es, in der Tür erschien Farkas und überreichte dem verdutzten Grünbaum wortlos den soeben erhaltenen Brief. Grünbaum las ihn, wurde während des Lesens immer sichtbarer von Rührung gepackt und rückte schließlich tränenüberströmt mit einem größeren Geldbetrag heraus. Seine eigenen Worte hatten ihn überwältigt.

Beinahe wäre es mir nach der Lektüre der von mir entworfenen Verrisse ähnlich ergangen. Beinahe hätten meine Argumente gegen dieses Buch mich davon abgehalten, es zu schreiben. Ich schreibe es trotzdem. Und kann, ehe ich dem freundlichen Leser das Ergebnis präsentiere, nur noch rasch ein berühmtes Nestroy-Wort abwandeln:

»Jetzt möcht' ich doch sehen, wer recht hat – ich oder ich.«

Recht hatten manche Leser der ›Tante Jolesch‹, soviel steht fest. Und damit meine ich nicht jene, die mir brieflich ihr Wohlgefallen bekanntgaben. Ich meine die anderen, die an der ›Tante Jolesch‹ etwas auszusetzen fanden, die sich zu sachlichem Widerspruch gedrängt fühlten, zur Korrektur vermeintlicher oder tatsächlicher Irrtümer.

Da gab es rechthaberische Prager Juden, vom Schicksal nach Australien oder Paraguay verschlagen und selbst unter Palmen und Känguruhs nicht bereit, eine unzutreffende Angabe im Kapitel ›Die Prager Hierarchie‹ (TJ S. 85–113) hinzunehmen. »Wie können Sie sagen« – so sprang es mir aus erbitterten Briefen entgegen –, »daß der Schneider Hugo Orlik sein Atelier am Graben hatte? Es lag am Wenzelsplatz!« In der Tat: dort lag es. Der älteste unter den noch lebenden Altpragern, N. O. Scarpi, hat es mir bestätigt; und hat mir bei dieser Gelegenheit eine Geschichte über den Schneider Orlik erzählt, die weit über der von mir erzählten steht (TJ S. 93).

Scarpi, damals unter seinem bürgerlichen Namen Fritz Bondy an leitender Stelle des Prager Deutschen Theaters tätig, hatte Hugo den Schneider, den das Theater gelegentlich als Kostümbildner heranzog, zu einer ›Rigoletto‹-Aufführung in die Direktionsloge eingeladen. Die Titelrolle des buckligen Hofnarren sang der gefeierte Bariton Mattia Battistini, der nach seiner Arie ›Cortigiani, vil razza dannata‹ mit frenetischem Beifall überschüttet wurde und sich immer wieder verbeugte.

»Fabelhaft, was?« flüsterte Orlik seinem Gastgeber zu.

»Eine einmalige Stimme«, flüsterte Bondy zurück – und wurde von Orlik empört zurechtgewiesen:

»Wer red't von der Stimme? Ich mein' das Kostüm!«

Dem unerschöpflichen Scarpi verdanke ich noch eine zweite, nicht minder beachtenswerte Äußerung des Meistertailleurs. Im Verlauf einer Abendgesellschaft trat er auf einen seiner Kunden zu, maß ihn tadelnden Blicks von oben bis unten und sprach:

»Wie ich sehe, tragen Sie zu meinem dunkelblauen Anzug gelbe Schuhe. Es ist mir unmöglich, für Sie noch weiter zu arbeiten. Adieu.«

Und dabei blieb's.

Von Nichtpragern stammende Berichtigungsbriefe stellten fest:

Die in Asch publizierte Zeitschrift der Henlein-Partei (TJ S. 133) hat nicht ›Die Brennessel‹, sondern ›Der Igel‹ geheißen. ›Die Brennessel‹ war das in München erscheinende Nazi-Witzblatt. (Zu meiner Entschuldigung: schon die bloße Vorstellung nationalsozialistischen Humors macht mir Schwierigkeiten; zwischen seinen einzelnen Organen auch noch zu unterscheiden, geht über meine Kräfte.)

Der Schriftsteller Egmont Colerus, von dem ich einen Ausspruch »in behäbigem Ottakringerisch« zitiert habe (TJ S. 213 f.), war laut ebenso freundlicher wie unanzweifelbarer Mitteilung seiner in Perchtoldsdorf lebenden Tochter kein Ottakringer, sondern Währinger. (Zu meiner Entschuldigung: es gibt keine Währinger Dialektfärbung, wohl aber eine ottakringerische; zumindest hat es sie damals, um 1930, noch gegeben, und ich glaubte sie aus dem zitierten Ausspruch herauszuhören.)

Die von mir als »Polizeikorrespondenz Herzog« bezeichnete Agentur (TJ S. 128) führte in Wahrheit – die ich dem Sohn des Gründers verdanke – den Titel »Korrespondenz Wilhelm«. (Zu meiner Entschuldigung: der Gründer hieß Wilhelm Herzog, und die Meldungen der Korrespondenz bezogen sich immer zu einem großen Teil auf lokale, mit polizeilichen Aktivitäten zusammenhängende Ereignisse.)

Von einigen in die weite Welt verstreuten Angehörigen der seligen Tante Jolesch erhielt ich ungemein detaillierte Auskünfte über verwandtschaftliche Schichtungen und Verzweigungen, die ich nicht erwähnt hatte. (Zu meiner Entschuldigung: es lag mir fern, eine Familienchronik des Hauses Jolesch verfassen zu wollen.)

Auch Urheberrechte wurden angemeldet. Nicht als hätte ich fremdes geistiges Eigentum für mich beansprucht (da verfahre ich eher umgekehrt und schreibe etwa ein Bonmot, das mir geglückt ist und das ich nicht von mir selbst erzählen möchte, jemand anderem zu). Aber ich habe in einem bestimmten Fall einen falschen Urheber genannt, und dagegen hat sich der richtige zur Wehr gesetzt, sogar ziemlich massiv, durch einen Brief seines Anwalts. Der im Speiseraum der Delikatessenhandlung »Würstel-Biel« prangende Werbespruch

»Schon Hamlet fragte einst, so geht die Sage:
To Biel or not to Biel, das ist die Frage«

stammt also nicht, wie irrtümlich angegeben (TJ S. 60), von Herrn Biel, sondern von Peter Herz, der seinen vielen Ruhmesblättern als Textdichter (u. a. des populären Wienerlieds ›In einem kleinen Café in Hernals‹) auch noch dieses anzufügen wünscht. Hiermit angefügt.

Aber es wurden mir auch Ergänzungen zugetragen, die einen eklatanten Gewinn bedeuten, und den Zuträgern gebührt schon deshalb großer Dank, weil sie sich nicht nur als Kenner, sondern als wirkliche Versteher der Materie erwiesen haben. So erfuhr der »Exkurs über die vielfältige Bedeutung des Wörtchens was« – im Anschluß an den unvergeßlichen Tanten-Ausspruch: »Was ein Mann schöner is wie ein Aff, is ein Luxus« (TJ S. 21–24) – zwei wichtige Bereicherungen.

Die erste ist das Werk einer besorgten Prager Mutter, deren Söhnchen sich geordneter Nahrungsaufnahme plötzlich zu widersetzen begann und infolgedessen nicht so prächtig gedieh, wie es eine besorgte Mutter gerne sieht. »Der Bub ißt mir nicht«, klagte sie immer wieder einer Freundin, wobei sie den vom Prager Deutsch aus dem Tschechischen übernommenen dativus ethicus anwandte (TJ S. 222). Aber dann hörten die Klagen auf, und als ihre Freundin sich eines Tags nach dem Befinden des Söhnchens erkundigte, bekam sie die beruhigenden Worte zu hören:

»Was ich ihm Sanatogén geb, ißt er mir wieder.«

Das zweite Beispiel, obwohl in Wien stellig gemacht, ist gleichfalls gemäßigt böhmischer Herkunft, denn Frau Beran, seine Urheberin, stammt aus Budweis. Sie übt den Beruf einer Hausbesorgerin aus, und das Haus, das sie besorgt, liegt in einer stillen, vom Lärm des Großstadtverkehrs nahezu völlig verschonten Seitengasse. Anderseits jedoch verfügen mehrere der im Haus wohnhaften Familien über beträchtlichen Reichtum an Kindern, die nicht just auf Lärmvermeidung bedacht sind.

Für diese leidige Ambivalenz fand Frau Beran eine schlüssige Formel:

»Was draußen ruhig is, ham wir den Lärm herinnen.«

Die Exzerpte aus den mir zugegangenen Briefen haben bestimmte Materialien ergänzt, die in der ›Tante Jolesch‹ behandelt worden waren. Man könnte von »Ergänzungen zur Sache« sprechen.

Was nunmehr folgt, sind Ergänzungen zur Person, genauer:

zu Personen, die in der ›Tante Jolesch‹ mit Anekdoten und Aussprüchen vertreten waren und die somit – in meinen Augen wie hoffentlich in denen des Lesers – als Repräsentanten jener Geschichtsepoche fungieren, deren Untergang sie versinnbildlichen sollen und deren (weitgehend vom Kaffeehaus bestimmte) Atmosphäre sie durch ihre Bonmots, ja im Grunde schon durch ihr bloßes Vorhandensein mitgeschaffen haben. Wenn das stimmt – und ich bin der letzte, der daran zweifeln wollte –, dann wäre es eine sträfliche Vernachlässigung meiner Chronistenpflicht, die nun folgenden Anekdoten bloß deshalb, weil sie zur Drucklegung der ›Tante Jolesch‹ nicht mehr zurechtgekommen sind, der Vergessenheit preiszugeben.

Ihre ergiebigste Quelle ist nach wie vor Ferenc Molnár.

Als ich das ihm gewidmete Kapitel in der ›Tante Jolesch‹ mit dem Titel ›Alles (oder fast alles) über Franz Molnár‹ versah, muß ich schon etwas von der Bedeutungsfülle dieses vorsichtshalber eingeschobenen »fast« geahnt haben. Und es ist wirklich nicht wenig, was seither über Molnár noch zutage trat, teils aus dem Erinnerungsreservoir gemeinsamer Freunde, teils aus meinem eigenen, manches in richtiger Anekdotenform, manches in Form bloßer Aussprüche oder Definitionen – aber auch sie haben ihren Hintergrund und ihre Genesis. »A story goes with it«, heißt es in solchen Fällen bei Damon Runyon, dem großen amerikanischen Humoristen. »Es hängt eine Geschichte dran.«

Manchmal war es nur eine Erläuterung, und selbst die wäre nicht unbedingt vonnöten gewesen. Zum Beispiel klang es sowieso überzeugend genug, wenn Molnár die ungarische Küche als »*Noch* ein Löffel Rahm« definierte. Aber der sozusagen pragmatische Weg, auf dem sich diese Definition ergeben hatte, verdiente sehr wohl geschildert zu werden, und Molnár besorgte das mit unvergleichlicher Meisterschaft, mit dem weit ausholenden, detailfrohen Behagen des geborenen Erzählers und der präzisen Situations- und Charakterzeichnung des geborenen Bühnenmagiers. Man wußte hernach nicht nur ganz genau, wie das von ihm frequentierte Budapester Spezialitätenrestaurant eingerichtet war, man glaubte auch die Geschwister Spiegel, denen es gehörte, leibhaftig vor sich zu sehen, zwei Brüder und eine Schwester, der eine Bruder machte die Honneurs, der andere die Rechnung, und die Schwester überwachte das Service. Sie saß an einem Tischchen nahe der Schwingtüre zur Küche, und wenn der Kellner mit den jeweils bestellten Speisen an ihr vorbeikam, hieß sie ihn innehalten, deutete auf das betreffende Gulyas oder Paprikahuhn oder was sonst mit dicker Sauce serviert wurde, und fragte: »Für wen?« War es für Molnár oder einen andern prominenten Gast bestimmt, griff sie nach dem Schöpflöffel, der in einem neben ihr stehenden Topf mit saurem Rahm steckte, und veredelte durch eine Portion davon die ohnehin schon rahmhaltige Sauce. Damit war das Gericht zu einer echt ungarischen Spezialität geworden. »Was ist ungarische Küche? *Noch* ein Löffel Rahm.«

Übrigens soll in diesem Lokal auch Molnárs oft zitierte Bestellung erfolgt sein: »Herr Ober, bringen Sie mir ein Kalbspörkölt, tragen Sie's zurück, weil es flachsig ist, und bringen Sie mir ein Wiener Schnitzel!« Das ist aber nicht verbürgt.

Verbürgt hingegen ist die folgende Geschichte, die gleichfalls etwas mit Sauce zu tun hat – wenn auch auf Umwegen (und zwar auf einigermaßen geheimnisvollen). Ort der Handlung ist der Budapester Künstlerklub »Fészek«, zu deutsch »Nest«, die Hauptrolle spielt dessen uralter Kellner Istvan, zu deutsch Stefan, sprich Pista, der seit Jahrzehnten zum Inventar des Klubs gehörte und von den Mitgliedern liebevoll geduzt wurde. Der nimmermüde Diensteifer, mit dem er sie betreute, wurde im Lauf der Jahre nur noch von seiner Senilität übertroffen, seine zunehmende Gedächtnisschwäche nur noch von der Nachsicht derer, die unter ihr zu leiden hatten. Wer ein Glas Wein bestellte, bekam nach längerem Warten ein belegtes Brot vorgesetzt, wer etwas essen wollte, sah sich mit einer Portion dampfenden Kaffees bedient, und alle ließen sich's gefallen, niemand brachte es über sich, den stolzgeblähten Pista, wenn er mit väterlichem Lächeln den Wunsch seines Pfleglings erfüllt hatte, darauf aufmerksam zu machen, daß es eine falsche Erfüllung war. Und als Molnár einmal etwas Derartiges versuchte, scheiterte es nicht an Pistas Unzulänglichkeit, sondern an seiner eigenen, die auf seltsame Weise von Pista inspiriert zu sein schien.

Molnárs Bestellung war mit all der behutsamen Deutlichkeit erfolgt, die man Pista gegenüber anwandte:

»Pista, ich möchte einen Einspänner haben. Du weißt doch, was ein Einspänner ist?«

»Jawohl, Herr von Molnár. Ein schwarzer Kaffee im Glas, mit Schlagobers drauf.«

»Richtig. Und jetzt gib acht, Pista. Ich möchte nicht so viel Schlagobers haben, daß es auf allen Seiten herunterrinnt, wenn man mit dem Löffel in die Nähe kommt. Das ist unappetitlich. Ich möchte wenig Schlagobers. Gerade bis zum Rand. Einen Einspänner mit wenig Schlagobers. Hast du verstanden? Dankeschön.«

Eine halbe Stunde später – inzwischen war Molnár bereits von der obligaten Kartenpartie absorbiert – erschien Pista und stellte triumphierend einen Teller vor ihn hin. Auf dem Teller befand sich ein Paar Frankfurter mit Gulyassaft.

Molnár stützte die Stirne in die Hand und betrachtete den Teller. Er betrachtete ihn sehr lange und dachte sehr konzentriert nach. Kein Zweifel: mit diesem Paar Würstel stimmte etwas nicht; aber was? Kein Zweifel: es unterschied sich wesentlich von seiner Bestellung; aber wodurch?

Endlich glaubte er's gefunden zu haben und winkte den in der Nähe wartenden Pista heran:

»Pista«, sagte er sanft. »Pista. Ich hab dich doch ausdrücklich gebeten, du sollst mir mehr Gulyassaft bringen!«

Aus ähnlich unerforschlichen Untergründen assoziativer Gedankengänge mag die Aufforderung erwachsen sein, die Molnár einmal an den amerikanischen Multimilliardär Otto H. Kahn richtete. Es geschah in der denkbar märchenhaftesten Kulisse, in Venedig, auf dem Canale Grande, beim Redentorefest, an dem Molnár einem guten Freund zuliebe teilnahm. Irgendwie hatte Mr. Kahn davon Wind bekommen und verspürte in seiner Eigenschaft als Kunstmäzen das dringende Bedürfnis, mit dem weltberühmten Dramatiker in Fühlung zu treten. Er gab Auftrag, seine pompös ausstaffierte Gondel an die Längsseite der von Molnár benützten zu manövrieren, und ließ durch einen Bedienten anfragen, ob er etwas für Mr. Molnár tun könne.

Molnár, der sich damals – es waren die späten Zwanzigerjahre – auf dem Gipfel seiner Erfolge befand (und auch unabhängig davon eine beträchtliche Menge Arroganz zu produzieren vermochte), ließ wahrheitsgemäß bestellen: nein, Mr. Kahn könne nichts für ihn tun, danke.

Aber so leicht läßt sich ein amerikanischer Finanzmagnat nicht abweisen. Nach einer Weile erfolgte die zweite Anfrage – und Molnárs zweiter Negativbescheid.

Als Mr. Kahn die dritte Erkundigung einzog, ob er Mr. Molnár vielleicht einen Wunsch erfüllen könne, gab sich Molnár geschlagen:

»Er soll mir ›Valencia‹ vorsingen«, sagte er.

In jenen Jahren pendelte Molnár zwischen Budapest und Wien. Daß er schon damals die Gewohnheit hatte, talmudische Gleichnisse einer direkten Aussage vorzuziehen, erfuhr auch ein Interviewer auf die Frage:

»Herr Molnár, leben Sie eigentlich lieber in Wien oder in Budapest?«

»Ich werde Ihnen eine Geschichte erzählen«, hob Molnár an. »Wir haben in Budapest einen kleinen Lokalreporter, Takács heißt er. Sitzt immer im ›Palermo‹, einem ganz billigen Kaffeehaus, und wartet auf Aufträge. Kommt nie zu Geld. Hat nur ein einziges Hemd, mit zwei Kragen. Immer, wenn ihm der eine Kragen zu schmutzig geworden ist, gibt er ihn zur Sitzkassierin ins Schubfach und nimmt den andern. Nach einiger Zeit wird ihm auch dieser Kragen zu schmutzig – geht er zum Schubfach und tauscht ihn wieder um. Also jetzt wissen Sie, ob ich lieber in Wien oder in Budapest lebe.«

Das Café Palermo lag in der Nähe des Westbahnhofs, und die Sitzkassierin gab es wirklich. Auch an ihr hängt eine Geschichte, die – von Molnár erzählt – alle Elemente eines kunstvoll konstruierten Dramas aufwies.

Die Sitzkassierin hieß Emma und war ein Opfer des ungarischen National- oder besser des Budapester Lokalstolzes, der sich durch allerlei im Ausland kursierende Verleumdungen verletzt und herausgefordert fühlte. Budapest – so begann Molnár seine Geschichte aufzubauen – wurde von überheblichen Westeuropäern bereits dem Balkan zugerechnet und stand in besonders üblem Ruf, was die Behandlung von Gästen weiblichen Geschlechts betraf. Wenn eine Frau auch nur ihren Fuß auf Budapester Boden setzte, so war sie – den üblen Rufmachern zufolge – der Männerwelt hilflos ausgeliefert, mußte sich auf das Schlimmste gefaßt machen und endete womöglich in einem der orientalischen Bordelle, für deren Belieferung Budapest bekanntlich als Umschlagplatz fungierte.

Gegen diesen Ruf bäumte sich die in ihrer Ehre gekränkte Budapester Männerwelt auf – aber nicht indem sie ihn zu dementieren versuchte (was sie mit Recht für aussichtslos hielt), sondern im Gegenteil durch den Entschluß, ihm gerecht zu werden. Wenn Budapest schon als levantinischer Sündenpfuhl gilt, dann soll es auch wirklich einer sein; und das – so lautete die Parole – soll jede Frau, die ihren Fuß auf Budapester Boden setzt, zu spüren bekommen.

Damit hatte Molnár die Exposition seiner Geschichte beendet. Es folgte, wie es dem Meister der Dramaturgie geziemt, das erregende Moment, nämlich die Ankündigung eines ihm bekannt gewordenen Falles, in dem eine Ausländerin sogar vorher dran glauben mußte, noch ehe ihr Fuß mit dem Boden Budapests in Berührung gekommen war.

Eines Tages sei ihm bei einem zufälligen Besuch im Café Palermo das trotz aller Verbrauchtheit immer noch feingeschnittene Gesicht der Sitzkassierin aufgefallen. Auch schien ihm ihr ganzes Gehaben nicht recht in dieses minderklassige Lokal zu passen, und als er – getrieben von seinem jäh erwachten Reporterinstinkt (der ja auch seinem dichterischen zugrunde lag) – ein Gespräch mit ihr begann, stellte er in ihrem Ungarisch alsbald einen norddeutschen Akzent fest. Er fragte sie nach ihrem Namen, den sie lediglich mit Emma angab, er fragte sie, wie sie hierhergeraten sei, und er erfuhr folgendes:

Emma war vor Jahren auf Grund einer Zeitungsannonce aus Hannover nach Budapest gekommen, um bei einer Kaufmannsfamilie mit zwei Kindern den Posten einer Gouvernante anzutreten. Der Waggon der Kaiserlich Deutschen Reichsbahn, in dem sie angereist kam, war mit jener altmodisch schmalen und hohen Treppe versehen, die das Aussteigen zu einer riskanten Turnübung machte, besonders für eine Frau in dem damals üblichen knöchellangen und eng anliegenden Reisekostüm. Emma stand am Treppenansatz, bangte vor dem gefährlichen Abstieg und spähte hilfesuchend umher.

»In diesem Moment« – genießerisch schürte Molnár die Neugier seiner Zuhörer – »sieht sie unten auf dem Perron einen General vorübergehen. Also es war nicht direkt ein General, es war ein Sanitätsgefreiter – aber wenn man bedenkt – fremde Person aus Hannover – da ist so eine Uniform auch für einen General schön genug. Emma schaut hinunter – General schaut hinauf – merkt sofort, was los ist – breitet die Arme aus und hebt Emma über die Stiege auf den Perron. Es ist wichtig, daß er sie hebt. Denn schon in diesem Moment war ihr Schicksal entschieden. Er hat sie sofort hinübergeführt ins Hotel vis-à-vis vom Bahnhof, und dort hat er sie entjungfert, geschwängert und angesteckt. Sie war ruiniert, noch bevor sie ihren Fuß auf Budapester Boden gesetzt hat. Posten als Gouvernante hat sie gar nicht angetreten. Später ist sie Sitzkassierin geworden.«

Molnár machte eine kleine Pause, dann lehnte er sich zurück und setzte nach Art eines arabischen Märchenerzählers im Bazar den Schlußpunkt:

»Das«, sagte er, »ist die Geschichte von Emma aus dem Café Palermo.«

Ich habe Molnár immer deutsch erzählen hören, also in einer Sprache, die für ihn, obwohl sie ihm keinerlei Schwierigkeiten bereitete, dennoch eine Fremdsprache blieb; und ich besitze genügend Zuhörer-Routine, um beurteilen zu können, ob eine

Geschichte improvisiert oder einstudiert ist. Molnár – zum Unterschied etwa von Curt Goetz, einem andern Meister der erzählten Anekdote, oder von Alfred Neugebauer, der als Schauspieler offenbar einen festgelegten Text brauchte – Molnár improvisierte seine Geschichten. Aber er improvisierte sie mit dem ganzen dramaturgischen Raffinement, das auch seine Stücke auszeichnete, er konnte gar nicht anders, als Dinge und Menschen unter einem handwerklichen Blickwinkel zu sehen, so, als wären sie schon auf die Bühne transportiert. Was er erzählte, nahm sofort Gestalt an, szenische Gestalt, Rollengestalt, selbst die unscheinbarste Begebenheit wurde den Gesetzen des Dramas so vollkommen gerecht, daß Aristoteles seine Freude daran gehabt hätte. (Übrigens hatte auch Molnár seine Freude daran; von den Zuhörern ganz zu schweigen.)

Zwei weit auseinanderliegende Reminiszenzen mögen veranschaulichen, was mit diesem »Bühnenblick« gemeint ist und wie er sich auswirkte.

In New York war Molnár einmal von einem ihm befreundeten Ehepaar zum Dinner eingeladen worden, von einem amerikanischen Ehepaar und nicht in ein Restaurant, sondern nach Hause. Es war eine jener Einladungen, die selbst Molnár mit all seiner Idiosynkrasie gegen häusliche Atmosphäre nicht gut ablehnen konnte, um so weniger, als es sich um ein sehr einflußreiches Ehepaar handelte, mit dem befreundet zu sein in mancher Hinsicht, auch in mancher von Molnár geschätzten, nützlich war. Dennoch zögerte Molnár, die Einladung anzunehmen. Und zögerte nicht minder, sie abzulehnen. In den solcherart entstandenen Konflikt wurde auch seine Umgebung einbezogen, mit der er sich täglich über das Für und Wider des Problems beriet. Und da die Entscheidung sich immer mehr einer Absage zuneigte, galten die Beratungen alsbald nur noch der Art, wie die Absage am besten zu erfolgen hätte. Eine plötzliche Erkrankung vorschützen? Oder eine Abreise? Oder wirklich verreisen? Der Meinungsaustausch, von Molnár unablässig um neue Möglichkeiten bereichert, wogte hin und her. Aber nichts geschah.

Näher und näher rückte der Schicksalstag. An Molnárs Tisch – vom dazugehörigen Lokal wird noch die Rede sein – gab es kein andres Gesprächsthema mehr. Molnár krümmte sich, nahm zu immer neuen Ausreden Zuflucht, steigerte sich in eine Hilf- und Entschlußlosigkeit, die keinen Ausweg bot.

»Haben Sie ihren Freunden schon Nachricht gegeben, Herr Molnár?«

»Was für eine Nachricht?«

»Wegen der Einladung. Sie wollten doch absagen?«

»Ja. Eigentlich schon.«

»Oder haben Sie sich's überlegt?«

»Nein. Eigentlich nicht.«

»Na also. Dann sagen Sie doch endlich ab.«

»Ich weiß nicht, wie ich das machen soll.«

»Ganz einfach. Indem Sie anrufen und sich entschuldigen.«

»Anrufen? Ein Telephongespräch? Unmöglich!«

»Warum unmöglich?«

»Erstens weiß ich nicht, wann die Leute zu Hause sind. Zweitens weiß ich nicht, ob er oder sie zum Telephon kommen wird, oder vielleicht jemand vom Personal. Infolgedessen kann ich mir keinen Text zurechtlegen.«

»Das ergibt sich doch von selbst.«

»Glauben *Sie*. Sie vergessen, daß sich das Gespräch auf englisch abspielen würde, und da bin ich von vornherein geschlagen. Bevor ich noch ›sorry‹ sagen kann, haben die meinen Anruf schon mißverstanden und freuen sich, daß ich komme. Wie soll ich mich da herausdrehen? Noch dazu auf englisch? Nein, telephonisch geht's nicht.«

»Dann schreiben Sie einen Brief!«

»Einen Brief? Das hätte doch überhaupt keinen Zweck. Es sind bis dahin noch fünf Tage. Wenn ich denen heute einen Brief schreibe, haben sie noch Zeit genug, zurückzuschreiben oder mich anzurufen und mir die Ohren vollzujammern, wie unglücklich sie über meine Absage sind, und es kommen soundso viele Leute nur meinetwegen und das darf ich ihnen nicht antun – Sie wissen doch selbst, daß man gegen eine solche Erpressung nichts machen kann, und auf ja und nein habe ich zugesagt. Ich schreibe keinen Brief. Ausgeschlossen.«

Es war, wie man sieht, ein lückenlos funktionierender Handlungsablauf. Aus jeder möglichen Wendung ergab sich eine genau vorausbedachte Konsequenz, jede Aktion zog ihre folgerichtige Gegenaktion nach sich, nichts blieb dem Zufall überlassen, Moira und deus ex machina hatten ausgespielt, es spielte nur noch Molnár, und zwar den Verzweifelten.

Noch vier Tage. Noch drei. Noch zwei. Morgen abend.

»Haben Sie schon abgesagt, Herr Molnár?«

»Nein.«

»Dann wird Ihnen nichts andres übrigbleiben als zu telephonieren.«

»Ich habe Ihnen schon erklärt, warum das nicht geht. Und daran hat sich nichts geändert.«

»Lassen Sie jemand andern anrufen.«

»Soll ich die Leute beleidigen? Sie würden es mir mit Recht übelnehmen, wenn ich mir nicht einmal die Mühe einer persönlichen Absage mache. Das ist doch das mindeste, was sie von mir verlangen können.«

»Eben. Deshalb müssen Sie selbst absagen.«

»Ja. Aber wie?«

Der Tag, an dessen Abend das für Molnár veranstaltete Dinner stattfand, war angebrochen. Am Mittag versammelte Molnár seine Getreuen zu einer letzten, dringlichen Sitzung.

Eine telephonische Absage kam nach wie vor nicht in Betracht. Für eine briefliche Absage war es zu spät.

»Jetzt gibt's nur noch eins, Herr Molnár: ein Telegramm.«

»Ein Telegramm? Was fällt Ihnen ein! Können Sie sich nicht vorstellen, was da passieren würde? Haben Sie denn gar keine Phantasie?«

Offenbar hatte ich keine. Aber dafür kam Molnárs Phantasie auf Hochtouren. Die Konstruktion des Dramas strebte ihrem plastisch ausgemalten Höhepunkt zu.

»Das Telegramm wird im Lauf des Nachmittags zugestellt, nicht wahr. Das Stubenmädchen übernimmt es und trägt es der Hausfrau hinein. Die Hausfrau macht es auf – liest – verfärbt sich – ruft ihren Mann.« Molnár ergriff eine Papierserviette und hielt sie als Telegrammformular mit der linken Hand dem fiktiv herbeigeeilten Hausherrn entgegen: »Also bitte, faucht sie. Schau dir das an. Dieser Molnár. Sagt eine Stunde vorher ab. Telegraphisch. Eine Unverschämtheit.« Er begann mit dem rechten Handrücken auf das Papier einzuschlagen, seine Lippen wurden schmal. »Sie ohrfeigt mein Telegramm. Sie ohrfeigt *mich*. Und wer weiß, was sie sonst noch sagt. Zum Schluß werde ich zerknüllt und in die Ecke geworfen. Telegraphieren soll ich? Ich denke nicht daran!«

Er stand abrupt auf und verließ den Tisch. Am Abend war er nicht erreichbar. Ob er telegraphiert hat oder nicht, ob er der Einladung doch noch gefolgt war – wir haben es nie erfahren. Aber wir hatten das Vergnügen eines Mini-Einakters von Franz Molnár gehabt.

Das andre Beispiel seiner plastischen Denkweise liegt viel weiter zurück, in den Dreißigerjahren, als Molnár wieder einmal den schmutzigen Kragen bei der Sitzkassierin deponiert hatte und sich in Wien aufhielt. Das Stammcafé der ungarischen Stücke-schreiber, Komponisten und Schauspieler war damals das soge-nannte »falsche Sacher« (später Café Prinz Eugen) am Ring, das ich nicht frequentierte – die dortigen Stammgäste hätten mir das als Zudringlichkeit auslegen können und die des Café Herren-hof als Verrat. Eines Abends jedoch war ich dort mit Gyuri Marton, dem legendären Inhaber des legendären Bühnenverlags (TJ S. 178 f.) zu einer Besprechung verabredet, und aus intern-magyarischen Konstellationsgründen, deren Schilderung ent-schieden zu weit führen würde, bekam ich zu später Stunde von Freund Gyuri den ehrenvollen Auftrag, Molnár nach Hause zu begleiten; er war, wie immer, im Hotel Imperial abgestiegen.

Auf derselben Straßenseite des Rings befand sich ein Ge-schäftslokal der Nähmaschinenfirma Singer, das mit einem für damalige Verhältnisse geradezu sensationell modernen Rekla-me-Einfall prunkte: In der Auslage stand, vom scharfen Licht-kegel einer Arbeitslampe die ganze Nacht hindurch beleuchtet, eine Nähmaschine, in deren Nadel-Apparatur ein höchst natür-lich gerafftes Stück Leinwand arbeitsfertig eingelegt war. Das Ganze sah zwingend danach aus, als könnte es jederzeit in Be-trieb genommen werden.

Molnár blieb stehen und blickte mit nachdenklich gerunzel-ten Brauen durch die Glasscheibe, vielleicht eine Minute lang; dann wandte er sich zu mir, den Zeigefinger auf die stumme Szenerie gerichtet:

»Mütterchen ist kacken gegangen«, sagte er.

Und man hatte sofort die Exposition des ersten Aktes vor sich, in der weiblichen Hauptrolle die verhärmte Arbeiterfrau, die noch spät nachts an der Nähmaschine sitzen muß, um für die vom trunksüchtigen Vater vernachlässigte Familie das Nö-tigste herbeizuschaffen. Gleich wird sie zurückkommen und den emsigen Fuß auf das Tretpedal setzen.

In der Geschichte, die noch zum falschen Café Sacher nachzu-tragen ist, spielt Molnár nur eine passive Rolle: indem auch er am Stammtisch der ungarischen Bühnenautoren saß, als der Agent Österreicher im Lokal erschien. Man nannte ihn den »Sommer-Österreicher«, teils zur Unterscheidung von einigen anderen Trägern dieses Namens, die sich gleichfalls im Theaterbetrieb betätigten, teils weil er seine Aktivitäten hauptsächlich während der Sommersaison entfaltete. Daß ihm plötzlich die Direktion des Deutschen Theaters in Preßburg übertragen wurde, kam für alle und möglicherweise auch für ihn selbst überraschend. Im Vollgefühl seiner neuen Würde näherte er sich dem Dramatiker-Stammtisch und rief den dort Sitzenden zu: »Burschen, seids fleißig! Ich übernehm' Preßburg!«

Damit nähern wir uns Molnárs eigentlichem und ureigenem Gebiet, dem Theater, dem füglichen Ort der Handlung eines Großteils der über ihn kursierenden, ihm zugeschriebenen oder von ihm selbst in Umlauf gesetzten Anekdoten. Ihre Zahl ist Legion und ganz gewiß auch von diesem Nachtrag nicht auszuschöpfen. Aber ich möchte doch wenigstens mit meinem Gedächtnis ins reine kommen und nichts einbehalten, wovon es inskünftig noch belastet werden könnte.

Zum Beispiel muß die blitzblanke Formulierung festgehalten werden, mit der Molnár während der »Goldenen Zwanzigerjahre« Berlins in die Beratungen der ungarischen Kolonie eingriff, die sich nicht erklären konnte, warum Gitta Alpár, der von triumphalen Erfolgen umstrahlte Operettenstar, im »Bau« so unbeliebt wäre. Nach längerem Hin und Her kam man zu dem Ergebnis, daß Gitta Alpár dem Neid der Kollegen ausgesetzt sei, weil sie zuviel Geld verdiente.

»Sie verdient nicht zuviel«, sagte Molnár. »Sie verdient zu laut.«

Er beteiligte sich auch an den Beratungen, die in den einschlägigen Wiener Kaffeehäusern über den Titel eines aus England importierten Stücks stattfanden. Das Stück – dessen Originaltitel ›The Orchids of Silvergate Castle‹ für die deutsche Übersetzung unbrauchbar war – handelte von der inneren Zerrissenheit eines jungen Lords, der sich nicht entschließen konnte, um einer jungen Lady willen die Beziehung zu seinem Butler aufzugeben.

Molnárs Titelvorschlag lautete: ›Der Arsch am Scheideweg.‹

Eine Zeitlang wimmelte es auf den deutschen Bühnen von Stücken mit wirklich oder vermeintlich »freier« Thematik, mit Lesbierinnen, Inzest und Ödipuskomplex. Offenbar wollte auch Molnár sein Scherflein dazu beitragen.

»Ich habe einen sehr guten Stoff für ein neues Stück«, gab er am Kaffeehaustisch bekannt. »Wie man das ausbauen soll, weiß ich noch nicht, aber die Grundidee ist ganz einfach, wie bei allen großen Tragödien: Junger Mann – glücklich mit seiner Mutter verheiratet – kommt drauf, daß es gar nicht seine Mutter ist – erschießt sich. «

Molnár erfreute sich nicht nur der Zuneigung Max Reinhardts, auch Hugo von Hofmannsthal – dessen Humor einer gründlicheren Betrachtung wert wäre – brachte ihm Sympathie und Anerkennung entgegen. Zwar lag Molnárs Schaffensgebiet vom ›Geretteten Venedig‹ und vom ›Tod des Tizian‹ noch um einiges weiter entfernt als von Reinhardts Shakespeare-Inszenierungen, aber auch Hofmannsthal schätzte ihn als einen meisterhaften Beherrscher des Bühnenhandwerks, schätzte seinen Witz, schätzte sein Urteil. Und als nach langer Müh und Plage die erste Fassung des ›Turm‹ so weit gereift war, daß Hofmannsthal sie in kleinem, ausgewähltem Kreis vorlesen konnte, wurde auch Molnár beigezogen.

Nun ist ›Der Turm‹, wie man weiß, ein besonders anspruchsvolles und tiefgründiges Theaterstück, wahrscheinlich Hofmannsthals tiefstes. Über die Bühnenwirksamkeit auch der späteren Fassungen gehen die Ansichten auseinander, und die erste Fassung präsentierte sich, um es vorsichtig zu sagen, ein wenig diffus und überfrachtet. Als Hofmannsthal die Vorlesung beendet hatte, herrschte verlegenes, wenn auch respektvolles Schweigen.

Es wurde nach einer klammen Weile von Molnár gebrochen:

»Also wissen Sie, Verehrtester«, begann er tastend, »Niveau hat das ja nicht sehr viel. Aber« – und er schüttelte zur Bekräftigung seiner Zuversicht die geballte Faust– »*so* ein Reißer!«

Die Anfänge der Emigration lagen auch für Molnár (wie für die meisten von uns) noch in Europa, ehe Amerika sich als rettende Endstation auftat.

Was ihn in Italien und später in Frankreich besonders erbitterte, waren die zahllosen Formulare, die man bei jeder Gelegenheit ausfüllen mußte, um in den Besitz irgendeiner von den Behörden gerade vorgeschriebenen Bescheinigung zu gelangen.

»Blöde Augenauswischerei«, stellte Molnár unmutig fest. »Wozu müssen wir uns mit diesen detaillierten Angaben plagen. Interessiert keinen Menschen. Es wäre viel einfacher, wenn wir alle Rubriken gleichlautend ausfüllen. Name: Jud. Geboren:

Jud. Beruf: Jud. Und so weiter. Etwas andres wollen die Leute doch gar nicht wissen.«

Er hatte natürlich recht. Und es half natürlich nichts.

In Amerika fand er wieder andere, gewissermaßen unpersönliche Mißstände zu bemäkeln – etwa daß man es dort schon auf Grund geringfügigster Kenntnisse zu fachmännischem Ansehen bringen könne. Einige Fertigkeit im Okarinablasen, so fand er, reiche bereits für den Titel eines Doctor Musicae aus, und: »Wenn Sie zufällig wissen, daß Pétain zwei Vornamen hat, werden Sie sofort als Experte für europäische Politik interviewt.«

Einen weiteren Stein seines Anstoßes bildete die zumal in besseren Restaurants herrschende Gepflogenheit, die Rechnung für den ganzen Tisch einem einzigen, vom Kellner willkürlich auserkorenen Gast zu überreichen. Die ersten englischen Worte, die Molnár gelernt hatte, waren »Separate checks, please«.

Besonders erbosten ihn die amerikanischen Erfolgsbiographien, die in leuchtenden Farben den Aufstieg eines Selfmademan aus armseligen Anfängen zum millionenschweren Industriemagnaten schilderten:

»Da klafft immer eine Lücke«, beanstandete er. »Am Schluß vom dritten Kapitel ist der Mann noch Tellerwäscher – und am Anfang vom vierten hat er schon zwei Angestellte und telephoniert. *Nie* erfährt man, wen er zwischen dem dritten und dem vierten Kapitel umgebracht und beraubt hat.«

Mein Erinnerungsvermögen läßt nach. Es kursieren bereits Aussprüche von Ferenc Molnár, für die ich als Stichwortbringer fungiert habe und die man mir erst wieder ins Gedächtnis zurückrufen muß. Das besorgte anläßlich der 100. Wiederkehr seines Geburtstags eine Molnár-Gedenksendung des Österreichischen Rundfunks. Sie erinnerte mich daran, daß ich einmal mit Molnár auf der Straßenseite gegenüber dem Central Park spazierenging, dort, wo sich auch das Hotel Plaza befand, in dem Molnár wohnte. An jenem Nachmittag herrschte besonders reger Fußgängerverkehr, und wir mußten unausgesetzt den uns entgegenhastenden oder nachdrängenden Passanten ausweichen. Nach einer Weile schlug ich vor, auf die entlang des Parks verlaufende Straßenseite hinüberzuwechseln, die weniger frequentiert war.

Molnár wehrte mit gewohntem Mißtrauen ab: »Hinübergehen? Über die Straße? Mitten durch die Autos? Unmöglich. So etwas macht kein vernünftiger Mensch.«

»Aber Sie sehen doch, daß auch drüben Leute gehen, Herr Molnár. Wie sind denn die hinübergekommen?«

»Die sind schon dort geboren«, entschied Molnár, und damit war mein Vorschlag endgültig abgelehnt.

Sie trafen immer ins Schwarze, seine Äußerungen über die Zeit, über die Emigration, über die Rolle, die uns und die ihm selbst zugewiesen war. Einmal in New York – und das ist nun wirklich die allerletzte Geschichte, die ich nach bestem Wissen und Gewissen noch zu überliefern habe – begleitete ich ihn in sein Zimmer im Hotel Plaza. Gleich nach uns betraten zwei Herren den Lift, ein Weißhaariger von sehr noblem Äußeren und sehr eindrucksvollen Gesichtszügen, sichtlich in der Obhut des etwas Jüngeren, der gleichfalls sehr soigniert aussah. Der Jüngere grüßte Molnár mit einem höflichen Kopfnicken und beugte sich, nachdem Molnár den Gruß erwidert hatte, an das Ohr des Weißhaarigen, flüsterte ihm etwas unverkennbar auf Molnár Bezogenes zu und verstummte betreten, als jener energisch den Kopf schüttelte. Die Situation war ein wenig peinlich, und Molnár hatte Mühe, sie zu ignorieren. Zum Glück konnten wir kurz darauf den Lift vor den beiden anderen verlassen.

»Wissen Sie, wer das war?« fragte mich Molnár.

Ich verneinte.

»Der Jüngere war der belgische Generalkonsul. Kennt mich von irgendeiner Party und hat mich gegrüßt. Und der Weißhaarige, der nichts mit mir zu tun haben will, war Maeterlinck. *Graf* Maeterlinck. Der berühmte Dichter. Schreibt jedes Jahr ein Gedicht in flämischer Sprache und gibt es in die Schublade. Dafür bezieht er eine sehr auskömmliche Apanage von der königlich belgischen Regierung, die ihn ja schon früher geadelt hat. Kümmert sich auch sonst um ihn. Schickt jede Weile den Generalkonsul nachschauen, ob er etwas braucht. Wenn ihm kalt ist, fährt er auf Regierungskosten nach Florida oder nach Kalifornien. Wenn die Sommerhitzen kommen, fragt man ihn, ob er vielleicht irgendwohin ins Gebirge fahren will. Hat ein sehr schönes Leben, für dieses eine flämische Gedicht pro Jahr.«

»Aber das ist doch kein Grund, daß er nicht mit Ihnen verkehren will«, wagte ich einzuwerfen.

»Nicht? Wieso nicht? Schauen Sie sich hier im Zimmer um,

Liebster. Was liegt dort am Schreibtisch? Lauter abgelehnte Manuskripte. Dazu Briefe von Gyuri Marton aus Hollywood, daß er eine Filmstory von mir schon wieder allen möglichen Gesellschaften angeboten hat, und keine will sie haben. Auch mein letztes Theaterstück kann er nirgends anbringen.* ›Again you did not catch the spirit of Broadway‹, schreibt er mir. Er schreibt mir englisch, damit ich mich an den spirit of Broadway gewöhne. Ich bin froh, daß mir überhaupt jemand schreibt. Um mich kümmert sich keine Regierung. Wenn mir kalt ist, sitze ich im Mantel am Schreibtisch. Wenn mir heiß ist, mache ich das Fenster und die Türe auf, damit ein bißchen Zugluft entsteht. Mich fragt niemand, ob ich irgendwohin fahren will. Mir zahlt niemand eine Apanage. Zu mir kommt kein Generalkonsul. Und jetzt frage ich Sie, lieber Freund: *warum* soll mich Maeterlinck grüßen?«

Es war, mit aller wehleidig gespielten Übertreibung, die denkbar konziseste Schilderung jenes Niedergangs, den aus größerer oder geringerer Fallhöhe jeder von uns in der Emigration zu erdulden hatte. Und nicht jedem stand Molnárs Selbstironie zu Gebot.

Aber das gehört bereits in ein anderes Kapitel.

---

* Es handelte sich um die Komödie ›Panoptikum‹ (TJ S. 175), die später in einer von mir besorgten deutschen Bühnenfassung mit recht artigem Erfolg auf die Spielpläne der deutschsprachigen Theater kam.

Im Anschluß an Molnár darf György, Georg, Georges, George und, nehmt alles nur in allem: Gyuri Marton (TJ S. 178 f.) nicht übergangen werden, das Unikum eines tüchtigen, ja gerissenen Bühnenverlegers, der seine Schutz- und Tantiemenbefohlenen dennoch mit wahrhaft väterlicher Sorge umhegte, der den harten Zugriff des Geschäftspraktikers mit einer fast schon sentimentalen, aus ungarisch-jüdischen Quellen gespeisten Weichherzigkeit verband und der den meisten seiner Autoren an Witz und Begabung kaum nachstand. Er hat so manchen von ihnen ohne die geringste Aussicht auf Gegenleistung jahrelang (zumal in den Jahren der Emigration) über Wasser gehalten, hat Vorschüsse gezahlt, deren Uneinbringlichkeit ihm von vornherein klar war – und ist bei alledem nicht schlecht gefahren. Man darf ihn getrost als einen der international Erfolgreichsten seines Genres bezeichnen.

Wie er das gemacht hat, weiß ich nicht und hätte es auch dann nicht zu erforschen begehrt, wenn unsere beruflichen Kontakte enger gewesen wären. Sie blieben indessen peripher – ich betätigte mich ja nur am Rande der von ihm beherrschten Branche, mit Übersetzungen, Bearbeitungen und, in meiner geldbedürftigen Frühzeit, mit untergeordneten Hilfsarbeiten. Aus dieser Zeit stammt mein einziger direkter Anhaltspunkt für Gyuri Martons Wesensart.

Es war um die Mitte der Dreißigerjahre. In Deutschland herrschte Hitler und herrschten die Rassengesetze, die sich auch auf den Theaterbetrieb des gesamten deutschsprachigen Raums verheerend auswirkten. Um in Deutschland aufgeführt zu werden, mußte man der Reichskulturkammer angehören, und um der Reichskulturkammer anzugehören, mußte man reinrassiger Arier sein – ein unter Marton-Autoren nur sporadisch vertretener Menschenschlag. Infolgedessen wurde (und nicht allein vom Verlag Marton) »getarnt«. Es genügte jedoch keineswegs, die Stücke jüdischer Autoren nun etwa unter einem arisch klingenden Decknamen anzubieten. Vielmehr mußte der Inhaber dieses Namens tatsächlich existieren und den »Ariernachweis« beibringen, um in die Reichskulturkammer aufgenommen zu werden, die sowohl seinen bürgerlichen wie seinen Decknamen nach sorgfältiger Prüfung registrierte. Gegen entsprechendes Entgelt waren solche »Tarner« zumindest außerhalb Deutschlands leicht zu haben, und manch ein Gevatter Handschuhmacher oder Magistratsbeamter, der nie im Leben eine Zeile geschrieben hatte, sah sich plötzlich in einen beifallumrauschten Dramatiker verwandelt. Im Deutschen Volkstheater zu Wien – dessen Direktor Rolf Jahn für derlei Manöver besonders zugänglich war und daher den Ehrentitel »Tarnvater Jahn« trug – erschien der von Marton gemietete Tarner als Fleißaufgabe bei den Proben eines von ihm getarnten Stücks*, begann sogar dreinzureden und nahm nach der Premiere inmitten der Hauptdarsteller den Applaus des Publikums entgegen. Er hieß mit bürgerlichem Namen Krebs und hatte von Marton das Pseudonym Turner verpaßt bekommen, das in halbwegs englischer Aussprache seiner Funktion heimliche Rechnung trug.

Aussprache und Nomenklatur spielten bei Marton überhaupt eine große Rolle, wozu man wiederum wissen muß, daß es neben der für deutschsprachige Bühnenzwecke getarnten Produktion noch eine zweite, hauptsächlich für Frankreich, England und Amerika aufgezogene gab, die erst gar nicht darauf aspirierte, deutsches Rampenlicht zu erreichen, sondern lediglich Unterlagen lieferte, sei es für fremdsprachige Aufführungen, sei es für den Verkauf an ausländische Filmgesellschaften. Solche Produkte erkannten die Eingeweihten daran, daß der fiktive Autor einen auf deutsch, französisch und englisch gleichlautenden Vornamen trug. Hieß ein bis dahin unbekannter Dramatiker beispielsweise Paul, Alfred oder Robert, so wußte man, daß es sich in Wahrheit um ein Autoren-Kollektiv aus Martonogorsk handelte. Zusammensetzung: mindestens ein Ungar, mindestens einer der beiden Brüder Eis und entweder ein zweiter Ungar oder ein in Deutschland verbotener Deutscher. Die Ungarn ihrerseits – erfolgsträchtig genug, um außerhalb Deutschlands auch ungetarnt aufgeführt zu werden, aber einer zusätzlichen Einnahmequelle niemals abhold – hießen mit ihren echten Vornamen fast durchwegs Ladislaus, ungarisch László, abgekürzt Laci: Fodor, Bus-Fekete, Lakatos und andere. Eines Tages wurde Marton durch ein Telegramm des lapidaren Wortlauts »DRINGSENDET VORSCHUSS = LACI« in eine

---

* Es handelte sich um ›Wasser für Canitoga‹, ein Erzeugnis der gemeinsamen Federn von Otto und Egon Eis und Hans Rehfisch, das später mit Hans Albers verfilmt wurde und sich noch heute auf Tourneen bestens bewährt.

wahrhaft tragische Situation gebracht. Da Rückfragen bei den möglichen Absendern völlig sinnlos gewesen wären (denn welcher ungarische Autor, ja welcher Autor überhaupt, würde die Frage seines Verlegers, ob er Vorschuß brauche, mit Nein beantworten) und da Marton sich's mit keinem seiner Laci verderben wollte, mußte er im vollen Bewußtsein, daß nur ein einziger um Vorschuß telegraphiert hatte, an jeden von ihnen einen erheblichen Geldbetrag überweisen.

Für eine dieser Kollektivproduktionen – und damit kehre ich zu meinem Ausgangs- und Anhaltspunkt zurück – war ich als Dialogschreiber engagiert worden, was mir als eine ebenso irrtümliche wie ehrenvolle Bestellung erschien; irrtümlich, weil das Pseudo-Stück im Schulmilieu spielte und weil man von mir offenbar auf Grund des ›Schüler Gerber‹ nicht nur besondere Milieuvertrautheit erwartete, sondern gleich auch den dazugehörigen Bühnendialog; und ehrenvoll, weil es in der von Marton betriebenen Tarnfabrik natürlich weit routiniertere Dialogspezialisten gab, denen ich in diesem Fall, obwohl keineswegs routiniert, dennoch vorgezogen wurde. Übrigens beschäftigte Marton neben den Spezialisten für Dialoge auch solche für Aktschlüsse, für szenische Gags, für erregende und retardierende Momente, für Lokalkolorit, für Titel, für schlechterdings alles. Es gab sogar einen Spezialisten für die Erfindung von Decknamen, als dessen glorreichste Schöpfung die Kombination eines von O'Flaherty inspirierten Iren mit einem in Amerika bereits eingebürgerten ungarischen Juden galt; das unwiderstehliche Autorenpaar hieß Lliam O'Rourke und Ernö Fish.

Zu meiner nicht geringen Verblüffung wurde der von mir dialogisierte Stoff tatsächlich an eine französische Filmgesellschaft verkauft. Es war mir klar, daß ich als Neuling und Außenseiter bei der Verteilung der Beute am schlechtesten abschneiden würde, aber der Scheck, den ich bekam, lautete dann doch auf eine gar zu karge Summe.

Nach Rücksprache mit dem Aktschluß-Spezialisten, der sich gleichfalls benachteiligt fühlte, faßte ich mir ein Herz, ging zu Marton und hielt ihm den Scheck hin:

»Gyuri – ist das nicht ein bißchen wenig?«

Gyuri nahm mir den Scheck wortlos aus der Hand, zerriß ihn, schrieb einen neuen auf eine doppelt so hohe Summe aus und reichte ihn mir herüber.

»Also werde ich dich woanders betrügen«, sagte er.

Ich kniete nieder, küßte den Saum seines Gewandes und war ihm von Stund an verfallen.

Marton erkannte mit untrüglichem Instinkt, welcher Typ von Boulevardlustspielen, welche Art von Themen, welche talmige-sellschaftlichen Hintergründe dem jeweils herrschenden Publikumsgeschmack entsprachen, und hat eine Reihe metastasengleich fortwuchernder Klischees in die Welt gesetzt. ›Die Trafik ihrer Exzellenz‹ von Békeffy und Stella (Lebensglück trotz sozialem Abstieg) oder Fodors ›Arm wie eine Kirchenmaus‹ (Sekretärin heiratet Chef) zogen ganze Serien von ähnlich konstruierten Stücken nach sich, die nicht selten in der eigenen Fabrik, ja manchmal vom selben Autor – natürlich unter einem andern Namen – hergestellt wurden.

Dann und wann konnte es allerdings geschehen, daß einem außenstehenden, vielleicht gar ausländischen Boulevardier ein Lustspiel mit besonders tragfähigem Grundeinfall glückte, wie etwa dem Franzosen Jacques Deval mit ›Towarisch‹ (russisches Aristokratenpaar meistert Emigrantenschicksal). In solchen Fällen wurde das betreffende Klischee von Martons Horden rücksichtslos aufgegriffen und abgewandelt. So ist es zu erklären, daß eine der sogenannten »Semmering-Konferenzen« – das alljährliche Treffen sämtlicher Marton-Autoren in dem unweit Wiens gelegenen Höhenkurort – von Gyuri mit den mahnenden Worten eingeleitet wurde:

»Meine Herren – ›Towarisch‹ haben wir schon lang nicht geschrieben.«

Auf der Semmering-Konferenz wurden Stoffe vorgeschlagen, besprochen und vergeben, Autoren-Kombinate neu zusammengestellt und Vorschriften erlassen, was künftig im Dialog oder in der Schürzung des Handlungsknotens nicht mehr zulässig wäre. Beispielsweise fielen die Ausrufe: »Ah, *so* ist das!« und: »Ja, hast du denn meinen Brief nicht bekommen?« einem strikten Verbot anheim, die Anzahl der Rollen in den tatsächlich für Bühnenzwecke vorgesehenen Produkten durfte nicht höher sein als sechs (Begründung: »Das Stück soll ja auch in Troppau gespielt werden.« – Zwischenruf: »Wenn der Geyer den Dialog schreibt, wird es *nur* in Troppau gespielt!«), kleinere Rollen waren durch Telephongespräche zu ersetzen, und dergleichen mehr.

Diese Vorschriften hatten nach ihrer Annahme verbindlichen Charakter für alle Marton-Autoren, aber sie wurden oft erst

nach hitzigen, von Invektiven durchwürzten Debatten angenommen. Gewissermaßen zur Entspannung beriet man über die
Titel importierter und noch zu übersetzender Stücke, über best-
mögliche Rollenbesetzungen, über die Beeinflussung von Kritikern, und das Abschlußdiner fand dann schon in gelöster Stimmung statt.

Nur einmal schlich sich ein leiser Mißton ein. Gestützt auf die
Angaben der Bewirteten, hatte Gyuri dem Zahlkellner alles Ge-
habte angesagt und hatte auf dessen Frage: »Sonst noch etwas?«
den Kopf geschüttelt, als sich aus dem Hintergrund eine Stimme
meldete:

»Hier war noch ein kleines Bier.«

Gyuri sah den Überkorrekten tadelnd an:

»Was ist?« fragte er. »Hältst du zu mir oder hältst du zum
Kellner?«

Das ist nun mehr als vierzig Jahre her, und nur die wenigsten
von denen, die damals am Tisch saßen, sind noch am Leben.
Aber sie alle – ich darf das in ihrem Namen sagen (und es gilt
nicht nur in der Kellner-Alternative) – sie alle haben zu Gyuri
Marton gehalten, und die noch leben, tun es bis auf den heutigen Tag.

Nachträgliches zu Alfred Polgar, Egon Friedell und Karl Kraus

Es erhebt sich die Frage, ob der Weg dieser Aufzeichnungen nunmehr von Gyuri Marton zum Theater führen soll, oder von Ferenc Molnár zur Literatur, oder ganz einfach und ohne spezifische Zuordnung zu jenen Repräsentanten der untergegangenen Kaffeehauskultur, die sich auf beiden (sowieso ineinander verschwimmenden) Gebieten bewegt haben. Das wäre dann also der goldene Mittelweg, der seinerseits eine einschlägige Erinnerung an einen diesbezüglichen Ausspruch wachruft. Die Erinnerung ist um so einschlägiger, als der obendrein auf ungarische Quellen zurückgehende Ausspruch in den damaligen Theater-, Literatur- und Kaffeehauskreisen häufig zitiert wurde. Ein ungarischer Landedelmann, so heißt es, war von einem andern gebeten worden, ihm sein Reitpferd zu borgen, wollte die Bitte nicht abschlagen, um den Freund nicht zu kränken, wollte sie aber auch nicht erfüllen, weil man sein Reitpferd nicht herborgt, und berichtete stolz, wie ihm die Bewältigung der scheinbar unlösbaren Konfliktsituation schließlich gelungen war: »Hab ich gewählt goldenen Mittelweg und hab ihm gesagt, er soll mich im Arsch lecken.«

So auch ich, wobei die versöhnliche Aufforderung im Grunde an mich selbst gerichtet ist. Sie gilt dem von mir in Eigenproduktion erzeugten Konflikt, für den ich schon in der ›Tante Jolesch‹ mehrmals die Nachsicht des Lesers erbitten mußte und der mir auch jetzt wieder arg zu schaffen macht, nämlich: wie die Fülle des Materials, mit dem ich's zu tun habe, am besten zu ordnen und zu präsentieren wäre. Es ist, bei aller Wesensgleichheit seiner Substanz, doch ein recht divergentes Material, an dessen Nahtstellen sich zahlreiche Anschlüsse und Übergänge anbieten – ohne daß ein richtig zwingender darunter wäre. Zwar hat die Gefahr, vom Hundertsten ins Tausendste zu geraten, sich inzwischen auf eine etwas bescheidenere Verhältnisziffer reduziert, aber die Lage bleibt für mich noch immer reichlich verwirrend. Ich kann nur hoffen, daß sie den Leser nicht desgleichen verwirren und ihn nicht davon abhalten wird, den unfreiwilligen Quersprüngen meiner Berichterstattung zu folgen.

Bei den Berichten, deren Erstattung mir obliegt, handelt es sich – wie bereits angedeutet – im wesentlichen um Nachträge zu den in der ›Tante Jolesch‹ verbuchten Materialien, um Anekdoten, Geschichten und Aussprüche, die mir nicht rechtzeitig eingefallen sind. Wenn die an Molnár anschließende Reihe ihrer durchwegs schon gewürdigten Urheber nunmehr mit Alfred Polgar (TJ S. 142 f. und S. 190 f.) beginnt, so wirken, ähnlich wie bei Kisch und Kuh (TJ S. 22–25, S. 97 und S. 184–191), auch phonetische Gründe mit, weil Molnár und Polgar eine naheliegende Assoziation ergeben. Es kommt freilich noch eine minder oberflächliche Stützung persönlicher und sachlicher Art hinzu: nicht nur waren die beiden, sehr zum Unterschied von Kisch und Kuh, miteinander befreundet, sondern die deutschen Bühnenfassungen fast aller Molnárschen Stücke stammen von Polgar.

Eigentlich hätte auch er seinen Namen – denn Polgar ist das ungarische Wort für Bürger – mit einem Akzent auf dem a schreiben müssen. Daß er das nicht getan hat, lag möglicherweise daran, daß er weder ein geborener Ungar noch ein geborener Polgar war.

Als einmal im Café Herrenhof von der Balustrade mit den Telephonzellen her der Oberkellner Hnatek den Ruf »Herr Pollak zum Telephon!« erschallen ließ, sollen sich außer dem tatsächlich gemeinten noch der Zeichner Carl Josef, der Verlagslektor Polzer und Alfred Polgar von ihren Tischen erhoben haben. Aber das muß in grauer Vorzeit gewesen sein, wird hier lediglich zur Erklärung eines fehlenden Akzents angeführt, ist aller Wahrscheinlichkeit nach erlogen und spielt im übrigen keine Rolle.

Ganz gewiß spielt es sie nicht für Polgars literarischen Status, für seine souveräne Urteilskraft als Theaterkritiker, für die erbarmungslose Präzision seiner Formulierungen und für seine sprachliche Meisterschaft überhaupt, von der sich zumal sein Witz mit feinschmeckerischer Sparsamkeit nährte. (Ich habe das in einer ihm gewidmeten ›Geschichte vom Manne, der den Sprachschatz hob‹ genauer darzulegen versucht.) Die Art, wie er Phrasen auf den Grund ging, durch minimale Verschiebungen ihren längst verschütteten Ursprung bloßlegte, leergedroschene Worthülsen mit neuem Sinn erfüllte, ist unerreicht und wird es bleiben.

Gegen die am Kaffeehaustisch geübte Unsitte, irgendeinen Tratsch mit der wichtigtuerischen Präambel »Bitte, das bleibt unter uns!« einzuleiten, setzte sich Polgar einmal dadurch zur Wehr, daß er sich hinabbeugte und nach einem besorgten

Blick unter den Tisch feststellte: »Da ist aber kaum noch Platz!«

Der 1933 nach Hitlers Machtergreifung entstandene Ausspruch, der das Erscheinen der ersten deutschen Literatur-Emigranten im krisenerschütterten Österreich glossierte: »Die Ratten betreten das sinkende Schiff«, stammt von Alfred Polgar und nicht, wie manchmal angegeben wird, von Karl Kraus – immerhin ein verzeihlicher Irrtum, verzeihlich nicht nur im Hinblick darauf, daß Kraus und Polgar einander sehr geschätzt haben. (Hingegen zeugt es von geradezu monströser Ahnungslosigkeit, wenn man Karl Kraus den läppischen Kalauer über die Prager Literaturszene zuschreibt: »Es werfelt und brodelt und kafkat und kischt.« So billig hat er's nie gegeben.)

Bleiben wir gleich bei Prag. Ich war eine Zeitlang für das ›Prager Tagblatt‹ als zweiter Wiener Theaterkritiker tätig, das heißt, daß ich über minder wichtige Premieren zu schreiben und außerdem Alfred Polgar zu vertreten hatte, wenn er gerade nicht in Wien war oder wenn er aus irgendwelchen Gründen nicht schreiben wollte.

Dieses ergab sich bei der deutschsprachigen Erstaufführung von Cocteaus ›Höllenmaschine‹, die wir gemeinsam besuchten. In der weiblichen Hauptrolle agierte die große, 1965 verstorbene Tragödin Maria Fein (deren inzwischen zu mindestens gleicher Größe herangereifte Tochter Maria Becker damals in einer Episodenrolle debütierte). Die männliche Hauptrolle gab Herbert Berghof (heute Leiter einer Schauspielschule in New York), ein hypersensibler, hypernervöser Nachwuchsmime, dessen heißes Bemühen zur eiskalten Routine seiner Partnerin heftig – und keineswegs reizlos – kontrastierte. Als dieser Kontrast in einer Szene besonders deutlich wurde, flüsterte mir Polgar zu: »Sie spielt im Schweiße seines Angesichtes.«

Dergleichen sprachliche Kurzschlüsse bewerkstelligte er immer wieder, etwa wenn ihn die demonstrative Anmut der Filmschauspielerin Lilian Harvey zu der Bezeichnung »Filigrantrampel« anregte oder wenn er einem ihm besonders lieben, zartfühlenden Kollegen nachrühmte: »Wo er hintritt, wächst Gras.«

Wohl dem, den er mochte, weh dem, der ihm auf die Nerven ging. Zur Komparserie des großen, runden Literatenstammtisches im Café Central (ehe das Herrenhof dessen Nachfolge antrat) gehörten auch die Brüder und Doktoren Jakob und Hermann Th., angesehene Mitglieder der Wiener Ärzteschaft, sorgfältig gepflegt im Aussehen wie im Gehaben und von so erlesener Höflichkeit, wie sie an Literatenstammtischen weder üblich noch besonders geschätzt war. Sie betätigten ihre guten Manieren nicht nur der Umwelt gegenüber, sondern – als gälte es einen Lehrkurs für vorbildliches Benehmen – auch gegeneinander: »Darf ich mir eine Bemerkung erlauben, Hermann ...« – »Aber gewiß, lieber Jakob ...« und dergleichen Penetrantes mehr.

Einmal wurde an Hermann, es kann aber auch Jakob gewesen sein, der sich gerade in einer Unterhaltung mit dem rechts neben ihm Sitzenden befand, von weiter links eine Frage gerichtet, zu deren Beantwortung er sich von seinem bisherigen Gesprächspartner abwenden mußte. Natürlich versäumte er nicht, die fällige Floskel der Wohlerzogenheit anzubringen: »Entschuldigen Sie, daß ich Ihnen den Rücken zukehre«, sagte er, bevor er die Linksdrehung vornahm. Sie konfrontierte ihn mit dem gleichfalls links von ihm sitzenden Alfred Polgar, der den Höflichkeitsapostel mit der Erkundigung empfing: »Und dafür, daß Sie mir das Gesicht zukehren, finden Sie kein Wort der Entschuldigung?«

Selbst wer in Polgars Gunst stand, mußte auf der Hut sein, um des Meisters latente Aversionen nicht aus dem Schlummer zu wecken. Das geschah meistens von der Sprache her, und davon bekam auch Fritz Kortner einmal eine Kostprobe ab. Er hatte nach seiner Rückkehr aus der Emigration in München eine Wohnung gefunden, auf die er sehr stolz war, und nötigte den für solcherlei nicht just empfänglichen Alfred Polgar zu einer Besichtigung, in deren Verlauf er nimmermüd die Vorzüge seines neuen Domizils pries. Als ihm nichts andres mehr einfiel, deutete er zur Fensterfront:

»Und das Angenehmste an der Wohnung ist, daß sie kein Vis-à-vis hat!«

Diesem triumphalen Hinweis setzte Polgar einen säuerlichen Dämpfer auf:

»Wenn Sie wüßten, wie angenehm das erst für das Vis-à-vis ist«, sagte er.

Es war einer der seltenen Fälle, in denen Fritz Kortner sich zur Entgegennahme einer Pointe verurteilt fand, statt sie selber zu produzieren. Daß er das konnte, muß ihm der Neid lassen.

Ich lasse es ihm neidlos – was ich schon deshalb ausdrücklich festgestellt haben möchte, weil ich zu seinen Lebzeiten oft genug und ziemlich hart mit ihm aneinandergeraten bin, ohne daß wir von unserer im Grund sehr herzlichen Beziehung, der meinerseits eine gehörige Portion Respekt beigemischt war, jemals hätten loskommen mögen. Von »Haßliebe« zu sprechen, schiene mir allzu pompös; ich halte mich an die weniger abgegriffene und weitaus witzigere Formel, mit der Kortner mich vorzustellen pflegte: »Mein Todfreund Herr Torberg.«

Den sonder Zahl herumgebotenen Anekdoten von und um Fritz Kortner sei hier eine einzige hinzugefügt, die sich meines Wissens noch nicht in Umlauf befindet, zumindest nicht in gedrucktem. Ort und Handlung ist eine PanAm-Maschine auf dem Flug von Berlin nach München, die Protagonisten sind Kortner und ein Passagier, der ihn unverhohlen beobachtet. Kortner, Böses ahnend, nämlich die Verwicklung in ein Gespräch, vertieft sich mit abweisender Intensität in die Lektüre eines Manuskripts. Es hilft nichts. Der Interessent setzt sich auf den freien Platz neben ihn, faßt ihn aufs neue prüfend ins Auge und sagt, scheinbar halb für sich:
»Sie sehen einem bekannten Schauspieler ähnlich.«
Kortner reagiert nicht und liest verbissen weiter.
»Aber der können Sie ja nicht sein«, fährt jener im fingierten Selbstgespräch fort, nun schon deutlicher in Kortners Richtung. »Der ist ja tot.«
Kortner zuckt zusammen:
»*Wer* ist tot?« fragt er mit halbem Aufblick.
»Der, dem Sie ähnlich sehen. Der Kortner.«
Das geht weit über Kortners böse Ahnungen hinaus und läßt ihn noch heftiger zusammenzucken:
»Woher wissen Sie das?«
»Meine Frau hat's mir vor ein paar Tagen erzählt.«
»So.« Kortner holt grimmig Atem. »Dann sagen Sie Ihrer Frau: Kortner lebt.« Und setzt nach kurzem Bedenken hinzu: »Aber sagen Sie's ihr bald!«
Soviel sich feststellen ließ, war das die letzte Kortner-Anekdote, die noch authentisch – nämlich von ihm selbst – überliefert wurde. Nicht lange danach hätte die Frau seines Reisegefährten recht gehabt.

Auch eine letzte Polgar-Anekdote ist zu verbuchen. Sie spielt in den frühen Fünfzigerjahren, während eines seiner Besuche in

Wien, gekoppelt mit einem Besuch in der Wohnung Franz Theodor Csokors, der damals (und bis zu seinem 1969 erfolgten Ableben) dem Österreichischen PEN-Club als Präsident vorstand.

Csokor war ein liebenswerter, grundgütiger, arg- und neidloser Dichtersmann, der seine Freundlichkeit nicht selten auch Unwürdigen zugute kommen ließ, manchmal sogar den ultralinken Menschheitsbeglückern, von denen er irrigerweise annahm, daß es ihnen ebenso wie ihm um das Glück der Menschheit ginge. Und er war noch etwas andres, was es nicht mehr gibt: ein echter Bohemien. Überflüssig zu sagen, daß er jeglichen Wohlstands ermangelte und daß er diesen Mangel mit Fassung und Haltung trug, ja eigentlich ohne ihn zur Kenntnis zu nehmen. Die einzige Aktivität, die er um irdischer Genüsse willen entfaltete, galt dem Besuch der zahlreichen internationalen Schriftstellerkongresse, zu denen er entweder in seiner PEN-Funktion oder als Ehrengast eingeladen wurde und die immer mit reichlichen Banketten und kulinarisch unterspickten Festempfängen verbunden waren. Csokor führte genauestens und weit vorausblickend Buch über alle nahrhaften Veranstaltungen dieser Art und ließ es sich angelegen sein, in der betreffenden Landessprache rechtzeitig den Satz »Herr Ober, reichen Sie mir noch einmal von dieser Speise« auswendig zu lernen. Als einmal in Dubrovnik eine literarische Tagung stattfinden sollte, lernte er den Schlüsselsatz auf kroatisch. Die Tagung wurde kurzfristig abgesagt, und Csokor kam nie mehr in die Lage, seine kroatischen Sprachkenntnisse anzuwenden.

Daß und wie sehr seine Lebensweise die eines Bohemiens war, merkte man auch seiner beharrlich unaufgeräumten Wohnung an, die dem Besucher – im vorliegenden Fall war's also Alfred Polgar – ein wüstes Durcheinander von Büchern, Zeitungen, Manuskripten und Schreibbehelfen darbot. Nichts befand sich dort, wo es hingehört hätte. Auf dem Schreibtisch lagerte allerlei Eßzeug, das Fensterbrett beherbergte Gläser unterschiedlichen Formats, die Schnapsflasche kam aus dem Nachtkasten zum Vorschein, und was sich als Decke über das Sofa breitete, war zweifelsfrei einer der Fenstervorhänge.

Polgar hatte eine Zigarette zu rauchen begonnen und sah sich um:

»Würde es Sie stören, Csokor«, fragte er, »wenn ich die Asche in den Aschenbecher gebe?«

Von Alfred Polgar ist es nicht weit zu Egon Friedell, seinem langjährigen Freund und häufigen Mitautor, den meine ohnehin fragmentarische Schilderung in der ›Tante Jolesch‹ (TJ S. 191–195) um eine wichtige Anekdote geprellt hat; sie wird hiermit nachgetragen.

Siegfried Trebitsch, in dessen miserabler Übersetzung George Bernard Shaw auf der deutschen Bühne berühmt geworden ist (sogar berühmter, als es ihm zustand), sorgte mit nie erlahmender Betriebsamkeit für die Mehrung seines gleichermaßen unverdienten wie einträglichen Ruhms. So veranlaßte er einmal das ›Neue Wiener Journal‹ zu einer Rundfrage an namhafte Zeitgenossen: »Was ist Ihrer Meinung nach die Gemeinsamkeit zwischen George Bernard Shaw und seinem Übersetzer Siegfried Trebitsch?« Sicherheitshalber übergab er der Redaktion eine Liste der zu Befragenden und suchte obendrein jeden einzelnen von ihnen auf, um eine möglichst freundliche Antwort zu erwirken. Auch bei Friedell erschien er, allerdings nicht mit dem gewünschten Erfolg. Friedells Antwort lautete:

»Die Gemeinsamkeit zwischen Shaw und Trebitsch besteht meiner Meinung nach darin, daß beide nicht Deutsch können.«

Im Grund variierte Friedell damit eine Formulierung, die Karl Kraus schon lang vorher geprägt hatte, ohne besonderen Anlaß, nämlich im Zusammenhang mit seiner latenten (und wohlfundierten) Abneigung gegen Shaw: »Herr Siegfried Trebitsch, der die Theaterstücke Shaws aus dem Englischen in eine ihm gleichfalls fremde Sprache übersetzt . . .«

Trebitsch, im übrigen, war durch die Tantiemen dieser Übersetzungen so reich geworden, daß er sich's 1938, nach seiner Emigration in die Schweiz, leisten konnte, im sündteuern Nobelhotel Dolder zu wohnen. Von dort stieg er gelegentlich zu Tal und klagte mit leiser, weinerlicher Stimme – die ihm den Beinamen »der stille Dolder« eintrug – im Kreise minderbemittelter Schicksalsgefährten über sein trauriges Emigrantenlos. Auch Shaw gegenüber ließ er's an schriftlichen Verzweiflungsausbrüchen nicht fehlen.

»Werden wir uns jemals wiedersehen?« hieß es in einem seiner Briefe.

»Das hängt ganz von Ihrer Gesundheit ab«, erwiderte der damals 82jährige Shaw.

War es von Polgar nicht weit zu Friedell, so ist es von ihnen beiden – einschlägige Andeutungen sind ja schon erfolgt – nicht weit zu Karl Kraus (TJ S. 138f.). Nun verhält es sich aber mit Geschichten, die über Karl Kraus erzählt werden könnten, mit Äußerungen, die sich ihm zuschreiben ließen und, kurzum, mit ihn betreffenden Anekdoten immer ein wenig prekär; je besser man ihn gekannt hat und je verantwortlicher man mit dieser Kenntnis umzugehen wünscht, desto sorgfältiger wird man es vermeiden müssen, Zweifelhaftes, ja auch nur Anzweifelbares über ihn zu erzählen.

Ich habe Karl Kraus immerhin gut genug gekannt, um mich der Verpflichtung zur Authentizität unterworfen zu fühlen; und daß von den Zeugen meines Umgangs mit ihm heute kaum noch jemand lebt, scheint mir jene Verpflichtung, obgleich sie praktisch unkontrollierbar geworden ist, eher zu steigern als zu entlasten. Das hat mir schon bei mancher früheren Wiedergabe meiner Reminiszenzen an ihn – in Vortragstexten, in einem Gedenkaufsatz anläßlich seines 100. Geburtstags* und schließlich in der ›Tante Jolesch‹ – arge Hemmungen verursacht, denen durchaus Verbuchenswertes (und Authentisches) geopfert wurde, darunter seine nicht immer enthusiastischen Äußerungen über Bertolt Brecht, seine Reaktion auf die ›Dreigroschenoper‹, auf das Lied der Polly, für die es selbst beim manierlichsten und bestgekleideten Mann, dessen Kragen auch werktags rein war, nur ein Nein gab, aber dann kam einer, der nicht wußte, was sich bei einer Dame schickt, und sein Kragen war auch sonntags nicht rein, und da mußte sie sich einfach hinlegen, da gab's überhaupt kein Nein: »Eine starke Überschätzung der Schmutzwäsche«, sagte Karl Kraus – aber man weiß, ob man mir das glauben würde. Und so wüßte ich von ihm noch etliches mehr zu berichten, was auf vorgefaßten Unglauben stieße, obwohl es authentisch ist. Vielleicht findet sich's in meinem Nachlaß.

Hier jedenfalls begnüge ich mich mit einer Geschichte, zu der Karl Kraus nur in passiver Beziehung steht. Sie spielt 1933 in Prag unter den deutschen Emigranten, die nach Hitlers Machtergreifung herüberkamen und von politischen Freunden aufgefangen und betreut wurden. Wir saßen mit ihnen in ständig wechselnden Kneipen beisammen, führten nächtelang die hitzigsten Diskussionen, deren Wirklichkeitsferne uns erst später klarwerden sollte, und die sich bisweilen auch literarischen The-

---

* ›Er war genau so und er war ganz anders‹, ›Neue Zürcher Zeitung‹, 26. April 1974

men zuwandten. Als das wieder einmal geschah, stellte sich heraus, daß einer der Neuankömmlinge, ein braver sächsischer Gewerkschaftsfunktionär, den Namen Karl Kraus noch nie gehört hatte, und da mußte natürlich Abhilfe geschaffen werden. Man gab ihm ›Die letzten Tage der Menschheit‹ zu lesen, ohne zu bedenken, daß ihm das Lokalkolorit der meisten Szenen, ihr historischer Hintergrund und vor allem die verschiedenen altösterreichischen Dialekte, mochten sie wienerisch, böhmisch, jüdisch oder sonstwie gefärbt sein, völlig fremd wären.

Ein paar Tage später erkundigte man sich nach dem Eindruck, den die Lektüre auf ihn gemacht hätte.

Er könne noch kein Urteil abgeben, sagte der Wackere in wackerem Sächsisch, denn er sei noch nicht fertig.

»Aber eins ist sicher«, fügte er nach einer kleinen Pause der Bedachtsamkeit hinzu. »*Deutsch* kann der Mann nu mal *nich*!«

Mein abermals zur Erfolgslosigkeit verurteiltes Bestreben, irgendeine Ordnung in diese Aufzeichnungen zu bringen, verteilt sich auf drei erfolglose Ansätze: nach thematischen, personellen und zeitlichen Gesichtspunkten.

Zum Beispiel könnte ich im vorliegenden Fall von Karl Kraus auf das Thema Literatur übergehen, oder ich könnte noch ein wenig bei seiner Person verweilen und noch den oder jenen seiner Aussprüche festhalten, wobei es mich besonders auf eines hinzuweisen drängt: sein eminenter Sprachwitz rechtfertigt selbst die im allgemeinen eher billigen und peinlichen Wortspielereien, die sich einen Eigennamen zunutze machen. Daß er die Inhaftierung des wegen betrügerischer Krida verurteilen Bankiers Reitzes mit der Wendung glossierte: »Die Strafanstalt Stein entbehrt nicht eines gewissen Reitzes«, kann man in der ›Fackel‹ nachlesen.

Nirgends gedruckt und wenig bekannt hingegen ist ein Aperçu aus seinen früheren Jahren, als er eine junge Schauspielerin namens Elfriede Schopf umbuhlte, die sich jedoch zu seinem Leidwesen im sicheren Gewahrsam des Burgtheaterhelden Adolf Ritter von Sonnenthal befand; und die Nachricht von Sonnenthals plötzlichem Tod entlockte ihm den Ausruf: »Jetzt müßte man die Schopf bei der Gelegenheit packen!«

Wie sich soeben geklärt hat, werde ich von keiner dieser beiden Übergangsmöglichkeiten Gebrauch machen. Das Thema Literatur wird sich noch oft genug (und zwanglos genug) anbieten, und gegen meine schon dargelegte Hemmung, Kraus-Anekdoten wiederzugeben, möchte ich nicht weiter ankämpfen. Ich schließe also zeitlich an jenen sächsischen Emigranten an, der mit seiner Feststellung, daß Karl Kraus nu mal nich Deutsch könne, gewissermaßen den Kopf auf den Nagel getroffen hat. Ich schließe an die Zeit nach 1933 in Prag an.

Die Emigranten aus Hitlerdeutschland erhielten immer stärkeren Zuwachs, begannen sich zu organisieren, gründeten Hilfs- und Sammelstellen, gründeten politische Zeitschriften wie den ›Gegen-Angriff‹ oder den kurzlebigen ›Simplicissimus‹ (den ein nicht nur juristisch gestützter Einspruch des gleichfalls nach Prag emigrierten Thomas Theodor Heine zur Namensänderung in ›Simplicus‹ nötigte), gründeten eine Illustrierte (mit den Fotomontagen des genialen John Heartfield als Hauptattraktion) und gründeten teils landsmannschaftlich, teils politisch ausgerichtete Vereine, die im Kielwasser der damals herrschenden »Volksfront«-Ideologie auf das Wohlwollen der tschechoslowakischen Behörden rechnen durften, manchmal sogar auf gutgläubige Förderung. Fast alle diese Gründungen waren mehr oder weniger kommunistisch gesteuert – die monatliche Literaturzeitschrift ›Das Wort‹, von Wieland Herzfelde, dem ehemaligen Leiter des Berliner Malik-Verlags, in Prag vorbereitet und redigiert, erschien ganz offiziell in Moskau (als Herausgeber zeichneten Bert Brecht, Lion Feuchtwanger und der gepunzte Parteischriftsteller Willi Bredel).

Zu den kommunistischen Tarn-Organisationen gehörte auch der »Bert-Brecht-Club«, eine – wie schon der Name sagt – vorgeblich auf Literatur und in Wahrheit auf Agitprop bedachte Körperschaft, die sich so geschickt in Szene zu setzen wußte, daß ihre Vortrags- und Diskussionsabende alsbald beträchtlichen Zulauf fanden. Das sprach sich allerdings nicht nur in den mit der Sowjetunion sympathisierenden Kreisen herum, sondern auch unter jenen, die sich schon damals vom Kommunismus abgewandt hatten (und das war zu einer Zeit, da man Stalin noch für den Todfeind Hitlers, ja wohl gar für dessen einzig zuverlässigen Gegenspieler hielt, weder leicht noch lohnend). Es fand sich also auch die antistalinistische Avantgarde allmählich bei den Diskussionsabenden des »Bert-Brecht-Clubs« ein, um die Dirigenten dieser Diskussionen – ich erinnere mich an Wieland Herzfelde, der noch heute in Ostberlin die linientreue Fahne hochhält, an Ernst Ottwald, der später in einem sowjetischen Gefängnis zugrunde gegangen ist, an den in Amerika friedlich verstorbenen Kurt Kersten – aus ihrer selbstgefälligen Demagogie aufzustören. Die Störung erfolgte entweder durch unangenehm formulierte Fragen oder durch Zwischenrufe. Und damit sind wir beim Zwischenrufer Epstein, der wahrlich auch noch aus anderen Gründen nicht vergessen werden sollte als aus denen, die ihm diesen Beinamen verschafft haben.

Julius Epstein, in Wien geboren, lange Jahre in Berlin wohnhaft (wo die von ihm herausgegebene Wochenzeitschrift ›Das blaue Heft‹ sich gegen die Konkurrenz der ›Weltbühne‹ und des ›Tagebuch‹ nicht durchsetzen konnte), 1933 nach Wien zurückgekehrt, 1934 nach Prag und 1938 nach Amerika emigriert, war ein kenntnisreicher Mann und einer der wenigen politisch denkfähigen Journalisten im deutschen Sprachraum, mit einem Wort: ein Außenseiter. Seine Fähigkeiten kamen erst in Amerika zu voller Geltung, aber auch dort hatte er gegen heftige Widerstände zu kämpfen, als er während des Kriegs die Urheberschaft des sowjetischen Bundesgenossen am Massaker der polnischen Offiziere in Katyn aufdeckte.

Ich habe Epstein in Prag kennengelernt und habe seinen scharfen, schlagfertigen Witz von Anfang an bewundert, gleich beim erstenmal, als er auf einer Veranstaltung des erwähnten »Bert-Brecht-Clubs« in Aktion trat. Neben ihm betätigte sich als Wortführer der damals aufkeimenden Opposition ein tschechischer Trotzkist namens Kafka (keine Verwandtschaft mit Franz), dessen gewähltes Deutsch zum harten tschechischen Akzent, mit dem er es sprach, in seltsamem Widerspruch stand. Ein Satz aus einem seiner Diskussionsbeiträge ist mir haften geblieben, beinahe ein Schlüsselsatz. Es ging um die ausbeuterischen Methoden des monopolkapitalistischen Schuhfabrikanten Bat'a, und Kafkas Schlüsselsatz – mit beharrlicher Langsamkeit vorgebracht und eben dadurch gegen jede Unterbrechung gefeit – lautete: »Vor die Wahl zwischen Bat'a und Stalin gestellt, entscheide ich mich für Bat'a, aber nicht weil er bessere Schuhe macht, sondern weil er ethisch höher steht.« Man kann sich denken, welchen Entrüstungssturm ein solches Sakrileg bei der stalinistischen Mehrheit hervorrief.

Eines Abends entwickelte sich im Anschluß an einen Vortrag über das sowjetische Eherecht eine besonders lebhafte Diskussion. Die oppositionellen Wortmeldungen liefen fast durchweg darauf hinaus, daß die sowjetische Wirklichkeit sich immer weiter von ihren ursprünglichen Idealen entfernte, daß alles, was einen jungen Menschen einmal zum Kommunismus hingezogen hätte, längst beim Teufel wäre – die sowjetischen Ehegesetze überträfen die kapitalistischen bei weitem an bürgerlicher Strenge, freie Liebe begegne puritanischen Hindernissen, auf Abtreibung stünden strenge Strafen, und dergleichen mehr. Die Fragen an den verzweifelten Diskussionsleiter bezogen sich alsbald auch auf aktuellere Anlässe, vor allem auf das Schicksal der deutschen Kommunisten, die sich in die Sowjetunion gerettet hatten und dort von den stalinistischen Säuberungswellen verschluckt worden waren – was mit der Schauspielerin Carola Neher geschehen sei, wollte jemand wissen, ein andrer fragte nach Zenzi Mühsam, der sechzigjährigen Witwe des von den Nazi ermordeten Dichters Erich Mühsam, der Vorsitzende versuchte den Fragesteller zu überhören, aber der ließ sich nicht abschütteln: »Ich will wissen, warum die Zenzi Mühsam verhaftet wurde!« insistierte er, und in das verlegene Schweigen auf dem Podium ertönte Epsteins Zwischenruf:

»Vielleicht hat sie abgetrieben.«

Heftige Zusammenstöße zog auch André Gides Abkehr vom Kommunismus nach sich, die er mit seinem kritischen Reisebericht ›Retour de l'U.R.S.S.‹ vollzogen hatte. Der jahrelang als weitblickender Anwalt des Fortschritts Gepriesene wurde in den Augen (und in der Sprachregelung) der Politruks über Nacht zu einem trotzkistischen Kleinbürger, und der »Bert-Brecht-Club« veranstaltete eilends einen Diskussionsabend, um die verwirrten Geister zu beruhigen. Es bekam ihm schlecht. Die Parteiredner konnten keine einzige der von Gide vorgebrachten Anschuldigungen entkräften, keinen einzigen der von ihm angeprangerten Mißstände dementieren. Besonders hitzig ging es zu, als der mit Stalin getriebene Personenkult und dessen byzantineske Auswüchse zur Sprache kamen. Gide hatte unter anderem berichtet, daß er bei seiner Ausreise aus der Sowjetunion ein Telegramm an den Kreml abschicken wollte, um sich für die ihm erwiesene Gastfreundschaft – er war von der Regierung eingeladen gewesen – in aller Form zu bedanken. Der Postbeamte weigerte sich, das Telegramm anzunehmen, weil es schlicht an »Josef Wissarionowitsch Stalin, chef du parti communiste« adressiert war und keine der überschwenglichen Zusatztitel enthielt, die dem großen Führer gegenüber obligat waren. Auf dem Podium wußte man sich gegen die wütenden Ausfälle der Oppositionellen kaum zu wehren. Diese würdelose Liebedienerei vor einem angeblichen Genossen sei eine Schande, hieß es, sie unterscheide sich in nichts von der in Deutschland geübten Vergötterung Hitlers, warum müsse man Stalin als »Vater des Proletariats« und »Steuermann der Weltrevolution« anreden, er sei der Vorsitzende des ZK der KPdSU, weiter nichts, ein Regierungsbeamter sei er, und in Frankreich sagt man dem Präsidenten der Republik ganz einfach Monsieur.

Hier sah der Diskussionsleiter endlich eine Chance:

»Falsch!« widersprach er mit sattem Triumph. »Man sagt ihm Monsieur le président!«

»Das *ist* er aber auch!« ließ sich der Zwischenrufer Epstein vernehmen.

Die Leidenschaft, mit der er der Entlarvung demagogischer Linksphrasen oblag, trieb ihn häufig zum Columbus Circle, dem New Yorker Gegenstück zu Londons Hyde Park, einem Freiluft-Tummelplatz für Volksredner, unter die sich mit schöner Regelmäßigkeit auch kommunistische Agitatoren mischten, um mit vorsichtig dosierten Hetzreden den revolutionären Tatendrang der Menge anzustacheln. Wenn so einer die Übelstände des Kapitalismus im allgemeinen und der amerikanischen Gesellschaftsordnung im besonderen weidlich gegeißelt hatte, schaltete er aus taktischen Gründen unfehlbar die vertrauenerweckende Mitteilung ein, daß er kein Kommunist sei – womit er sich der ebenso unfehlbaren Frage des Zwischenrufers Epstein aussetzte:

»Warum nicht?«

Daraufhin zog er es meistens vor, den Platz zu räumen. Sonst hätte er dem Wißbegierigen die Vorzüge der Demokratie erklären müssen.

Ein Lieblingsziel der Epsteinschen Tücke waren die geschulten Dialektiker, die es verstanden, jede Maßnahme Stalins als die einzig richtige zu begründen, auch wenn kurz zuvor noch das genaue Gegenteil einzig richtig war. Am schwersten hatten sie es mit dem Stalin-Hitler-Pakt, an den sie zuerst gar nicht glauben wollten. Wie man weiß, haben sie nach Überwindung des ersten Schrecks auch das bewältigt.

Zu einem wesentlich harmloseren Purzelbaum dieser Art führten die Olympischen Spiele von 1936, zu denen die Japaner, Hitlers spätere Bundesgenossen, eine starke Equipe nach Berlin geschickt hatten. Sie wurde dort reichlich mit nationalsozialistischen Propagandaschriften versorgt und geriet damit bei den diversen Grenzkontrollen auf der Heimreise in einige Schwierigkeiten, worüber die internationale Presse denn auch berichtete.

In einem der Prager Kaffeehäuser, die den politisch Interessierten ungeachtet ihrer Herkunft und ihrer Überzeugung als Treffpunkt dienten, saß Epstein auf Lauer und pirschte sich an eine linientreue Clique heran.

Das ginge nun wirklich zu weit, begann er seine heuchlerische Klage: an jeder Grenze wären die japanischen Sportler wegen der mitgeführten Nazi-Drucksachen beanstandet worden – nur die Sowjets hätten sie glatt passieren lassen!

Selbstverständlich und was denn sonst, wurde er mit überlegenem Lächeln belehrt. Oder hätte man wegen einer solchen Lappalie vielleicht diplomatische Verwicklungen riskieren sollen, um den Herrn Epstein zufriedenzustellen? Man weiß in der Sowjetunion sehr gut, wie man sich zu verhalten hat. Da macht man nichts Unsinniges.

»Nicht?« verwunderte sich Epstein. »Warum hat man's dann gemacht?«

Und er präsentierte den betretenen Dialektikern die soeben erschienene Abendzeitung mit der Meldung, daß die japanische Olympiamannschaft an der sowjetischen Grenze aufgehalten worden war und erst nach Beschlagnahme des Propagandamaterials weiterreisen durfte.

Julius Epstein starb 1974 in Kalifornien, wo er an der Stanford University den Lehrstuhl für Politologie innehatte. Er war ein Zwischenrufer von höchstem künstlerischen Rang. Wir werden nimmer seinesgleichen hören.

Zwischen den hier als Neuerscheinung aufgetretenen Epstein und die teils schon früher verbuchten, teils aus späterer Zeit noch zu verbuchenden Repräsentanten der Sparte Literatur schiebt sich gebieterisch die füllige Gestalt Dr. Hugo Sperbers, der Anekdote liebstes Kind nach Ferenc Molnár und wie dieser in der ›Tante Jolesch‹ (TJ S. 168) ausführlich, wenn auch nicht restlos gewürdigt. Freundliche Zeitgenossen haben mir den Rest ins Gedächtnis gerufen. Er ist leider nicht so umfangreich wie bei Molnár, aber auch er hat Anspruch, dem Sog der Vergessenheit entrissen zu werden.

Daß Sperber das Kaffeehaus in erster Linie als Austragungsort von Kartenpartien betrachtete und, wenn kein Mäzen in der Nähe war, sich jeder zusätzlichen Geldausgabe, also jeder anderen Bestellung als der eines Pakets Spielkarten enthielt, wurde bereits geschildert (TJ S. 163). Die eherne Abwehr, die er allen diesbezüglichen Versuchen entgegensetzte, ließ sich durch kein kellnerisches Drängen erschüttern.

»Was wird sonst noch angenehm sein, Herr Doktor?«
Sperber hat nichts gehört.
»Darf ich vielleicht etwas bringen, Herr Doktor?«
Sperber schweigt verbissen.
»Noch einen Wunsch, Herr Doktor?«
»Jawohl!« röhrt Sperber. »Nicht danach gefragt zu werden!«

Ein wiederholt vorbestrafter Gewohnheitsdieb, dem wieder einmal ein Prozeß bevorstand, erschien in Sperbers Kanzlei und bat ihn um (natürlich kostenlose) Rechtsbetreuung. Während Sperber in den Akten blätterte, ließ der Besucher eine auf dem Rauchtisch liegende Zigarettendose in seine Hosentasche gleiten.

»Lieber Freund«, sagte Sperber, der das gesehen hatte, »legen Sie die Tabatière wieder zurück. Hier ist *mein* Arbeitszimmer und nicht das Ihre.«

Die folgende Geschichte begab sich im Gerichtssaal selbst, als Sperber einen Einbrecher verteidigte. Der öffentliche Ankläger stützte sich auf Indizien, die sich als recht wackelig erwiesen und von denen als einzig beweiskräftiger Anhaltspunkt die Tasche mit dem Einbruchswerkzeug übrigblieb, die der Angeklagte im fraglichen Zeitpunkt bei sich hatte.

Sperber meldete sich zu Wort:
»Herr Vorsitzender, ich habe ständig das zum Ehebruch erforderliche Werkzeug bei mir. Ist das ein Verdachtsmoment?«

Zu Sperbers Ex-offo-Klienten gehörte einmal auch Egon Dietrichstein, eine nicht uninteressante, beinahe tragische Erscheinung der Wiener Kaffeehauswelt. Er hatte vor dem Ersten Weltkrieg einige journalistische und literarische Erfolge, die freilich an seiner schon damals unheilbaren Schnorrer-Existenz nichts änderten. Später ging's mit ihm immer tiefer bergab, sein Talent verkümmerte, niemand druckte ihn, er hörte mit dem Schreiben auf und lebte zum Schluß von dubiosen Wuchergeschäften, bei denen er einen blinden Inkassanten beschäftigt haben soll (mit der Begründung, daß man einen Blinden nicht so leicht die Stiegen hinunterwirft). Ab und zu sah man ihn durch seine einstigen Stammkaffeehäuser streifen, völlig verlot-

tert, in abgerissener Kleidung und auf so exzessive Weise unge-
pflegt, daß Gerüchte entstanden, er wäre auf eine anonyme
Anzeige hin polizeilich geöffnet worden und man hätte an seiner Brust ein nistendes Eichhörnchen gefunden. Das stimmte
natürlich nicht. Hingegen traf es zu, daß er einmal in der Wohnung von Leo Perutz meuchlings zwangsgebadet wurde und
daß man bei dieser Gelegenheit auf einen nicht alltäglichen Be-
helf seiner Toilette stieß: als Sockenhalter diente ihm eine in
zwei oberen Löchern befestigte und hinterm Nacken zusam-
mengebundene Spagatschnur. (Übrigens ist auch zu Leo Perutz
eine Kleinigkeit zu ergänzen, deren Besonderheit darin besteht,
daß diesmal ausnahmsweise er selbst der Blamierte war. Er hatte
für das Söhnchen eines mit ihm befreundeten Ehepaars zu
Weihnachten ein Steckenpferd gekauft, brachte es persönlich
angeschleppt, packte es an der Türe aus, bestieg es, kam unter
lauten »Hoppa-hoppa«-Rufen ins Bescherungszimmer geritten
und merkte – kurzsichtig wie er war – erst nach der dritten
Umkreisung des Weihnachtsbaums, daß er sich in einer falschen
Wohnung befand.)

Als nun Egon Dietrichstein, um wieder auf ihn zurückzu-
kommen, endlich vom Schicksal ereilt wurde und seiner Wu-
chergeschäfte wegen mit dem Gesetz in Konflikt geriet, hätte er
dem drohenden Gerichtsurteil nur durch Rückzahlung einer für
ihn unerschwinglich hohen Geldsumme entgehen können. Um
wenigstens eine bedingte Verurteilung zu erreichen, legte Sperber sein Plädoyer um Milde auf eine drastische Schilderung der
desolaten Existenz Dietrichsteins an:

»Hohes Gericht«, begann er, »ich bin gewiß kein arbiter ele-
gantiarum – Egon Dietrichstein aber trägt einen von mir
abgelegten Anzug am Sonntag . . .«

Für die schönste Dietrichstein-Anekdote hat er selbst gesorgt,
als er während des Ersten Weltkriegs vom ›Neuen Wiener Journal‹ den Auftrag zu einer Reportage über die kaiserliche Menagerie in Schönbrunn bekam. Wie sich herausstellte, wurde der
Affenkäfig – eine der großen Attraktionen Schönbrunns, die
unbedingt geschildert werden mußte – damals gerade umge-
baut, so daß Dietrichstein seine Reportage zunächst nicht
abschließen konnte. Er bat, von der Fertigstellung des Umbaus
verständigt zu werden, und ließ in der Schönbrunner Hofkanz-
lei zu diesem Zweck seine Adresse zurück.

Nun muß man wissen, daß es in Österreich (wie auch in

Ungarn und in Deutschland) jüdische Familiennamen gibt, die mit den Namen fürstlicher Häuser identisch sind. Die Vorfahren dieser Familien standen vor Zeiten als sogenannte »Schutzjuden« im Dienst der betreffenden Hocharistokraten und wurden im Zuge der Emanzipation und der damit verbundenen Zuteilung bürgerlicher Namen nach ihren Schutzherren benannt. Man erzählt sich, daß der Bürgermeister Lueger, dem einmal mitten in einem wichtigen Aktenstudium der Besuch des Fürsten Löwenstein-Wertheim-Freudenberg gemeldet wurde, seinen Sekretär ein wenig zerstreut mit den Worten hinausgeschickt hätte: »Sagen S' den drei Juden, sie sollen warten.« Außer bei den hier Angeführten ist es auch bei Trägern der Namen Liechtenstein, Fürstenberg, Schwarzenberg, Nassau und anderen – wie eben Dietrichstein – nicht von vornherein klar, ob es sich um Fürsten oder Juden handelt. Und da der federführende Kanzlist der kaiserlichen Menagerieverwaltung sich gegen eine mögliche Verletzung der Etikette absichern wollte, adressierte er, als es soweit war, die fällige Verständigung an »Seine Durchlaucht Fürst Egon Dietrichstein, Wien II., Große Mohrengasse 16, IV. Stock, Tür 27, bei Frau Katz«.

Sie wurde mir 1929 dank der Initiative eines etwas älteren und bereits halbwegs arrivierten Schriftstellerkollegen zuteil, den ich hier nur mit seinen Anfangsbuchstaben nennen werde, A. E., denn er lebt noch, und es wäre ihm möglicherweise nicht recht, in dieser Geschichte mit vollem Namen aufzutreten.

Ich hatte ihn in Leipzig kennengelernt, wohin mich das ›Prager Tagblatt‹ – ungefähr ein Jahr vor Erscheinen meines ersten Romans – in die journalistische Lehre geschickt hatte, zum ›Leipziger Tageblatt‹, das dem gleichen (mit Ullstein verschwägerten) Zeitungskonzern angehörte. Es war, dies nebenbei, eine sehr nutzbringende Lehre, vor allem in technischer Hinsicht, und was mir damals in der Setzerei von den sanft sächselnden Metteuren beigebracht wurde, ist mir noch Jahrzehnte später beim Umbruch des FORVM sehr zugute gekommen.

A. E. war kein Mitglied der Redaktion, sondern ein freier Mitarbeiter. Wir fanden Gefallen aneinander, gingen manchmal zusammen in die Konditorei Felsche oder zum Mittagessen in ein miserables Restaurant, das den pompösen Namen »Zur großen Feuerkugel« trug und sich damit brüstete, daß vor Zeiten einmal Goethe dort eingekehrt war. Ich erinnere mich noch deutlich an die grauenhaften Folgen dieses Ereignisses. Und zwar erschien, wenn man sich beispielsweise durch den »Suppe« geheißenen Dünnbrei weit genug hindurchgelöffelt hatte, auf des Tellers Grund das scherengeschnittene Profil des Dichterfürsten, umrandet von einer Inschrift in Fraktur, die einem den letzten Rest des etwa noch vorhandenen Appetits raubte.

Auch an Hans Reimann erinnere ich mich und an die Kolonialwarenhandlung Gück, an der er nie vorübergehen konnte, ohne zu murmeln: »Gück und Gas, wie leicht bricht das.«

Vor allem aber erinnere ich mich an A. E. und an sein wunderliches Auto, ein kleiner Fiat war's, wenn ich nicht irre, ein kleiner, offener Fiat, dergestalt offen, daß er sich um keinen Preis schließen ließ und sich bei heftigeren Regengüssen in eine Freiluftbadewanne verwandelte. Dennoch faßte A. E. eines Tages den tollkühnen Entschluß, mit diesem Wagen nach Berlin zu fahren, und ich meinerseits besaß den Heldenmut, seine Einladung zum Mitfahren anzunehmen. Unterwegs erzählte er mir Märchenhaftes vom Berliner Literaturbetrieb, wußte in wohldosierten Einflechtungen auch seinen eigenen Anteil daran hervorzukehren, versprach mir, mich mit allerlei wichtigen oder namhaften Leuten bekannt zu machen, und als wir nach wetterbegünstigter Fahrt und Überwindung eines unerläßlichen Minimums von Pannen in Berlin angelangt waren, stellte er sofort das Programm für den Abend zusammen. Es sah u. a. einen Besuch des berühmten Künstlerlokals Schwannecke vor. Und damit nähern wir uns dem Kern der Geschichte. Denn als wir hineinkamen, saß an einem ovalen Logentisch unweit der Garderobe Joachim Ringelnatz, allein und eine nicht mehr gänzlich gefüllte Kognakflasche vor sich.

Ich erkannte ihn sofort, was keine Kunst war. Sein scharf geschnittenes Gesicht mit der vorspringenden Adlernase erschien oft genug (zumeist als Karikatur) in irgendeiner Zeitung und zierte außerdem den Umschlag mancher seiner Gedichtbücher – ich besaß sie alle und liebte sie sehr.

»Dort sitzt Ringelnatz«, flüsterte A. E. mir zu. »Willst du ihn kennenlernen? Mach ich.«

Er straffte sich, als schlüge er innerlich die Hacken zusammen, und trat an den ovalen Tisch:

»Guten Abend, Jochen. Darf ich dir einen Freund von mir vorstellen? Friedrich Torberg, ein junger Schriftsteller aus Prag.«

Ringelnatz sah mit einem nicht übermäßig interessierten Blick zuerst A. E. an und dann mich.

»So«, sagte er. »Und nu geht mal beide wieder weg.«

Das war meine Begegnung mit Joachim Ringelnatz.

Wenn in den vorangegangenen Kapiteln Vertreter der Literatur auftraten, hatte der Auftritt fast niemals mit ihrem Fach zu tun. Das wird sich jetzt ändern. Die folgenden Geschichten handeln von Literatur *und* von Literaten.

Die am weitesten zurückliegende spielt in den frühen Dreißigerjahren, hätte also getrost schon in der ›Tante Jolesch‹ vorkommen dürfen und ist eigentlich keine Geschichte, sondern ein Zitat, zu dessen richtiger Einschätzung die Kenntnis einer in der ›Fackel‹ erschienenen Glosse erforderlich ist, die sich mit bestimmten mundartlichen Sprachverhunzungen und im besonderen mit einem talmiwienerischen Lied befaßte:

> »Du guader Himmelsvoder,
> Ich brauch kein Paradies.
> Ich bleib viel lieber doder,
> Weil hier mein Himmelreich is«

lautete der Refrain, und Karl Kraus fand es mit Recht deprimierend, in einer Stadt leben zu müssen, in der sich »Vater« auf »da« reimt.

Um jene Zeit wurde von der Wiener Journalistik noch die sogenannte »Schmucknotiz« gepflegt, auch »Spitze vom Tag« geheißen, weil sie an der Spitze der aktuellen Lokalnachrichten stand, mit abgehobener Überschrift und entweder mit einer Chiffre oder mit dem vollen Namen des Verfassers gezeichnet. Die Themen dieser Schmucknotiz – einer Art Mini-Feuilleton – konnten vom Lamento über die soeben ausgebrochene Hitze- bzw. Kältewelle bis zur launigen Betrachtung einer neu installierten Verkehrsampel reichen – der persönlichen Wahl und dem persönlichen Geschmack des Plauderers waren keine Grenzen gesetzt. Im Wiener ›Tag‹, einem liberalen, kurz nach dem Ersten Weltkrieg gegründeten und im Vergleich zu ›Presse‹, ›Tagblatt‹ und ›Journal‹ beinahe modern redigierten Blatt, wirkten als Verfasser der Schmucknotiz eine Zeitlang, immer abwechselnd, Heimito von Doderer und Paris von Gütersloh, beide unter Weglassung des »von«, das nach der eben erst erfolgten Abschaffung aller Adelstitel nicht gerne gesehen wurde, selbst wenn es wie bei Paris von Gütersloh nur der Bestandteil eines kunstvoll gewählten Pseudonyms war. (Gütersloh, mit

bürgerlichem Namen Kiehtreiber, verzichtete also auf ein
»von«, das ihm gar nicht gehörte.) Er und Doderer waren eng
miteinander befreundet, Doderer verehrte Gütersloh als seinen
Lehrer und Meister, Gütersloh sah in Doderer seinen begabte-
sten Schüler, und beide brachten es zuwege, diese wechselseitige
Wertschätzung in ihren Schmucknotizen zum Ausdruck zu
bringen. Gleichgültig, worüber sie schrieben – in irgendeinen
Nebensatz wußte jeder von ihnen eine bewundernde Äußerung
über den andern einzuschmuggeln. Und damals also kursierte
zwischen »Herrenhof«, »Central« und »Rebhuhn« eine Para-
phrase auf den vorhin zitierten Kehrreim, des Wortlauts:

> »Du guader Himmelsvoderer,
> Ich brauch kein Paradies.
> Ich les Heimito Doderer
> Und Gütersloh Paris.«

Eine minder harmlose Textparodie geht angeblich auf Otto
Soyka (TJ S. 141 f.) zurück, der ein patriotisches Gedicht aus
der Anfangszeit des Ersten Weltkriegs mit einer zynischen Variante versah. Offen gesagt: ich trau's ihm nicht recht zu; und
noch offener, wenngleich nicht ganz ohne Hemmung gesagt: so
sehr ich es für zulässig, ja wünschenswert halte, patriotische
Gedichte zynisch zu verstümmeln – im vorliegenden Fall macht
mir die (zweifellos geglückte) Pointe keine reine Freude. Denn
das in Rede stehende Gedicht hat von Hurrapatriotismus und
Kriegsbegeisterung, wie sie damals in üppigem Schwang waren,
wenig an sich. Es atmet eine leise, alles eher als blutrünstige
Melancholie, die auch in einigen anderen Kriegsgedichten des-
selben Autors (›Der Karst‹, ›Soldatengrab‹) spürbar wird. Der
heute längst vergessene Dichter heißt Hugo Zuckermann, war
ein aus Eger in Nordböhmen stammender Jude und hatte sich –
in der völlig ehrlichen und rührend irrigen Meinung, daß eines
der österreichischen Kriegsziele in der Befreiung der russischen
Juden vom zaristischen Joch bestünde – als Reserveoffizier der
Kavallerie freiwillig an die Front gemeldet.

Das Gedicht gelangte in den ersten Kriegsjahren zu großer
Popularität, wurde mehrmals vertont, auf illustrierten Postkar-
ten verbreitet und in die Schul-Lesebücher aufgenommen; es
trug den Titel ›Reiterlied‹ und begann:

> »Drüben am Waldesrand
> Hocken zwei Dohlen.

Fall ich am Donaustrand?
Fall ich in Polen?
Was liegt daran!
Eh sie meine Seele holen,
Kämpf ich als Reitersmann.«

Diese Strophe variierte Otto Soyka wie folgt:

»Drüben am Wiesenrand
Hocken zwei Dohlen.
Fall ich am Donaustrand?
Fall ich in Polen?
Mir is wurscht –
Hauptsach, ich fall.«

Soyka konnte freilich nicht wissen – und für die literarische
Pointe bleibt es irrelevant –, daß Hugo Zuckermann 1915 bei
einer Kavallerieattacke in Russisch-Polen eine tödliche Ver-
wundung erleiden würde.

Zu jenen, die sich gleichermaßen in der Literatur wie im Theater
beheimatet fühlen durften, gehörte Ernst Lothar, der in den
Jahren vor 1938 Direktor des Theaters in der Josefstadt war.
Manche stellten seine Romane über seine Inszenierungen, manchen galt er, zumal nach seiner Rückkehr aus der Emigration,
als einer der letzten noch von altösterreichischer Theaterkultur
geprägten Regisseure, dessen Kompetenz sich vor allem an
Grillparzer, Schnitzler und Hofmannsthal bewies. Am Beginn
seiner publizistischen Laufbahn schrieb er für die ›Neue Freie
Presse‹ Theaterkritiken und das Sonntags-Feuilleton, in dem er
allerlei Schnurriges oder Herzerwärmendes von seinen beiden
in zartem Kindesalter stehenden Töchterchen erzählte. Lothar,
der ursprünglich Müller hieß, stammte aus der mährischen Lan-
deshauptstadt Brünn, der künstlerischen Kornkammer Alt-
Österreichs. Das war sein einziger Berührungspunkt mit Julius
Korngold (TJ S. 208), dem grimmigen Musikkritiker der ›Presse‹ und rücksichtslosen Förderer seines nicht mit Unrecht als
Wunderkind geltenden Sohnes, des Komponisten Erich Wolfgang Korngold. (Auf Vater Julius, der auch sonst durch seine
ungebärdigen Aktivitäten zahlreiches Mißfallen erregte, bezog
sich ein Schüttelreim des in diesem Genre unerreichten Pianisten Franz Mittler: »Heut darf ein jeder Journalist aus Mähren
in Wien beruhigt seinen Mist ausleeren.«)

Korngolds Herkunft äußerte sich aufs heftigste in seiner Sprechweise, vor allem in der strikten Vermeidung sämtlicher Umlaute (worüber an mehreren Stellen der ›Tante Jolesch‹ alles Wissenswerte nachzulesen ist). Lothar hingegen sprach ein fast schon überkorrektes Deutsch, seltsamerweise mit leicht französischer Klangfärbung (weshalb Anton Kuh ihm nachsagte, er stamme aus Brünn an der Seine). Und wie das mit Brünnern, wenn sie fern der Heimat aufeinandertreffen, schon so geht – übrigens nicht nur mit Brünnern –: die beiden konnten einander nicht schmecken. Lothar war viel zu vornehm, sich das anmerken zu lassen – Korngold, das ziemlich genaue Gegenteil von Vornehmheit, machte kein Hehl daraus. Und um seinem Widerpart so recht zu demonstrieren, wie sehr er ihn nicht mochte und wie regelmäßig er das Sonntagsfeuilleton über die beiden kleinen Mädchen nicht las, empfing er ihn allmontäglich mit den Worten:

»Griß Sie Gott, Doktor Miller. Was machen die Buberln?«

Von Vater Korngold wird ferner berichtet, daß er, nachdem die Hofoper das ›Schneemann‹-Ballett des damals achtjährigen Erich Wolfgang angenommen hatte, ihn nicht nur zu den Proben begleitete, was ihm als Vater zweifellos zustand, sondern dem Kapellmeister ständig dreinredete. Als er an einer langsamen Stelle ein ungeduldiges »Schneller, schneller!« zum Dirigentenpult rief, entstand ein heftiger Wortwechsel, in den schließlich auch Klein-Erich eingriff:

»Aber Papa – ich möchte hier wirklich ein Adagio haben«, sagte er schüchtern.

»*Du* halt gefälligst den Mund!« wies ihn die väterliche Autorität zurecht.

Die Tochter eines hohen Ministerialbeamten debütierte als Liedersängerin und wurde von Julius Korngold grauenhaft verrissen. Es gingen aber in der ›Presse‹ alle Manuskripte über den Schreibtisch des Chefredakteurs Moritz Benedikt und von dort entweder in die Setzerei oder, wenn irgendwelche Änderungen gewünscht wurden, mit einem entsprechenden Vermerk an den Verfasser zurück. Solches geschah auch mit der Besprechung jenes Liederabends, die Benedikt zu scharf fand. Das heißt: es *sollte* geschehen. Der vielbeschäftigte Chef legte jedoch das Manuskript irrtümlich in den für die Setzerei bestimmten Korb, und am nächsten Tag bekamen die staunenden Leser der ›Presse‹ eine Kritik vorgesetzt, die folgendermaßen schloß:

»Wir würden Fräulein Jäger empfehlen, sich lieber dem Stopfen von Strümpfen als dem Singen von Liedern zuzuwenden. J. K.

Wäre mir sehr peinlich, da mit Jäger intim. M. B.«

Puccinis nachgelassene Oper ›Turandot‹ wurde 1926 an der Mailänder Scala unter Toscanini uraufgeführt, und zwar, wie man weiß, nur so weit, wie die (erst auf Grund von nachgelassenen Skizzen Puccinis komplettierte) Partitur im Original reichte. Ungefähr in der Mitte des dritten Akts fiel der Vorhang. Toscanini wandte sich an das Publikum, sagte: »Hier endet das Werk des Meisters« – und damit war zugleich das Ende der Aufführung gegeben.

Einige Jahre später glückte dem nach Korngold zweiten Musikkritiker der ›Presse‹, Josef Reitler, eine witzige Anwendung der inzwischen berühmt gewordenen Worte Toscaninis. Im »Theater an der Wien« fand die Uraufführung der Operette ›Adieu, Mimi‹ von Ralph Benatzky statt, der in mißgünstigen Fachkreisen »Benutzky« genannt wurde, weil er sich mitunter – obwohl in keiner Weise darauf angewiesen – fremde musikalische Einfälle zunutze machte.

Die Ouverture setzte mit einem gewaltigen Trommelwirbel ein, der jäh abbrach. Und in die so entstandene Effektpause ließ sich deutlich der Kritiker Josef Reitler vernehmen:

»Hier endet das Werk des Meisters.«

Ich bin meinem Kollegen Hans Weigel zu Dank verpflichtet, daß er mir an Hand Benatzkys die Rückkehr zu meiner eingangs proklamierten Ankündigung ermöglicht, derzufolge in diesem Kapitel von Literaten und Literatur gehandelt werden soll.

Weigel hatte die Liedertexte zu Benatzkys Operette ›Axel an der Himmelstür‹ verfaßt, die 1937 gleichfalls im »Theater an der Wien« herauskam und den Ruhm Zarah Leanders begründete (der ihr – und dem sie – dann während der ganzen Nazi-Zeit treu blieb). Nun zählte Weigel damals zu den Hausautoren der Kleinkunstbühne »Literatur am Naschmarkt« und zu den witzigsten, aggressivsten Köpfen der literarischen Cabarets, ja der literarischen Szene schlechthin. Für einen solchen, wie überhaupt für einen Vertreter der jungen Generation, war es keine sonderlich würdige Beschäftigung, an einer Kommerzoperette mitzuarbeiten – aber würdige Beschäftigungen wurden in jenen Jahren unwürdig schlecht bezahlt, und keiner von uns (mich eingeschlossen) nahm Anstoß, wenn einer von uns (mich eingeschlossen) auf nicht ganz standesgemäße Weise zu etwas Geld kam. Wir alle freuten uns über den Erfolg, den Weigel mit seinen Texten einheimste, besonders mit dem von Zarah Leander gesungenen Schmachtfetzen: ›Gebundene Hände / Das ist das Ende / Jeder verliebten Passion.‹ Es wurde ein richtiger Ohrenwurm, der einem überallhin nachkroch, und man konnte kein mit Musik ausgestattetes Lokal betreten, ohne ihm ausgesetzt zu werden.

Eines Nachts landeten wir in einem der kleinen, heute leider ausgestorbenen Nachtcafés, deren entspannte Atmosphäre von einem meistens sehr guten Pianisten diskret gefördert wurde. Auch dieser hier intonierte, kaum daß wir uns niedergelassen hatten, die ›Gebundenen Hände‹, und als der Oberkellner ihm flüsterte, daß sich unter den neu eingelangten Gästen der Textautor befände – dem Text und Melodie nun schon weidlich zum Hals und zu den Ohren hinaushingen –, intonierte er abermals die ›Gebundenen Hände‹ und alsbald nochmals die ›Gebundenen Hände‹. Dann kam er mit seinem Gästebuch an unsern Tisch und legte es vor Weigel hin.

Die Eintragung, mit der er es wieder an sich nahm, lautete:

»Gebundene Hände – dies wünscht Ihnen Hans Weigel.«

Angesichts der tristen Erwerbslage der Wiener Schriftsteller wirkte es ungemein verheißungsvoll, als ein in Zürich neu gegründeter und offenbar sehr finanzkräftiger Verlag großes Interesse für die österreichische Literatur an den Tag legte und den Experten Ernst Polak mit der Anwerbung von Autoren betraute. Um der Seriosität seines Vorhabens Nachdruck zu verleihen, kam der Verleger – dem Kaufmannsstande zugehörig und in literarischen Dingen nicht eben bewandert – persönlich nach Wien und erschien gemeinsam mit Polak im Café Herrenhof. Polak, der aus purer Faulheit noch nichts Einschlägiges unternommen hatte, sah sich an Ort und Stelle zur Entfaltung seiner bis dahin vernachlässigten Regsamkeit genötigt, begab sich in eine Telephonzelle und wählte die Nummer einer Schriftstellerorganisation, deren Klublokal immer gut frequentiert war. Es entwickelte sich ein kurzer, jedoch inhaltsschwerer Dialog:

»Wollen Sie mit einem neu gegründeten Schweizer Verlag einen Vertrag abschließen?«

»Ja.«

»Haben Sie etwas in Arbeit?«

»Nein, aber ich kann sofort anfangen.«

»Mit einem Roman?«

»Ja.«

»Sind Sie mit dreitausend Franken Vorschuß einverstanden?«

»Ja.«

»In Ordnung. Sie hören noch Näheres. Wer spricht?«

Unter den von Polak angeworbenen Autoren befanden sich immerhin Robert Musil (mit dem Skizzenbuch ›Nachlaß zu Lebzeiten‹) und Karl Tschuppik (mit dem Roman ›Ein Sohn aus gutem Hause‹), befanden sich Robert Neumann und Gina Kaus und noch einige andere. Auch ich wurde mit einem Vertrag bedacht und habe ihn tatsächlich erfüllt, was mir bitteren Tadel besonders von Neumann und Gina Kaus eintrug, die keine Sekunde lang daran gedacht hatten, für den Vorschuß etwas zu liefern, und mir unkollegiales Verhalten vorwarfen.

Mein Roman ›Abschied‹ erschien 1937 im Humanitas-Verlag, Zürich (denn um diesen handelte es sich), und Ernst Polak bekam von mir das übliche Pflichtexemplar. Er hätte es – ebenso wie von meinen drei vorangegangenen Büchern – in jedem Fall bekommen. Daß er am Erscheinen dieses vierten beteiligt war, veranlaßte ihn sogar, es umgehend zu lesen. Ich sah seinem Urteil mit der gebotenen Angst entgegen, denn schon der ›Schüler Gerber‹ hatte vor seinem strengen, monokelbewehrten Kritikerauge nur bedingte Gnade gefunden (und damals durfte er mir noch zugutehalten, daß es das Erstlingswerk eines Einundzwanzigjährigen war).

An einem der folgenden Nachmittage erwartete mich Ernst Polak, den ›Abschied‹ vor sich auf dem Tisch, im Café Herrenhof. In banger Erwartung setzte ich mich ihm gegenüber, sah ihn das Monokel einklemmen und das Buch aufschlagen, welches vollständig ›Abschied, Roman einer ersten Liebe‹ hieß, als Motto ein Zitat aus einem Gedicht von Hölderlin trug und meinem väterlichen Freund Max Brod gewidmet war.

»Der Titel«, hob Ernst Polak an, »ist nicht schlecht.« Er blätterte weiter und deutete auf das Hölderlin-Zitat. »Das hier ist sogar ganz hervorragend. Hier« – er war bei der Widmung an

Max Brod angelangt – »wird's schon etwas schwächer. Und der Rest taugt überhaupt nichts.«

Damit klappte er das Buch wieder zu. Die Kritik war erledigt. Ich auch.

Noch bedeutend schlimmer erging es dem Lyriker Hugo Sonnenschein, der unter dem Pseudonym Sonka viele Gedichte anfertigte und nur wenige anbrachte. Das suchte er dadurch zu kompensieren, daß er nicht nur ständig über sein Schaffen sprach, sondern bei jeder sich bietenden oder von ihm herbeigezwungenen Gelegenheit etwas Gereimtes aufsagte, Verse von herzensgut revolutionärem Gepräge, denn er sorgte sich um das Wohl der Menschheit weit mehr als um sein eigenes, und man konnte ihm nicht ernstlich böse sein, auch wenn er noch so lästig wurde. Das war im höchsten Grad der Fall, als der Verlag Zsolnay, vielleicht um endlich Ruhe zu haben, ihm die Veröffentlichung eines Gedichtbandes versprach. Jetzt sagte Sonka nichts mehr auf, sondern schlug Titel vor, jeden Tag einen andern, und forderte von jedem erreichbaren Herrenhof-Tisch eine Beurteilung des jeweils jüngsten Vorschlags. Leider wollte er schon in den Titel alles hineinverpacken, was im Inhalt genauer ausgeführt wurde – und der Band hieß dann tatsächlich ›Der Bruder Sonka und die allgemeine Sache oder Das Wort gegen die Ordnung‹. Aber bevor das endlich feststand, gab er seinen unaufmerksamen Zuhörern noch eine Menge anderer Möglichkeiten zu bedenken.

»Ich glaube, jetzt habe ich den besten Titel gefunden«, verkündete er eines Tages. »Sonka – ein Dichter, ein Narr, ein Niemand. Was halten Sie davon, Polak?«

Ernst Polak wiegte bedächtig den Kopf:

»Hm«, machte er. »Ein Titel ist das nicht. Aber vielleicht eine Visitkarte?«

Eine etwas freundlichere Erfahrung als mit Ernst Polak war mir mit Robert Neumann beschieden. Ich hatte ihm ein Exemplar meines 1935 erschienenen Sportromans ›Die Mannschaft‹ überreicht, ein Widmungs- und nicht etwa ein Pflichtexemplar, weil er ja, anders als Polak, nicht als kritische Instanz fungierte und keinen Anspruch darauf erhob, daß ihm jede Neuerscheinung eines Herrenhof-Insassen zur Beurteilung vorgelegt werden müsse. Wir waren seit Jahren miteinander befreundet (wovon auch seine Autobiographie ›Vielleicht das Heitere‹ an mehreren

Stellen Zeugnis ablegt), sein zweiter Parodienband ›Unter falscher Flagge‹ enthielt im Anhang eine Parodie von mir auf ihn, vor allem aber hatte sich Neumann in seiner Jugend ebenso wie ich als Sportschwimmer und Wasserballspieler betätigt. Ich durfte also schon aus diesem Grund für die ›Mannschaft‹ sein besonderes Verständnis erwarten, ja sogar seine Zustimmung, mit der er im allgemeinen kargte. Außerdem hatte er kurz zuvor Kasimir Edschmids Roman ›Sport um Gogaly‹ böse parodiert und würde, so nahm ich an, einen sozusagen »echten« Sportroman um so mehr goutieren.

Das tat er denn auch, allerdings auf seine Weise.

»Ich habe Ihr Buch gelesen«, teilte er mir mit, als er das nächstemal ins »Herrenhof« kam. »Und ich muß gestehen, daß ich ursprünglich sehr skeptisch war, schon weil Sportromane jetzt in Mode sind. O weh, dachte ich, da will sich ein Kaffeehausjud als Sportler gebärden. Jetzt weiß ich, daß Sie ein Sportler sind, der als Kaffeehausjud posiert.«

Übrigens haben wir im Anschluß daran unsere diesbezüglichen Rivalitäten ein- für allemal geschlichtet: Neumann, so beschlossen wir, war der beste Wasserballer unter den zeitgenössischen Schriftstellern und ich der beste Schriftsteller unter den zeitgenössischen Wasserballern. (Ich kann mich des Zusatzes nicht enthalten, daß diese Regelung einen Akt der Noblesse von meiner Seite darstellte, denn Neumann hatte den Meistertiteln, zu denen ich es gebracht habe, nichts annähernd Gleichwertiges entgegenzusetzen.)

Mit Robert Neumann hängt eine Geschichte zusammen, die auf unüberbietbare Weise in einen der vielen Abgründe des Literaturbetriebs hineinleuchtet. Sie spielt 1932 im Café Herrenhof, kurz nach Erscheinen des vorhin erwähnten Parodienbandes, der von der Kritik ebenso jubelnd begrüßt wurde wie Neumanns parodistischer Erstling ›Mit fremden Federn‹. Nur ein einziger prominenter Kritiker, Bernhard Diebold, jubelte nicht. Die ›Fremden Federn‹ hatte er enthusiastisch gepriesen – an der ›Falschen Flagge‹ ließ er kein gutes Haar.

Das Exemplar der ›Frankfurter Zeitung‹ mit Diebolds Verriß ging von Tisch zu Tisch, von Hand zu Hand, von Kopfschütteln zu Kopfschütteln. Was war da los? Was veranlaßte den Frankfurter Literaturpapst zu seinem negativen Urteil, was steckte hinter seinem überraschenden Gesinnungswandel? Befand sich unter den parodierten Autoren vielleicht einer seiner

Lieblinge und nahm er Neumanns Schonungslosigkeit übel? Oder fehlte, im Gegenteil, ein ihm nicht genehmer Autor, den er gerne zerfleischt gesehen hätte? War er – die ›Fremden Federn‹ lagen ja schon ein paar Jahre zurück – inzwischen alt und humorlos geworden? War zwischen ihm und Neumann (der infolge Abwesenheit nicht befragt werden konnte) eine persönliche Malaise entstanden? Warum, in aller Welt, hatte Diebold die ›Falsche Flagge‹ verrissen?

Keine der in Vorschlag gebrachten Begründungen erwies sich als haltbar. Es blieb beim Kopfschütteln.

Plötzlich erklang in die allgemeine Ratlosigkeit eine zaghafte Stimme:

»Vielleicht hat ihm das Buch nicht gefallen?«

Das hatte freilich niemand bedacht. Und es hat's wohl auch niemand geglaubt.

Wieder einmal fragt es sich, ob der Inhalt einer Geschichte sie ins Kapitel Literatur verweist, oder ob nicht vielleicht die Zeit, in der sie spielt, entscheidendes Übergewicht besitzt. Anders gefragt: ist es eine zeittypische Geschichte oder ist sie typisch für eine bestimmte literarische Attitüde?

Wahrscheinlich beides. Und ganz gewiß hätte sie in keinem andern Jahr entstehen können als in dem ihrer tatsächlichen Entstehung. Dennoch scheint mir ihr Übergewicht auf der literarischen Seite zu liegen, nicht auf der zeitgebundenen. Wir haben den seltenen Glücksfall vor uns, daß politische Umstände eine literarische Anekdote hervorgebracht haben.

Sie beginnt 1956 in Budapest und wurde mir noch im selben Jahr von Professor Bodi, dem Germanisten der Budapester Universität, in Wien erzählt, wo er nach der Niederschlagung des ungarischen Volksaufstands vorübergehend Station machte. Seither ist er längst in Australien gelandet, heißt mit Vornamen nicht mehr László, sondern Leslie, leitet das German Department der Monash University in Melbourne und hat vor kurzem unter dem Titel ›Tauwetter in Österreich‹ ein höchst bemerkenswertes Werk über die Prosa der österreichischen Aufklärung publiziert. Als Schüler des inzwischen verstorbenen Philosophen und Literaturhistorikers Georg Lukács steht er für die folgende Geschichte in jeder Hinsicht gut.

Vielleicht erinnert man sich noch, daß Lukács 1956 zu den verantwortlichen Köpfen des Aufstands und zur engsten Umgebung des ungarischen Premierministers Imre Nagy gehört hat. Gemeinsam mit ihm und den anderen gescheiterten Revolutionsführern flüchtete er vor den siegreichen Sowjetpanzern in die jugoslawische Botschaft, die jedoch dem Druck aus Moskau nicht standhielt und die ganze Gruppe auslieferte. Lukács war einer der wenigen, der das überlebte und nach einiger Zeit in Freiheit gesetzt wurde. Was dem voranging, schilderte er später seinem Schüler Bodi, dem ich's jetzt nacherzähle.

Die Ausgelieferten wurden (ohne zu wissen, daß sie's waren) nach Einbruch der Dunkelheit in einen Autobus verfrachtet, der sie mit verhängten Fenstern vor der jugoslawischen Botschaft erwartete und sie zu einem ihnen allen unbekannten, vermutlich militärischen Flugplatz brachte. Dort wurden sie auf drei Flugzeuge verteilt, deren Fenster gleichfalls verhängt und deren Hoheitszeichen verdeckt waren. Lukács konnte weder die Flugrichtung seiner Maschine ausmachen noch feststellen, in welchem Land sich der Flughafen befand, auf dem sie nach etwa zwei Stunden landeten. Einige Anhaltspunkte sprachen für Rumänien.

Die Fenster des Autobusses, den Lukács und seine Gefährten zu besteigen hatten, waren nicht verhängt, wahrscheinlich deshalb, weil er durch eine in völligem Dunkel liegende Gegend fuhr. Er hielt vor einem schloßartigen Gebäude, wo die Ankömmlinge von stumm agierenden Gestalten in Empfang genommen wurden. Es handelte sich zweifellos um Geheimpolizisten, die in sonderbares Zivil (Gehröcke und steife Umlegkragen) gekleidet waren. Vergebens suchte Lukács mit ihnen ins Gespräch zu kommen. Sie reagierten auf nichts. Der ihm Zugeteilte führte ihn wortlos in ein übermäßig großes, übermäßig hohes, schwach beleuchtetes Zimmer mit kahlen Wänden, deutete auf ein altmodisches Bett und entfernte sich wieder.

»Nach den vorangegangenen Aufregungen und Strapazen«, schloß Lukács seinen Bericht, »bin ich trotzdem bald eingeschlafen. Und mein letzter Gedanke vor dem Einschlafen war: Mir scheint, ich hab' dem Kafka doch unrecht getan . . .«

Es ist noch eine weitere Geschichte ungarischen Ursprungs zu kodifizieren, nicht ganz so nobel, was den Ursprung betrifft, und schlechthin niederschmetternd in ihrer menschlichen Aussage, falls von »menschlich« hier überhaupt die Rede sein kann.

Frigyes Karinthy (TJ S. 137), der einzig würdige Zeitgenosse Ferenc Molnárs (und außerhalb Ungarns viel zu wenig bekannt), wurde eines Tages in seinem Sommerhaus am Plattensee durch einen Anruf seines Kollegen und besten Freundes Jenö H. aufgestört: ihm sei etwas Fürchterliches zugestoßen, er müsse dringend mit Karinthy sprechen, und er käme mit dem nächsten Zug zu ihm hinaus.

Nicht nötig, versuchte Karinthy abzuwehren, morgen fahre er ohnehin nach Budapest zurück, so lange würde es doch wohl Zeit haben und –

Nein, unterbrach H., eben nicht, es müsse noch heute sein, jetzt, sofort. Und er kam mit dem nächsten Zug.

Karinthy sah sich einem völlig verstörten, verzweifelten, vernichteten Jenö H. gegenüber, einem Wrack seines vordem so lebensfrohen Freundes, einer erschütternden Jammergestalt.

»Setz dich«, sagte er.

»Dazu bin ich zu nervös«, sagte Jenö H. »Gehen wir spazieren, und ich erzähl dir alles.«

Was er erzählte, war tatsächlich alles. Mehr an geballtem Unheil konnte über einen einzelnen Menschen nicht hereinbrechen: Seine Frau war ihm draufgekommen, daß er seit Jahren eine Geliebte hatte, wollte ihm aber die Scheidung nicht geben; die Geliebte wollte ihn verlassen, wenn er sie jetzt nicht endlich heiratete, und drohte überdies mit einem öffentlichen Skandal; die Gläubiger, die ihn schon seit langem bedrängten, drohten mit Pfändung; sein Verleger, dem er das überfällige Manuskript noch immer nicht geliefert hatte, drohte mit einer Klage auf Rückzahlung des Vorschusses; die Zeitung, bei der er als Kritiker angestellt war, drohte ihm mit Entlassung; heute hätte er wieder einen Herzanfall gehabt und morgen müsse er sich wieder auf Zucker untersuchen lassen und so ging der Katastrophenbericht weiter und immer weiter . . .

Nachdem die beiden eine Stunde lang am Seeufer auf und ab gewandelt waren, blieb Karinthy plötzlich stehen und legte seinem Freund die Hand auf die Schulter:

»Entschuldige«, murmelte er. »Ich hab nicht gut zugehört. *Was* hast du gesagt?«

Ich vermerke mit Dank und Vergnügen, daß ich diese Geschichte vom Ephraim Kishon geschenkt bekommen habe, der ganz genau weiß, wovon er spricht, wenn er »Karinthy« sagt. Er ist sein bester Schüler. Und er hat mir einmal einen Rat gegeben, der ihm und seinem Lehrer alle Ehre macht. Der Anlaß war ein langes, herzoffenes Gespräch über die Ehe im allgemeinen und eine damals gerade ausgebrochene Ehekrise Kishons im besondern.

»Du wirst sehen«, sprach er mit dem ganzen Pessimismus unserer gemeinsamen Propheten auf mich ein, »auch in deiner Ehe wird einmal die Stunde der Wahrheit kommen. Deine Frau wird das Bedürfnis haben, dir alles zu sagen, und auch du wirst ihr alles sagen wollen. Für diese Stunde der Wahrheit rate ich dir eins: lügen, lügen, lügen.«

Einer der Stars des Budapester Journalismus war der Feuilletonist Dezsö Kosztolány – eigentlich Kosztolány Dezsö, denn ungarisches Brauchtum gebietet die Nachstellung des Vornamens. Ich habe bisher diesem Gebot regelmäßig zuwidergehandelt, meinen Verstoß jedoch nicht so weit getrieben, die ungarischen Vornamen etwa einzudeutschen, was im vorliegenden Fall einen Desider Kosztolány ergäbe. Bleiben wir also beim Kompromiß, den Vornamen zwar nicht zum Nachnamen zu machen, aber seine ungarische Originalform beizubehalten.

Dezsö Kosztolány schrieb Feuilletons für eine große Budapester Tageszeitung, die sehr wohl wußte, wie gut das für ihr Prestige und ihre Auflage war. Dem Abwerbungsversuch eines Konkurrenzblatts begegnete sie deshalb mit dem sofortigen Angebot einer Amerikareise zu hervorragenden finanziellen Bedingungen; und erfüllte auch Kosztolánys Wunsch, seine über alles geliebte Frau mitzunehmen, ohne die er (eigener Angabe zufolge) nicht leben konnte. Die Großzügigkeit machte sich bezahlt: Kosztolánys Reiseberichte waren eine journalistische Sensation, die sich auf die Verkaufsziffern der Zeitung so vorteilhaft auswirkte, daß man ihm vorschlug, länger in Amerika zu bleiben und eine zweite Artikelserie zu schreiben. Die Kosten des verlängerten Aufenthalts würde man allerdings nur noch für ihn decken können. Für seine Frau müßte er entweder selbst zahlen, oder er müßte sie nach Hause schicken.

Kosztolány wählte – zweifellos nach harten inneren Kämpfen – die zweite Möglichkeit und wußte in dem Bericht, der die Abschiedsszene im Hafen schilderte, seinem Schmerz ergreifenden Ausdruck zu geben. Nur mit Mühe, so schrieb er, hätte er sich zu Trost und Heiterkeit aufraffen können, fast wäre ihm die lächelnde Grimasse, mit der er der langsam entgleitenden Kató nachwinkte, in den Mundwinkeln erfroren, und als das Schiff mit seinem Ein und Alles, mit der unvergleichlichen Gefährtin seines Lebens, der unersetzlichen Begleiterin seiner Reise, am Horizont verschwand, hätte er – nein, er schäme sich nicht, es zu sagen – geweint.

Das war der Schluß dieses Berichts. Der nächste aber begann mit den Worten:

»Es gibt in Amerika so gut wie keine Prostitution.«

Ein Kapitel, das von Literatur und ein wenig von Musik handelt, mag füglich noch je eine Anekdote aus jedem der beiden Gebiete beibringen. Sie sollten der Nachwelt erhalten bleiben. Denn sie gehören, wie mir scheint, zu den besten ihrer Art.

Die literarische handelt von Jakob Wassermann, dem einst weltberühmten Erzähler, dessen Romane häufig den Namen ihrer Hauptfigur im Titel führten, und die aus der Wirklichkeit gegriffenen Modelle dieser Hauptfiguren waren von Experten leicht zu erkennen. Auf dem Höhepunkt seiner Erfolge als Romancier, zwischem dem ›Fall Maurizius‹ und ›Etzel Andergast‹, versuchte sich Wassermann einmal auch an einer historischen Monographie. Der keineswegs erfolgreiche Abstecher zog jedoch – das war das Gute daran – die eingangs erwähnte Anekdote nach sich, und zwar in Form eines Gesprächs an einem der Literatentische des Café Herrenhof.

»Es ist merkwürdig«, verwunderte sich der Wortführer. »Wir alle kennen doch Wassermanns Titelhelden aus dem Leben. Ich selbst bin mit dem Christian Wahnschaffe in die Schule gegangen, Laudin und die Seinen hab ich heuer in der Sommerfrische getroffen, meine Schwester war mit der Renate Fuchs befreundet. Kurz und gut – man weiß beim Wassermann immer, wen er meint. Aber *wer* ist Columbus?!«

Die Musikeranekdote beruht auf der Existenz eines sudetendeutschen Tonsetzers, der im Gefolge Franz Schrekers dann und wann von sich hören machte. Er hieß Fidelio Finke, war der älteste Sohn einer kinderreichen Familie und hatte seinen nicht just alltäglichen Vornamen der fanatischen Beethoven-Verehrung seiner Eltern zu verdanken, über die sich prompt die Anekdote hermachte: der nächste Sohn, so munkelte man, sei Florestan genannt worden, der übernächste Fernando, auch ein Pizarro und ein Rocco kamen an die Reihe, daß die zwischendurch geborenen Töchter nicht anders als Leonore und Marzelline heißen konnten, verstand sich von selbst, und als dann noch Jaquino, der Jüngste, eintraf, war das Personenverzeichnis komplett und kein weiterer Kindersegen vorgesehen. Aber das

Schicksal, unterstützt von Vater Finkes Zeugungskraft und Mutter Finkes Gebärfreudigkeit, wollte es anders, wollte es gründlich anders: dem Ehepaar Finke wurden Zwillinge beschert.

Sie hießen Erster und Zweiter Gefangener.

Man wird's mir hoffentlich nicht verübeln, wenn ich zum Abschluß dieses von Literatur und Literaten handelnden Kapitels einen Namen heranziehe, der im allgemeinen keine anekdotischen Assoziationen hervorruft und mit dessen Träger ich als sehr junger Mensch nur noch in eine sehr flüchtige persönliche Berührung gekommen bin; aber ich verehre ihn als einen der großen Leitsterne meiner literarischen Entwicklung, und ich bin nicht wenig stolz darauf, daß ich Jahrzehnte später, Anfang der Fünfzigerjahre, als Theaterkritiker einiges zur Renaissance seines Lebenswerks und zur Erkenntnis seiner noch immer nicht voll erfaßten Bedeutung beitragen konnte. Ich spreche von Arthur Schnitzler. Und ich denke mit sattem Vergnügen an den umfangreichen Verriß zurück, den Siegfried Kracauer 1932 meinem zweiten Roman (› – und glauben, es wäre die Liebe‹) in der Literaturbeilage der ›Frankfurter Zeitung‹ angedeihen ließ. Er gipfelte in der Feststellung, daß meine Figuren und ihre Probleme nichts mit unsrer Zeit zu tun hätten und daß der ganze Roman geradezu an Arthur Schnitzler gemahnte. Das sollte Tadel sein.

Und es ist nicht der Grund, warum ich jetzt auf Schnitzler zu sprechen komme, sondern es sind mir zwei ihn betreffende Anekdoten zugetragen worden, die mich so entzückt haben, daß ich sie kodifizieren muß. Hätte ich sie rechtzeitig gehört, dann wären sie – wie so manche anderen – schon in der ›Tante Jolesch‹ gestanden, in die sie zeitgeschichtlich hineingehören.

Die eine spielt vor dem Ersten Weltkrieg, in einer Abendgesellschaft, die im Haus eines Wiener Kunstmäzens zu Schnitzlers Ehren stattfand und zu deren Gästen auch ein Oberst der k. u. k. Artillerie gehörte. Wie das damals üblich war – und in manchen Kreisen auch heute noch üblich ist –, wurde der Dichter im Verlauf des Abends gebeten, etwas aus seinem jüngsten Werk zum besten zu geben.

»Gern«, antwortete Schnitzler. »Aber zuerst soll der Herr Oberst seine Kanone abschießen.«

Die zweite Geschichte hat sich erheblich später zugetragen, am ehesten um die Mitte der Zwanzigerjahre und jedenfalls zu einer Zeit, da die Psychoanalyse im Bewußtsein der Öffentlichkeit schon einigermaßen verankert war. Schnitzler hat, wie man weiß, nicht wenige Einsichten Sigmund Freuds vorweggenommen (und stand mit ihm – der das willig anerkannte – auch in persönlichem Kontakt).

Unweit der im Währinger Cottage gelegenen Schnitzlerschen Wohnung, die mit der ärztlichen Ordination verbunden war, befand sich die Villa eines überaus reichen Industriellen, zu der auch ein großer, parkähnlicher Garten gehörte. Der Garten war so groß, daß der Sohn des Hauses, ein leicht exaltierter Jüngling von etwa vierzehn Jahren, auf seinem Pony darin herumreiten konnte. Wenn die Sommerhitzen kamen, tat er das mit Vorliebe nackt und legte sich einmal in diesem Zustand, als er vom Reiten genug hatte, unter eine schattenspendende Buche ins Moos, wo er unbekümmert einschlief. Nach einiger Zeit kam das Pony heran – beschnupperte ihn – der Jüngling fuhr hoch – das Pony erschrak – und der Biß, den es ihm zufügte, traf ihn an der peinlichsten, empfindlichsten, möglicherweise auch noch von einem Traum erhitzten Stelle seiner Nacktheit.

Die lauten Klagerufe des Verletzten lockten das Hauspersonal herbei, zwei Diener betteten ihn auf eine Tragbahre und brachten ihn in die zum Glück benachbarte Ordination des Doktor Schnitzler, der ihm einen Notverband anlegte. Dann gab er den beiden Trägern Weisung, den jungen Mann schleunigst auf die Unfallstation zu schaffen.

»Und das Pony zum Professor Freud!« rief er ihnen nach.

Aus dieser Geschichte ergibt sich ein nahezu zwangsläufiger Übergang zur Tiefseelenforschung, die ja in Wien beheimatet ist und während der Zwischenkriegszeit das geistige Leben der Stadt wesentlich mitbestimmt hat. Um ihre beiden Protagonisten Sigmund Freud und Alfred Adler ranken sich zahllose Anekdoten, zum Teil auf tatsächlicher, ja sogar nachprüfbarer Basis, zum Teil auf der Basis sachkundiger Erfindung – alle jedoch an historische Figuren jener Jahre gebunden und somit von Aufschluß für die damalige Wiener Szene. Damit will gesagt sein, daß auch die erfundenen Geschichten in gewissem Sinn authentisch sind. Das unterscheidet sie von den späterhin sozusagen »frei« erfundenen, die vor allem in Amerika kursieren – wo ja die Psychoanalyse bald ebenso zum klischierten Alltag gehörte wie Drugstore und Supermarket. Daß diesem Klischee, wie eigentlich jedem, ein perfides Mißverständnis zugrunde liegt, sei nur der Ordnung halber vermerkt. Im übrigen sind einige dieser Geschichten gar nicht schlecht; das soll an späterer Stelle noch belegt werden.

Vorläufig befinden wir uns in Wien, etwa um 1930, und haben soeben durch einen unzweifelhaft legitimen Kenner der Verhältnisse von einer Begebenheit erfahren, die auf zweifach zugespitzte Weise die Rivalität zwischen der konservativen psychotherapeutischen Schule Julius Wagner-Jaureggs und der damals noch vielfach als revolutionär angesehenen Lehre Sigmund Freuds illustriert. Wagner-Jauregg sah die Psychoanalyse nicht einmal als revolutionär an, sondern ließ sie erst gar nicht als Wissenschaft gelten. Das geht aus einem seiner von urwüchsigem Witz zeugenden Aussprüche hervor, für die er bekannt und gefürchtet war und der hier zum Zweck der Einstimmung wiedergegeben sei.

Als Wagner-Jauregg 1927 den Nobelpreis für Medizin erhielt, veranstalteten seine Assistenzärzte ihm zu Ehren ein Festbankett. Soweit sie der jungen Generation angehörten, neigten sie – und das wußte er – bereits der Psychoanalyse zu, was sie indessen nicht hinderte, ihren Chef in zahlreichen Reden und Trinksprüchen zu feiern. Wagner-Jauregg kam in seiner Dankrede ausdrücklich darauf zu sprechen. Die Lobesworte seiner jüngeren Kollegen hätten ihn ganz besonders gefreut, sagte er, und er hoffe, daß auch einer von ihnen einmal den Nobelpreis bekommen würde.

Dieses Zugeständnis, das eine völlige Umkehr seiner bisherigen Haltung anzudeuten schien, bewirkte spürbare Überraschung. Wagner-Jauregg kostete sie genießerisch aus; dann erläuterte er:

»Ich meine natürlich den Nobelpreis für Literatur.«

Zur Charakterisierung der saftigen Originalität Wagner-Jaureggs mag – ehe die eigentlich zu erzählende Geschichte beginnt – noch eine weitere, durchaus private und spontane Äußerung beitragen, für deren Authentizität einer seiner nahen persönlichen Bekannten gutsteht. Im selben Jahr, in dem er den Nobelpreis für Medizin bekam, ging der Nobelpreis für Literatur an die italienische Dichterin Grazia Deledda, und Wagner-Jauregg – vielleicht weil er das für eine Gepflogenheit unter Nobelpreisträgern hielt – wollte etwas vom Schaffen seiner gleichzeitig preisgekrönten Kollegin kennenlernen. Er machte sich (eben in Begleitung meines Gewährsmanns) auf die Suche nach einem ihrer Bücher, fand jedoch keines und ließ, nachdem er etwa ein Dutzend Buchhandlungen vergebens durchforscht hatte, von seinem Vorhaben ab.

»Man sollt's net glauben«, brummte er kopfschüttelnd. »Und in Rom rennt jetzt die Frau Deledda umeinand, weil s' ein Büchel von mir lesen will – und kriegt *auch* nix.«

Nun aber ist es hoch an der Zeit, von jenem steinreichen Amerikaner zu berichten, der zu seiner Umwelt keine Beziehung fand, allmählich einer aggressiven Form von Verfolgungswahn anheimfiel und sich zur Behandlung seines verstörten Bewußtseins in ein bestens empfohlenes Sanatorium in der Umgebung Wiens begab.

Die Sache ließ sich nicht gut an. Der Patient blieb unzugänglich, verschanzte sich hinter Sprachschwierigkeiten, die in Wahrheit – denn er war altösterreichischer Herkunft – nicht existierten, peinigte Schwestern und Wärter, machte den Ärzten das Leben sauer und reagierte auf ihre Bemühungen nicht selten mit Tobsuchtsanfällen.

Schließlich, da für einen steinreichen Amerikaner nichts zu teuer ist, wurde Professor Wagner-Jauregg geholt.

Auch ihm gegenüber verharrte der Patient in seiner störrischen Verschlossenheit. Nach wenigen Minuten begann er zu toben, und Wagner-Jauregg, der durch zwei rasch herbeigeholte Wärter vor Tätlichkeiten geschützt werden mußte, verließ die Stätte seines erfolglosen Besuchs.

Jetzt gab es nur noch eine letzte Hoffnung: Professor Freud. Aber würde er kommen?

Er kam. Man informierte ihn über die Situation, verheimlichte ihm natürlich, daß man sich nicht als ersten an ihn gewandt hatte, und geleitete ihn zum Zimmer des Patienten. Vor der Türe nahmen neben den Ärzten zwei Wärter Aufstellung, für alle Fälle mit einer Zwangsjacke ausgerüstet.

Freud trat ein.

Drinnen blieb es ruhig, fünf Minuten lang, zehn Minuten lang. Dann riskierte es der Chefarzt, die Türe spaltbreit zu öffnen: Professor und Patient saßen in angeregtem Gespräch.

Als Freud nach einer halben Stunde herauskam, überschütteten ihn die Wartenden mit enthusiastischen Worten der Bewunderung und der Gratulation. Einer der Ärzte ermannte sich:

»Jetzt dürfen wir's Ihnen ja gestehen, Herr Professor. Vor Ihnen war Professor Wagner-Jauregg hier, und nicht einmal ihm ist es gelungen, mit dem Patienten Kontakt zu finden.«

Freud wehrte bescheiden ab:

»Ich bitte Sie – was versteht ein Goj von meschugge?«

Hier könnte die Geschichte enden, tut es aber nicht, sondern setzt sich zu einer Replik Wagner-J()aureggs fort, mit der er der Äußerung Freuds Paroli bot, ohne sie zu kennen.

Als nämlich ein Informierter bei Wagner-Jauregg erschien, um ihm jenen Vorfall zu hinterbringen: »Denken Sie nur, nach Ihnen ist der Professor Freud gekommen und hat mit dem Patienten eine halbe Stunde lang gesprochen, und dabei hat sich herausgestellt –«, da unterbrach ihn Wagner-Jauregg mit einer abtuerischen Handbewegung:

»Lassen S' mich aus«, sagte er. »Das interessiert mich nicht, was zwei Tepperte miteinander reden.«

Wäre es nicht Wagner-Jauregg, der hier die Schlußpointe einheimst – man könnte beinahe glauben, daß es sich bei dieser Geschichte um ein Fabrikat aus dem (längst abgerissenen) Café Siller handelt, dem Stammlokal der Individualpsychologen, deren Meister Alfred Adler von Freud abgefallen war und eine eigene Schule – eben die Individualpsychologie – begründet hatte. Nicht nur er selbst, auch seine Anhänger lagen mit der Psychoanalyse in hartem Widerstreit und versuchten sie durch arglistig erfundene Geschichten zu diskreditieren.

Eine der erfolgreichsten betraf den Sohn eines bekannten Wiener Privatbankiers. Der junge Mann litt an einem manischen Zwang, sich Geld auszuborgen, und dank der Bonität des Papas bekam er jeden Betrag geborgt. Da keine Gegenmaßnahmen halfen, versuchte man's schließlich mit einer psychoanalytischen Behandlung. Hier griff das Café Siller ein und ließ gerüchteweise verlauten, wie die erste Honorarnote des behandelnden Psychoanalytikers ausgesehen hätte:

```
10 Sitzungen à 50 S . . . . . . . . . . . . . . . . . . . . . . S 500,–
Dem Herrn Sohn bar geborgt . . . . . . . . . . . . . . S 200,–
                                                      ―――――――――
                                                       S 700,–
```

Eine andre, auch heute noch kursierende Anekdote gleicher Herkunft handelt von zwei Psychoanalytikern, die einander nach längerer Zeit wiederbegegnen und zwischen denen sich folgender Dialog entspinnt:

»Wie geht's Ihnen denn immer?«

»Danke. Ganz ausgezeichnet. Ich habe ungewöhnliches Glück.«

»Nämlich?«

»Ich behandle einen Schizophrenen.«

»Das ist doch nichts Ungewöhnliches.«

»In meinem Fall schon. Beide zahlen.«

Was ich über Alfred Adler zu erzählen habe, erzähle ich aus eigenem Erleben, das einer Vorgeschichte bedarf oder sie zumindest rechtfertigt.

Als Anfang 1930 mein Erstlingsroman vom ›Schüler Gerber‹ erschienen war, brachte mir eines Tages Doktor F., ein junger, zu meinem engsten Freundeskreis gehöriger Adler-Schüler, das neueste Heft der monatlich erscheinenden ›Zeitschrift für Individualpsychologie‹ mit einer seitenlangen Besprechung meines Romans, aus der hervorging, daß das seelische Charakterbild des Helden sich ziemlich genau mit den Thesen der Individualpsychologie deckte. Nun hatte ich von diesen Thesen (anders als von denen der Psychoanalyse) bis dahin so gut wie nichts gewußt und war – ich zählte damals wenig mehr als 21 Jahre – von der Beachtung und Anerkennung, die mir da zuteil wurde, gleichermaßen überrascht und geschmeichelt. Gewissermaßen als Gegenleistung begann ich mich mit der Adlerschen Lehre zu beschäftigen, fühlte mich von ihr in hohem Maß angesprochen, ja überzeugt – kurzum: ich wurde ein Anhänger der Individualpsychologie (der ich geblieben bin), und als Doktor F. mir bald darauf mitteilte, daß Alfred Adler mich kennenzulernen wünsche, durfte ich mich schon einigermaßen vorbereitet fühlen. Daß ich überdies von der Aussicht auf eine persönliche Begegnung mit ihm begeistert war, geschah nicht ganz ohne Hintergedanken, die ich hier redlicherweise preisgeben muß: Ich befand mich nämlich in einer Verfassung, die man nur deshalb nicht als Pubertätskrise bezeichnen kann, weil sie kein temporärer, sondern ein seit langem standhaft andauernder Zustand war, an dem auch der Erfolg meines Romans nichts ändern konnte. Und ich zweifelte keinen Augenblick, daß Adler, den ich für eine Art Wunderrabbi hielt, das richtige Heilmittel für mich parat hätte.

Das von mir mit so überschwenglicher Hoffnung erwartete Zusammentreffen fand im Café Siller statt. Adler machte auf mich den späterhin immer aufs neue bestätigten Eindruck eines umgänglichen, fast schon gemütlichen Mannes aus der Wiener Vorstadt, wozu auch seine dialektgefärbte Ausdrucksweise und die von ihm gerauchte Virginier (die traditionelle Lieblingszigarre der Fiakerkutscher) einiges beitrug. Er hatte es in keiner Weise darauf angelegt, sich stelzbeinig oder bedeutungsschwer in Szene zu setzen – der leider unübersetzbare englische Ausdruck »down to earth« würde ihn (wie übrigens auch seine Lehre) am besten charakterisieren. Ich hatte sofort Vertrauen zu ihm, und je weiter das Gespräch fortschritt, desto sicherer war ich, daß es mir die ersehnten Ratschläge zur Bewältigung meiner Schwierigkeiten bringen würde.

Als Adler sich ausdrücklich und aufmunternd erkundigte, wie ich denn mit dem Leben zurechtkäme und was für Probleme ich hätte, schien mir der große Moment gekommen. Ich möchte sein Wohlwollen nicht mißbrauchen, begann ich, aber da er mich nun schon fragte ... und dann sprudelte ich los, dann begann ich ihm meine kleinen, banalen Wehwehchen aufzutischen, die ich natürlich für einmalige, noch nie dagewesene Katastrophen hielt: ich fühlte mich von meiner Umgebung nicht richtig eingeschätzt, besonders von ihrem weiblichen Teil, das läge wohl an meinen Minderwertigkeitsgefühlen (womit ich – vermeintlich raffinierterweise – auf eine der Adlerschen Grundthesen abzielte), ich hätte Hemmungen, ich könne mich immer nur unglücklich verlieben – die, die ich liebe, bekomme ich nicht – die, die ich bekomme, liebe ich nicht – natürlich wirke sich das auch nachteilig auf meine Arbeit aus, mit der es nicht vorwärtsgehen wolle –

Ungefähr an dieser Stelle merkte ich, daß Adler von meinen Mitteilungen in keiner Weise erschüttert war. Sie schienen ihn sogar zu langweilen, denn er trommelte mit den Fingern ziemlich unverhohlen auf die Tischplatte. Betreten brach ich meinen Redeschwall ab.

»Hm«, machte Adler. »Was ich da von Ihnen gehört hab – finden Sie das in Ordnung?«

Neue Hoffnung durchflutete mich. Jetzt, im nächsten Augenblick, würde er mir das heilende Rezept verabreichen. Gierig an seinen Lippen hängend, beugte ich mich vor:

»Nein, Herr Professor!«

Adler drehte die Handflächen nach oben:

»Na also«, sagte er in einem Tonfall, der keinen Zweifel daran ließ, daß er den Fall für gelöst hielt, und zwar durch mich gelöst. Offenbar war damit, daß ich das alles nicht in Ordnung fand, alles in Ordnung.

Wie recht er hatte, und daß in diesem Rechthaben eines der Fundamente seiner Seelentherapie beschlossen lag, ist mir erst nach und nach aufgegangen. Und von da an war ich gegen die wehleidige Überschätzung meiner Kümmernisse gefeit.

Zu meinen Enthaltsamkeitsplänen gehört unter anderem – und schon seit vielen Jahren – der feste Entschluß, keine Memoiren zu schreiben. Es scheint mir (kurz und ein wenig plump gesagt) eitel und anmaßend, sein eigenes Leben für wichtig genug zu halten, um es im Druck zu schildern, und ich kann mich vice versa, nämlich wenn ich die Memoiren anderer Autoren lese, eines Gefühls der Indiskretion, und zwar einer von mir begangenen, nicht erwehren. Selbstverständlich gibt es Ausnahmen, aber sie sind sehr selten und merkwürdigerweise unabhängig von der Bedeutung des Schreibenden, die hinter der Bedeutung dessen, was er erlebt und mitzuteilen hat, getrost zurückstehen mag, zumal wenn es sich um einen Menschen handelt, der das Schreiben nicht als Beruf ausübt. Wer jedoch Erlebtes, Erfahrenes und Gedachtes von Berufs wegen mitteilt, hat so viele Möglichkeiten, das zu tun, daß es mir – von Eitelkeit und Anmaßung nun einmal abgesehen – beinahe wie das Einbekenntnis einer Unterlassung, wie die künstlich aufgewertete Wiedergutmachung versäumter Gelegenheiten vorkommt, wenn er dann noch mit eigens als Memoiren deklarierten Mitteilungen an die Öffentlichkeit tritt.

Von mir hat sie jedenfalls nichts dergleichen zu befürchten. Ich war stets bemüht – und werde es bleiben –, den Stoff, aus dem die mitteilenswerten Ereignisse meines Lebens gemacht sind, nicht zu selbstbiographischer Eigenständigkeit auszudehnen, sondern ihn in größere Stoffe einzuweben: wie das ja auch in diesem und dem ihm vorangegangenen Buch der Fall ist. Wenn ich über den einen oder andern Zeitgenossen, dem ich begegnet bin, ausführlicher berichte, so geschieht das zur Befriedigung eines Interesses, das ich für jenen voraussetze, nicht für mich, und was dennoch an notgedrungener Selbstbiographie verbleibt, wird, so hoffe ich, nicht in Selbstbespiegelung und Selbstgefälligkeit entarten.

Ich habe Alfred Adler späterhin noch mehrmals gesehen und habe Gespräche mit ihm geführt, von denen ich heute noch zehre. Einmal wurde ich von ihm zu einem der »Privatseminare« zugezogen, die in seiner Wohnung auf der Dominikanerbastei stattfanden, auf ungefähr zwei Wochen verteilt und mit insgesamt zwanzig Teilnehmern, zehn davon individualpsychologisch geschulte Ärzte und zehn »interessierte Laien«, größtenteils freien Berufen angehörig: ein Maler, ein Komponist, ein Schauspieler, ein Schriftsteller und etliche Wissenschaftler aus verschiedenen Fächern. Wenigstens einer der nachhaltigen Eindrücke, die ich damals mitbekam, sei hier festgehalten.

Am Schluß einer Seminarstunde wurden – was mit dem besprochenen Thema zusammenhing – die »Laien« von Alfred Adler aufgefordert, sich einer nach dem andern in einen Nebenraum zu begeben und seiner Sekretärin je einen Traum und eine Kindheitserinnerung zu diktieren – in die Schreibmaschine, denn aus der Handschrift könnten Schlüsse gezogen werden. Er, Adler, würde dann die einzelnen Texte ihren Verfassern zuordnen.

Überflüssig zu sagen, daß das Zauberkunststück gelang: nach flüchtigem Überlesen verteilte Adler jedes der Blätter an den, der es diktiert hatte.

Auch ich bekam das meine sofort eingehändigt. Adler zögerte keine Sekunde – und ich hatte mir doch die größte Mühe gegeben, ihn irrezuführen, hatte neben einem völlig indifferenten Traum eine Kindheitserinnerung diktiert, von der ich sicher war, daß er sie für die des Malers halten würde. Sie bezog sich auf die Theateraufführung eines Märchens, die ich mit meiner jüngeren Schwester an einem Sonntagnachmittag besuchen sollte; infolge eines Irrtums unsres Kinderfräuleins waren wir verspätet aufgebrochen, ich war ungeduldig vorangelaufen, war im Haustor gestolpert und hingefallen, und vermerkte im Diktat meine genaue Erinnerung daran, daß das Drahtgeflecht des Schuhabstreifers auf meinen weißen Strümpfen ein schwarzes, quadratisches Muster eingezeichnet hatte. Mit diesem optischen Detail wollte ich Adler auf die falsche Spur des Malers lenken.

Ich gestand ihm das nachher ein, fragte ihn, warum mein Versuch mißglückt war, und bekam die folgende Auskunft:

»Weil an Ihrer Erinnerung nicht das Optische entscheidend ist, sondern das Detail. Ein Maler hätte sich vielleicht an das Straßenbild vor dem Haustor erinnert, an die Luft, an die Stimmung der ganzen Szenerie. Schriftsteller erinnern sich an Kleinigkeiten, die ein andrer gar nicht wahrnimmt. Sie werden noch merken, welche Rolle das Gedächtnis für Details auch bei Ihnen spielen wird.«

»Und was, Herr Professor, wenn ich die ganze Geschichte erfunden hätte?«

»Das hätte keinen Unterschied gemacht«, antwortete Adler nachsichtig. »Man erkennt einen Menschen an seiner Lüge genauso gut wie an seiner Wahrheit. Auch das werden Sie noch lernen.«

Es waren Formulierungen dieser Art, mit denen Adler selbst den kompliziertesten Sachverhalt zu durchleuchten wußte. Einem meiner Freunde, der sich viel darauf zugute tat, daß er sowohl seine Gattin wie seine Geliebte mit der gleichen Aufmerksamkeit behandelte, sagte er: »Das ist ja nicht schwer. Zwei Frauen sind weniger als eine.«

Wenn's ihm drauf ankam, besaß er freilich auch die Fähigkeit, sich auf hinterhältige Weise dumm zu stellen. Ich habe noch den Tonfall im Ohr, mit dem er in einem Vortrag über ›Verbrechen und Strafe‹ eine der von ihm verworfenen psychoanalytischen Theorien abtat:

»Herr Professor Freud«, begann er tastend, »ist der Meinung, daß ein Verbrecher seine Tat auch deshalb begehen könne, *um* –« (er betonte dieses Wort mit ungläubigem Nachdruck und wiederholte es) – »*um* bestraft zu werden. Ja, also ...« (jetzt schüttelte er den Kopf) »... bitte ...« (verstärktes Kopfschütteln, gefolgt von einer resignierten Geste) »... *ich* versteh das nicht.«

Und es klang wahrhaftig so, als hätte Alfred Adler noch nie etwas von Masochismus gehört.

Er verstand auch nicht, warum ein junger Zuhörer seines Vortrags über den Generationenkonflikt ihn nachher um eine Unterredung bat. Adler war in diesem Vortrag besonders heftig über die Freudsche Lehre vom Ödipus-Komplex hergezogen, und das schien den jungen Mann zu beunruhigen. Zaghaft und stotternd begann er seine eigene Situation zu schildern, genauer: das Verhältnis zu seiner Mutter, mit der ihn große Zuneigung verbinde und deren Zärtlichkeit ihm unentbehrlich sei ... ja er müsse gestehen, daß ihn beim Austausch dieser Zärtlichkeiten manchmal die sonderbarsten Regungen überkämen, über die er sich nicht recht klar werden könne ... aber es schiene ihm, als wären sie zwischen Mutter und Sohn nicht unbedingt am Platz ... er wisse nicht, wie er sich ausdrücken solle ...

Adler hörte ihm mit wachsender Ungeduld zu und bekundete das durch sein mir bekannt gewordenes Fingertrommeln.

»Also bittschön«, unterbrach er schließlich den Stammelnden. »Was *wollen* S' denn eigentlich von der alten Dame?!«

In der Diskussion nach einem Vortrag über Alfred Adlers Lieblingsthese, das Minderwertigkeitsgefühl, soll eine amerikanische Teilnehmerin, die bis dahin stumm dagesessen war, ohne sichtbaren Grund ums Wort gebeten und nichts weiter gesagt haben als:

»Wir Amerikaner haben *auch* unsere Minderwertigkeitsgefühle.«

Ich weiß nicht, ob es ein Café Siller für Psychoanalytiker gegeben hat; wenn ja, könnte diese Anekdote von dort ausgegangen sein.

In der Schilderung meines ersten Zusammentreffens mit Alfred Adler habe ich die Bezeichnung »Wunderrabbi« gebraucht. Sie sollte nicht mißverstanden werden. Adler war in seinem ganzen Wesen, in seinem Gehaben und nicht zuletzt in seiner Lehre – die es ja gerade auf die Entschleierung scheinbarer Mysterien angelegt hatte – weit entfernt davon, sich mit der geheimnisvollen Aura eines Wunderrabbi zu umgeben. Aber es gibt eine Geschichte über ihn, die ihn beinahe als solchen erscheinen läßt. Sie wäre allerdings in eine Art von Geschichten einzureihen, mit denen die osteuropäischen Juden über die kleinen Unzulänglichkeiten oder ein gelegentliches Versagen ihrer Wundermänner zu spötteln liebten – wie etwa in der Geschichte von jenem Rabbi, der auf einer Überlandfahrt mit seinem Pferdewagen in einen dichten Wald geriet und sich plötzlich einem mächtigen Baum gegenübersah, den er weder rechts noch links umfahren konnte. Da der Wagen sich auf dem schmalen Waldweg auch nicht wenden ließ, griff der Rabbi zum äußersten seiner Mittel und erhob sich, um einen Fluch gegen den Baum zu schleudern. »Baum, du sollst umfallen!« rief er zum Schluß mit Donnerstimme. Und daraufhin, so geht die Legende, sei ein großes Wunder geschehen: der Baum fiel nicht um.

Es steht also, wie sich zeigt, selbst ein Wunderrabbi gelegentlich vor unlösbaren Problemen. Indessen war es im vorliegenden Fall zunächst nur der in Dresden wirkende Individualpsychologe Dr. Otto Rühle, der keinen Rat wußte, als ihn ein jungverheirateter Musiker aufsuchte, um ihm von unerwarteten Schwierigkeiten in seiner vor kurzem – und nach kurzer Bekanntschaft – geschlossenen Ehe zu berichten. Seine Frau hätte ihm vor der Hochzeit gestanden, daß sie nicht mehr jungfräulich sei, und das hätte er selbstverständlich mit einer bagatellisierenden Handbewegung weggewischt, wir leben ja schließlich im zwanzigsten Jahrhundert, nicht wahr, und da spielt so etwas keine Rolle. Jetzt aber müsse er merken, daß es leider doch eine Rolle spiele, zumindest führe er gewisse Mißhelligkeiten im ehelichen Zusammenleben auf jenes Geständnis zurück, und daran fühle eigentlich er sich schuldig, und jetzt möchte er gerne wissen, was er tun sollte.

Nichts weiter, beruhigte ihn Dr. Rühle, von einer wirklichen Störung könne da keine Rede sein, noch weniger von einer Schuld des jungen Ehemanns, das wären ganz natürliche Anfangsschwierigkeiten, die im Grund nur die Intensität seiner Liebe bewiesen und die er desto schneller bewältigt haben würde, je gründlicher er ihren vermeintlichen Ursprung vergäße. Und für alle Fälle möge er in ein paar Wochen wiederkommen.

Er kam früher und schüttelte auf Dr. Rühles Frage, ob sich die Dinge gebessert hätte, trübselig den Kopf. Nein, im Gegenteil. Es werde immer schlimmer, er quäle seine Frau mit völlig unmotivierten Aggressionen, mache ihr Vorwürfe, über deren Unangebrachtheit er genau Bescheid wisse, ohne sich dagegen helfen zu können, und seine Verzweiflung wachse von Tag zu Tag.

Aufseufzend entschloß sich Dr. Rühle zu einer genaueren

Prüfung der Sachlage und forderte einen detaillierten Bericht über den Hergang der ganzen Beziehung, vom Augenblick der Bekanntschaft bis zum heutigen Tag. Er bekam den Bericht geliefert.

Jetzt sehe er um einiges klarer, stellte er anschließend fest, und gar so harmlos sei die Sache nicht. Er habe den Eindruck, als könne der junge Ehemann schon den bloßen Gedanken, daß seine Frau zuvor mit anderen Männern zu tun gehabt hätte, nicht ertragen, als erblicke er in ihrem unprovozierten Geständnis eine versteckte Provokation und verfolge sie mit sozusagen retroaktiver Eifersucht, um einer möglichen Wiederholung solcher Geständnisse vorzubeugen.

Das habe er sich schon selbst gedacht, entgegnete hoffnungslos der Patient. Das sei es wohl nicht.

Doch, doch, widersprach Dr. Rühle (und mußte einen kleinen Anfall von Gereiztheit unterdrücken). Nach allem, was er jetzt gehört habe, sei es ziemlich sicher, daß hier die Ursache liege. Wenn der verspätet Eifersüchtige sich erst einmal überzeugt hätte, daß zu irgendwelchen Vorbeugungsmaßnahmen kein Anlaß bestehe, fände er auch keinen Anlaß mehr, seine Frau und sich selbst zu peinigen. Das alles sollte er sich vor Augen halten, und nächstes Mal würde er sicherlich von einer Besserung zu berichten haben.

Was er das nächste Mal berichtete, war eine einzige Katastrophe. Er wisse nicht ein noch aus, er mache seiner Frau das Leben zur Hölle, und er bange ernstlich um den Fortbestand der ohnehin schon arg ramponierten Ehe.

Dr. Rühle sah sich zu einer noch gründlicheren, mit Träumen und Kindheitserinnerungen und allem sonstigen Zubehör ausgestatteten Untersuchung genötigt. Sie ergab eine für den Patienten wenig erfreuliche Diagnose: nicht um allzu intensive Liebe handle es sich, bekam er zu hören, und nicht einmal um vorbeugende Eifersuchtsmanöver, sondern indem er immer wieder die einstigen Liebschaften seiner Frau hervorhole, wolle er sich einen Freibrief für eigene Seitensprünge verschaffen. Daher sein Schuldgefühl der ewigen Vorwürfe wegen, mit denen er nicht aufhören könne, weil er gar nicht aufhören wolle.

Das habe er sich schon selbst gedacht, und das sei es wohl nicht, ließ der Patient sich abermals vernehmen.

Jetzt war's mit der letzthin noch mühsam bewahrten Geduld des Seelenarztes vorbei.

»Hören Sie«, platzte er los. »Es gibt Patienten, die sich alles schon selbst gedacht haben, um dem Arzt zu beweisen, daß ihnen nicht zu helfen ist.«

Auch das wisse er, äußerte mit resigniertem Achselzucken der Zurechtgewiesene.

Einige Stunden später saß Dr. Rühle im D-Zug nach Wien. Der Fall ging ihm derartig unter die Haut, daß er ihn dem Meister persönlich vortragen wollte, und er tat es mit aller Ausführlichkeit.

»Was halten Sie von der Sache, Herr Professor?« fragte er zum Schluß.

Adler paffte ein paarmal an seiner Virginier.

»Na ja«, antwortete er, und es klang ein wenig versonnen. »'s Madel hätt' ihm des halt net sagen sollen.«

Zur seelenforscherischen Szenerie jener Jahre gehört – ein wenig außerhalb ihrer akuten Rivalitäten stehend – auch der bedeutende Psychiater Otto Pötzl, dem wir die hervorragende Definition verdanken, wodurch sich die Ärzte einer geschlossenen Anstalt von den Patienten unterscheiden: der, der den Schlüssel hat, ist der Arzt.

Einer seiner Patienten, der an Verfolgungswahn litt, hatte Pötzls besonderes Interesse erregt und wurde von ihm besonders sorgfältig behandelt. Tatsächlich trat alsbald eine deutliche Besserung ein, die immer weiter fortschritt, so daß begründete Hoffnung auf eine vollständige Heilung bestand. Aber da erfolgte ein unerklärlicher Rückfall. Bei der Morgenvisite war der Patient plötzlich wieder verschlossen und feindselig wie zuvor, reagierte auf den Zuspruch seines verzweifelten Arztes entweder gar nicht oder mit sinnlosen Ausfällen und ließ die typischen Krankheitssymptome erkennen, die er schon überwunden zu haben schien.

»Man trachtet mir hier nach dem Leben«, knurrte er abgewandten Gesichts.

»Aber, aber«, beschwichtigte Pötzl. »Kein Mensch denkt daran, Ihnen nach dem Leben zu trachten.«

Der Unglückselige beharrte auf seinem Unglück:

»Ich habe Beweise dafür. Man will mich vergiften.«

»Niemand will Sie vergiften. Wir haben uns doch schon so gut miteinander verstanden, lieber Freund. Warum glauben Sie mir nicht?«

Immer aufs neue versuchte Pötzl an die bereits erzielten Fortschritte anzuschließen, immer aufs neue brachte er die von seinem Patienten bereits akzeptierten Argumente vor, ruhig, eindringlich, mit unerschütterlicher Geduld. Es half nichts.

»Alle verfolgen mich hier«, lautete die stereotype Entgegnung. »Ich weiß es. Alle. Auch Sie, Herr Professor.«

»Ich?!« Jetzt war es mit Pötzls Unerschütterlichkeit vorbei. »Sie sind ja verrückt!«

Pötzl ist schließlich auch der (wenngleich passive) Held einer Geschichte, in deren Vorspiel zwei echte Vertreter der mehrfach erwähnten Kategorie »Wunderrabbi« auftreten, sogar zwei sehr berühmte, die es tatsächlich gegeben hat und die einander bis in die Dreißigerjahre den Rang des berühmtesten streitig machten. Dazu muß man wissen, daß die Juden im Osten der ehemaligen Habsburgermonarchie und im Westen des ehemals zaristischen Rußland größtenteils in bitterster Not und Armut lebten, ein Umstand, der den Glauben an die übernatürlichen Kräfte und die prophetische Weisheit einiger auserwählter Wundermänner entsprechend begünstigte und ihnen fast unbegrenzte Autorität sicherte, nicht nur unter den Armen, sondern ebenso unter den wenigen Reichen, die es in den großen Städten immerhin gab.

Ein solcher erschien einmal in Pötzls Privatordination, um Heilung für ein langwieriges und mindestens partiell somatisches Nervenleiden zu suchen, das nach allgemein vorherrschender (und von Pötzl keineswegs geteilter) Meinung eher in die Kompetenz Wagner-Jaureggs gefallen wäre. Als Pötzl im einleitenden Gespräch eine diesbezügliche Andeutung machte, die zugleich seine Genugtuung darüber verriet, daß ihm der Vorzug vor Wagner-Jauregg gegeben worden war, rückte sein Patient mit einem überraschenden Geständnis heraus: er hätte, ehe er sich überhaupt zur Reise nach Wien entschloß, nicht nur die medizinischen Kapazitäten seiner Heimatstadt konsultiert, sondern, wie das die dortigen Juden in allen wichtigen Angelegenheiten zu tun pflegten, auch rabbinischen Ratschlag eingeholt, und zwar – der Sicherheit halber und weil Geld bei ihm keine Rolle spielte – gleich bei den zwei bedeutendsten Rabbinern des Landes, dem Rabbi von Belz und dem Rabbi von Sadagora. Dieser hätte ihm zu Professor Wagner-Jauregg geraten (der Mann aus dem sehr nahen Osten sagte »Johregg«), jener hätte ihn hierher verwiesen – »zu Ihnen, Herr Professor!«

»Und?« fragte Pötzl, voll der Neugier, warum die Entscheidung zu seinen Gunsten gefallen sei.

Der Befragte sah ihn treuherzig an:

»Herr Professor«, sagte er. »Ich weiß, Wagner-Johregg ist greßer von Ihnen. Aber *ich* glaub dem Belzer.«

Die Geschichte, die dieses Kapitel abschließen soll, erzähle ich nicht wegen ihrer gleichfalls östlichen Färbung, sondern weil ich sie für die beste halte, die jemals über die Psychoanalyse in Umlauf gesetzt wurde. Sie spielt in Amerika, kurz vor Ausbruch des Zweiten Weltkriegs, in einer aus dem Osten Europas stammenden Familie, die sich indessen längst und gründlich akklimatisiert hatte und alle damals in Schwang befindlichen amerikanischen Unarten betrieb: der eine Sohn malte Abstraktes, der andre war Kommunist, die Tochter dichtete avantgardistisch, und nur der Vater, wiewohl an der Börse zu erheblichem Wohlstand gelangt, fühlte sich noch mit der einstigen Heimat verbunden. Ihm war es auch zu danken, daß man den alten Großvater noch im letzten Augenblick aus dem bedrohten Polen nach Amerika herübergeholt hatte. Er befand sich bei seiner Ankunft in ziemlich jammervollem Zustand, erholte sich aber dank der ihm erwiesenen Obsorge in kurzer Zeit, aß mit Appetit, ging im Central Park spazieren, nahm Anteil an den Ereignissen, lernte Englisch und begann sogar Zeitungen zu lesen, als einziger in der Familie die jiddischen, aber, sobald seine neuerworbenen Sprachkenntnisse ausreichten, auch die ›New York Times‹. Alles schien bestens geregelt. Nur die Schlaflosigkeit, die er sich in den europäischen Angst- und Schreckenstagen eingewirtschaftet hatte, verfolgte ihn weiter. Man probierte alle möglichen Mittel an ihm aus, herkömmliche und neuartige, Medikamente und Vitamine und Proteine, Spezialdiät und Klimawechsel – vergebens. Er konnte nicht schlafen.

Wenn nichts andres hilft, muß ein Psychoanalytiker her. So auch hier.

Er ließ sich die Situation schildern, geleitete den Alten, der die Schilderung mit freundlich bestätigendem Nicken begleitet hatte, in ein angrenzendes Zimmer und bat ihn, sich's auf dem Sofa bequem zu machen.

»So plaudert sich's besser«, fing er an. »Wenn's Ihnen recht ist, unterhalten wir uns jetzt miteinander. Erzählen Sie mir etwas von sich. Es interessiert mich. Was Sie so erlebt haben . . . an was Sie sich erinnern . . . aus Ihrer Kindheit vielleicht . . . oder an was Sie denken, wenn Sie nicht einschlafen können . . . oder was Sie in der Zeit, als Sie noch schlafen konnten, geträumt haben ... irgend etwas, was Ihnen gerade einfällt. Sie reden, und ich höre zu. Dann werde ich reden, und Sie werden zuhören. Wer weiß, vielleicht haben wir Glück, und Sie finden gleich jetzt ein wenig Schlaf. Das wäre schön.«

Und siehe da: es funktionierte. Schon nach wenigen Minuten lag der Alte in friedlichem Schlummer, ruhig atmend, ein Lächeln im faltigen Gesicht.

Auf Zehenspitzen begab sich der Seelenarzt zu den im Nebenraum wartenden Angehörigen zurück. Sie mögen sich keine Sorgen machen, ließ er sie wissen, einen so empfänglichen, kooperativen Patienten hätte er schon lange nicht gehabt, und er verbürge sich für eine baldige, restlose Heilung. Morgen käme er wieder.

Die unter allen Anzeichen der Befriedigung zurückbleibenden Familienmitglieder bestätigten sich gegenseitig die Trefflichkeit ihrer Maßnahme und fanden: das hätte ihnen früher einfallen können.

In diesem Augenblick schob der Großvater seinen Kopf durch die halb geöffnete Tür und lugte vorsichtig herein:

»Der Meschuggene ist schon weggegangen?« fragte er.

Und schlug damit auf seltsam schlüssige Art in die gleiche Kerbe wie die Doppelpointe der Geschichte von Freud und Wagner-Jauregg und wie das fundamentale Diktum von Karl Kraus: »Die Psychoanalyse ist jene Geisteskrankheit, für deren Therapie sie sich hält.«

Schon ›Die Tante Jolesch‹ enthielt – im Kapitel ›Kaffeehaus ist überall‹ (TJ S. 136) – den Hinweis, daß eigentlich »das ganze Buch ein Buch vom Kaffeehaus« sei. Ähnlich verhält es sich mit dem vorliegenden Ergänzungsband, und ähnlich sind auch die Schwierigkeiten geartet, die mir von der nachquellenden Erinnerungsfülle verursacht werden: ich muß, wie sich zeigt, abermals auf ein halbwegs sinnvolles Ordnungsprinzip verzichten. Weshalb, so könnte gefragt werden, gehört die eine Anekdote in die Sparte »Theater« und die andre zu »Literatur«, weshalb verbuche ich jenen Ausspruch im Zusammenhang mit seinem Schöpfer und diesen als Illustration zu einem bestimmten Thema?

Die Antwort habe ich bereits gegeben: weil es im Grunde lauter Kaffeehaus-Geschichten sind. Sie müssen deshalb nicht unbedingt im Kaffeehaus entstanden sein (obwohl das bei den meisten von ihnen der Fall war) – es genügt, daß sie ohne den geistigen Hintergrund des Kaffeehauses nicht entstanden wären. Sie tragen, auch wenn man's ihrem Äußeren nicht anmerkt, das Kaffeehaus in sich. Oder zumindest haben sie es irgendwo auf ihrem Weg gekreuzt, mögen sie von noch so weit herkommen.

Ich wage die Behauptung, daß sogar die Geschichten, die der Schauspieler Alfred Neugebauer aus der Zeit seiner Kriegsgefangenschaft im Ersten Weltkrieg zum besten gab, vom Kaffeehausgeist infiltriert waren – nicht nur weil er, selbst ein Kaffeehausbesucher von Geblüt, sie mit Vorliebe im Kaffeehaus (wo denn sonst) erzählt hat, sondern weil sie bei ihren Zuhörern einen Sinn für die Kunst der Pointe, eine Empfänglichkeit für Nuancen und, kurzum, eine Aufnahmebereitschaft voraussetzten, die eben nur am Kaffeehaustisch gedieh. Im übrigen – und dieses Einbekenntnis kommt mich noch viel trauriger an als schon mehrmals zuvor – lassen sich Neugebauers Geschichten im Druck nicht wiedergeben und lassen sich auch mündlich kaum nacherzählen, es sei denn in einer perfekten Kopie der Neugebauerschen Erzählung, und wer brächte das fertig. Alfred Neugebauer, schon auf der Bühne eine Erscheinung von unnachahmlicher Eigenart (er selbst bezeichnete sich einmal in koketter Untertreibung als den bedeutendsten »Küß-die-

Hand«-Sager des deutschen Theaters), war vollends als Ge-
schichtenerzähler ein einsames Original, war es vor allem durch
seine schier unglaubliche Beherrschung sämtlicher Dialekte,
Akzente und Tonfärbungen, die es auf dem Gebiet der einstigen
Habsburgermonarchie irgend gab. Er konnte böhmakeln und
jüdeln wie kein zweiter und so, daß es niemals peinlich wurde
(ich beanspruche für diese Feststellung sowohl die Kennerschaft
wie die Empfindlichkeit des Dazugehörigen), er fand sich auf
jeder Stufe des Wienerischen zwischen Vorstadt und Schönbrunn, zwischen Unterwelt und Aristokratie mühelos zurecht,
und wenn es ihm oblag, Ungarisches sinnfällig zu machen, wurde man von heftigem Zweifel befallen, ob Deutsch denn wirklich seine Muttersprache sei. Er war, nochmals und hilflos sei's
gesagt, unnachahmlich. Er hatte nicht seinesgleichen und wird
es niemals haben.

Unter den Geschichten aus seiner Kriegsgefangenschaft gibt
es eine, die ich dem Risiko einer Nacherzählung aussetzen muß,
weil sie sonst wahrscheinlich in Vergessenheit geriete. Neugebauer gehörte zu einer Gruppe von k. u. k. Offizieren, die ständig zwischen verschiedenen Gefangenenlagern hin- und her-
transportiert wurde – »instradiert«, wie man das im österreichischen Armee-Idiom nannte –, und er verwandelte sich, wenn er
davon erzählte, ebenso glaubhaft in jedes einzelne Mitglied der
Gruppe wie in ihre Bewacher, brave, bärtige Muschiks im vor-
geschrittenen Landsturmalter, die den Gefangenen freundlich-
ste Behandlung angedeihen ließen. Wenn der Zug auf seiner
tagelangen Fahrt irgendwo längeren Halt machte, zogen Bewacher und Bewachte gemeinsam ins Dorf, zerstreuten sich dort in
verschiedene Wirtshäuser und fanden sich zur festgesetzten
Stunde des Weitertransports wieder auf dem Bahnhof zusammen, wo der Ordnung halber ein Appell abgehalten wurde, um
sicherzustellen, daß alle Gefangenen zurückgekommen wären.

Und da geschah etwas Merkwürdiges. Der Zählappell stimmte – aber beim anschließenden Namensappell fehlte einer.

Die vorgesetzte Charge der Bewachungsmannschaft begann
kopfschüttelnd aufs neue zu zählen, eins-zwei-drei und weiter
bis siebzehn: es stimmte. Und begann aufs neue die Namen zu
verlesen, langsam und mühsam, denn es waren fremde, schwer
auszusprechende Namen, Graßljech-ner ... Kljess-mann ...
Njew-ge-bawr ... nicht in alphabetischer, sondern in rangmä-
ßig bestimmter Reihenfolge – gleichviel: einer fehlte.

Beide Prozeduren wurden unter verstärktem Kopfschütteln

wiederholt. Der Zählappell verlief ordnungsgemäß, beim Namensappell klaffte eine Lücke.

Die Sache war die, daß sich unter den Gefangenen ein Angehöriger des gräflichen Hauses Hohenwart befand. Der aber wurde, weil das Russische kein H kennt, als Gog-gen-wart verlesen und meldete sich nicht, denn ein Hohenwart läßt seinen Namen nicht verstümmeln. Da konnte der bärtige Muschik immer wieder und immer verzweifelter die Namensliste herunterbuchstabieren – bei Goggenwart blieb es still.

Der Abend sank, die Kälte stieg. Die anderen Offiziere fanden das Spiel nicht länger amüsant und legten ihrem gräflichen Kameraden nahe, nun endlich damit aufzuhören, man möchte weiterfahren und er solle sich gefälligst melden.

So trat er denn, als das kritische »Gog-gen-wart« wieder erklang, aus der Reihe, schritt an den Bärtigen heran und legte ihm leutselig die Hand auf die Schulter:

»Horchen S' zu, lieber Freund«, sagte er mit nasalem Nachdruck. »Wann S' schon so eine ung'schickte Sprach' haben – fangen S' nächstens keine Leut' mit H!«

Zu den Personal-Ergänzungen, die im Zusammenhang mit dem Kaffeehaus fällig sind, gehört außer Neugebauer noch der »Central«-Stammgast Klauber, ein Mann von mieselsüchtiger, nachträgerischer Wesensart, der sich seinen Widerwillen gegen den geschwätzigen Stammgast Jellinek wahrlich etwas kosten ließ. Er kaufte sich einen Dackel, nannte ihn Jellinek und brachte ihm nicht ohne Mühe bei, auf ein bestimmtes Zeichen hin drohend zu knurren. Mit dem abgerichteten Dackel pflegte er dann in unmittelbarer Nähe des Tisches, an dem Jellinek saß, Platz zu nehmen, und wenn Jellinek wieder mit seiner Suada begann, ließ Klauber den Dackel knurren, um ihn mit dem lauten Zuruf »Kusch, Jellinek!« zu bedenken. Der in Wahrheit gemeinte Träger dieses Namens mußte es dulden.

Daß mir der »Herrenhof«-Stammgast Poldi Beck nicht rechtzeitig für die ›Tante Jolesch‹ eingefallen ist, obwohl wir Altersgenossen und gute Freunde waren, kann ich mir nur damit erklären, daß ich ihn – wie so manchen andern auch – nach 1938 aus den Augen verloren hatte. Er war auf der Flucht vor den Nazis in sein Geburtsland Polen geraten und von dort in die Sowjetunion, galt unter seinen Freunden, soweit sie überlebt hatten und sich nachher wieder zusammenfanden, als verschollen und ließ erst viele Jahre später, nun abermals aus Polen, ein Lebenszeichen an mich gelangen, aus dem sich ein schwieriger, umwegiger und leider nur sporadischer Kontakt zwischen uns ergab. Wie es heute um ihn steht, weiß ich nicht. Wenn ich an ihn denke, denke ich an den »Herrenhof«-Stammgast der Dreißigerjahre, der zum Kreis um Manès Sperber und Alex Weißberg gehörte.

Poldi Beck war von kleinem, zierlichem Wuchs, neigte zur Melancholie und zum Alkoholgenuß und schrieb, wenn beides ihn überkam, verzweifelt komische Gedichte, in denen er einer von Karl May inspirierten Indianerromantik freien Lauf ließ. Ich erinnerte mich noch an die Anfangsstrophe eines dieser Gedichte (die er auf unseren nächtlichen Café- und Kneipen-Wanderungen oft an gänzlich fremden Tischen zu deklamieren liebte):

> »Wir wollen uns vom Feuerwasser kaufen,
> Denn anders hat das Leben keinen Zweck,
> Und wollen uns dann ganz enorm besaufen,
> Du, Winnetou, und ich, der starke Beck.«

Öfter als mit Gedichten reagierte er auf die Mißhelligkeiten seines leiddurchtränkten Daseins mit dem Stoßseufzer »Oj, mach' ich mit!«; das regte ihn zur Erfindung eines von ihm so genannten Sorgenmessungsapparats an, des »Mitmachometers«, dessen Messungseinheit 1 Oj betrug. Angeblich registrierte sein Mitmachometer an manchen Tagen bis zu 30 Oj pro Minute, aber das ließ sich natürlich nicht nachprüfen.

Auch eine andere Erfindung oder Einrichtung ist ihm gutzuschreiben: einmal im Jahr veranstaltete er eine »Woche des zurückgegebenen Buches«, zu deren Eröffnung er alle jene einlud, die sich von ihm Bücher ausgeliehen und sie nicht retourniert hatten. In der Mitte des von seiner Frau artig angerichteten Jausentisches prangte in einem Lorbeerkranz das einzige zurückgegebene Buch.

Bis heute standgehalten hat Poldi Becks Einteilung der Menschen in fünf Kategorien, und zwar

1. Morgensänger
2. Schulterklopfer
3. Knopfabdreher
4. Zurückschicker
5. Grottenbahnhörer.

Die beiden ersten Kategorien bedürfen keiner Erklärung, die dritte vielleicht insoweit, als nicht jeder den Typ des intensiven Diskutierers kennt, der seinen im Sitzen, Stehen oder Gehen vorgebrachten Argumenten dadurch Nachdruck zu verleihen sucht, daß er sich ganz nahe zu seinem Gesprächspartner beugt, ihn an einem Sakko- oder Mantelknopf zu sich heranzieht und diesen Knopf vor lauter Hingabe an das Gespräch so lange dreht, bis er ihm in der Hand bleibt. Als »Knopfabdreher« gilt, wer seine Meinung um jeden Preis durchsetzen will. Daß der »Zurückschicker« nicht nur im Gasthaus auftritt, sondern überall dort, wo sich andere mit einem Achselzucken abwenden, dürfte klar sein. Und was schließlich die 5. Kategorie betrifft, so muß man wissen, daß die alte, längst dahingegangene Grottenbahn im Wiener Prater ein elektrisches Orchestrion eingebaut hatte, dessen Musik nicht nur die Züge auf ihrer Gruselfahrt begleitete, sondern zu Anlockungszwecken auch am Eingang hörbar war – und wer sich dort hinstellte, um der Musik zu lauschen, war eben ein »Grottenbahnhörer«, ein in sich versponnener, den anspruchslosen Schönheiten des Daseins zugetaner Träumer.

Poldi Beck behauptete, es gäbe keinen Menschen, der nicht in eine dieser fünf Kategorien hineinpassen würde, und soweit meine Erfahrungen reichen, hat er recht gehabt.

Seine größte und wahrhaft unvergängliche Tat war jedoch die Herausgabe einer Zeitschrift, mit der er seiner Abneigung gegen die sinnentleerten Klischees und Gepflogenheiten des Pressewesens Luft machen wollte. Sie hieß ›Die Binse, Zeitschrift zur Verbreitung von Licht und Wahrheit‹ und trug gleich unterm Titel den Vermerk: »Die Frage ›Wieso, es gibt doch kein Binsenlicht?‹ schließt den Fragesteller vom Erwerb der Zeitschrift aus.« Zu ihren Besonderheiten gehörte der Umstand, daß sie vorsätzlichermaßen nur ein einziges Mal erschien, weshalb der erste Satz des Eröffnungs-Leitartikels denn auch lautete: »Mit dieser Nummer stellt die ›Binse‹ ihr Erscheinen ein.« Als Tummelplatz der eingangs erwähnten Beckschen Idiosynkrasien präsentierte sich das Impressum. »›Die Binse‹ erscheint plötzlich« hieß es da, und weiter »Eigentümer: der Käufer« – ein Seitenhieb gegen die laut Beck »empörende Unsitte«, daß man für gutes Geld irgendeine Zeitung erstand und dann im Impressum beispielsweise durch die Mitteilung »Eigentümer: Steyrermühl A. G.« verhöhnt wurde. Es folgte die Angabe »Der Stern ist ein Trottel«. Poldi Beck war der Meinung, daß das endlich gesagt werden müßte, wollte es aber – denn wer liest schon ein Impressum – nicht an die große Glocke hängen, um unsern Freund Ernst Stern (TJ S. 39–45) nicht zu kränken. Der Text eines auf der Titelseite eingebauten Kastens lautete »Für den eiligen Leser: Schauen Sie gefälligst im Innern des Blattes nach.« Dort fanden sich so bemerkenswerte und, man darf wohl sagen, beispiellose Rubriken wie ›Gleichgültiges aus aller Welt‹ und ›Der Freudenbote‹, der mit Kurzmeldungen über erfreuliche Vorkommnisse den Leser auf die Sonnenseiten des Alltags hinlenken wollte: »Gestern gegen 5 Uhr nachmittag gelang es der 47jährigen Köchin Anna Kratochwil, einen Autobus der Linie 12 an der Haltestelle Stephansplatz noch knapp zu erreichen«, oder: »Wie wir erfahren haben, nahm der 34jährige Handelsvertreter Jonas Grün am Dienstag im Gasthaus ›Zum wilden Mann‹ das Mittagsmahl ein, bestehend aus Schöberlsuppe, Rindfleisch garniert und Apfelstrudel. Es hat ihm sehr gut geschmeckt.«

Der übrige Inhalt jener einzigen, längst und hoffnungslos verschollenen Nummer der ›Binse‹ bestand aus Beiträgen von Frigyes Karinthy, Fritz Grünbaum, Robert Neumann und anderen Herrenhof-Insassen (also auch von mir). Aber das war wirklich nur der »übrige« Inhalt; den eigentlichen und wesentlichen bildeten die kleinen, verschmitzten Marginalien, die ich im vorstehenden so genußfroh wiedergegeben habe. Unterliege ich da einer Art déformation professionnelle? Muß man Journalist gewesen sein, um zu merken, daß hinter diesem scheinbar oberflächlichen Gewitzel ein verärgertes Aufmucken steckt, ein ironischer Protest gegen eine träg und gedankenlos hingenommene Schablone der Meinungsbildung? Ich kann das nicht beurteilen. Aber es will mir scheinen, daß wir eine plötzlich erscheinende ›Binse‹ auch heute ganz gut brauchen könnten.

In die Liste der Ergänzungen zur Kaffeehaus-Person gehört der Vollständigkeit halber noch der Pointenmörder Peter Paul Willner, er ruhe in Frieden und er war der Dümmsten einer, er war die Verkörperung jener niederschmetternden Humorlosigkeit, die schon so manchen, der einen Witz erzählen wollte, an den Rand des Wahnsinns getrieben hat. Begann der Erzähler etwa mit den Worten: »Zwei Juden fahren in der Eisenbahn« – flugs war der Pointenmörder zu Stelle und fragte: »Wohin?« Und wenn er gar selbst aktiv wurde, ergaben sich die grauenhaftesten Folgen. Ein Beispiel aus der Praxis:

Der kleine Max will schwimmen lernen, der Schwimmlehrer nimmt ihn an die mit einem Gurt versehene Angel und läßt ihn ins Wasser gleiten, der kleine Max ruft »Tauchen –!«, der Schwimmlehrer taucht ihn, der kleine Max kommt prustend hoch, ruft abermals »Tauchen –!« und wird abermals getaucht – bis es ihm endlich gelingt, sich am Angelstrick festzuhalten und dem Schwimmlehrer zuzurufen: »Tauchen hat mir der Arzt verboten!«

In der Fassung des Pointenmörders ruft der kleine Max nicht »Tauchen –!« sondern »Der Arzt –!«, und es geht trotzdem ganz genauso weiter, bis zum abschließenden Zuruf: »Der Arzt hat mir das Tauchen verboten!«

Nun könnte man, da es sich hier um ein konstruiertes und eher mittelmäßiges Witzchen handelt, die verstümmelte Fassung sogar für – unfreiwillig – lustiger halten. Aber Peter Paul Willner hat sich auch an Anekdoten vergriffen, deren Witz ein wenig tiefer reichte, zum Beispiel an der folgenden, noch in der Monarchie angesiedelten. Sie handelt von einem galizianischen Juden, der zum erstenmal eine Reise nach Wien unternimmt und in dessen Phantasie sich märchenhafte Vorstellungen von der kaiserlichen Haupt- und Residenzstadt entwickelt haben. Er begibt sich vom Ostbahnhof sofort ins Café »Produktenbörse«, das ihm zu Hause empfohlen wurde (es liegt selbstverständlich in der Leopoldstadt, dem Wiener Judenbezirk), stellt seinen Handkoffer ab, und während der Kellner ihm aus dem Mantel hilft, dreht er sich halb um und fragt im strengen Tonfall eines Menschen, der seine berechtigten Erwartungen nicht getäuscht zu sehen wünscht:

»Der Kaiser is da?!«

Diese Geschichte gefiel dem Pointenmörder Willner so gut, daß er sie unbedingt weitererzählen mußte. Und er begann:

»Also Kinder, ich hab einen großartigen Witz gehört. In Galizien lebt ein Jud, der glaubt, in Wien sitzt der Kaiser im Café Produktenbörse . . .« Und dann fuhr er in seiner Erzählung fort und war sehr erstaunt, daß am Schluß niemand lachte.

Selbst wenn damit die Ergänzungen zur Kaffeehaus-Person abgeschlossen sind (und dessen kann man nie ganz sicher sein) – in jedem Fall bedarf es noch einiger Ergänzungen zur *Sache* des Kaffeehauses.

Wer vermöchte sich heute vorzustellen, daß der Nazi-Putsch

vom Juli 1934, der zur Ermordung des Bundeskanzlers Dollfuß geführt, aber sein politisches Ziel nicht erreicht hat – daß dieser Putsch, an den sich die Heutigen ohnehin nur noch dunkel erinnern, eigentlich an der Wiener Kaffehauskultur gescheitert ist? Und das kam so:

Das Stammlokal der Putschistenführer war ein Kaffeehaus im VIII. Bezirk, das ich nicht beim Namen nennen will, weil es heute noch besteht und mit seiner damaligen Funktion nichts mehr zu tun hat. Dort sollte zu früher Vormittagsstunde am Tag der Aktion eine ihrer Schlüsselfiguren, ein von Dollfuß entlassener Ex-Minister, auf die entscheidende Nachricht warten, die man ihm natürlich nicht unter seinem wirklichen Namen übermitteln würde, sondern unter dem Decknamen, mit dem er – wie alle Angehörigen dieses Gremiums – für den Ernstfall versehen war. Der Deckname des Ministers lautete Doktor Zimmermann, und pünktlich zur vereinbarten Zeit wurde Herr Doktor Zimmermann am Telephon verlangt. Da aber der Kellner, der den Anruf entgegennahm, ein wirklicher, geschulter Kaffeehauskellner war, fiel es ihm keineswegs bei, den Namen des Gewünschten nun etwa laut und plump ins Lokal hineinzurufen. Sondern er sagte »Momenterl«, trat aus der Telephonzelle hervor, ließ seinen Blick über die wenigen besetzten Tische schweifen, stellte fest, daß in der einen Fensterloge ein Damenkränzchen versammelt war und in der andern die Frau Wondratschek ihre Illustrierten las, sah an einem der Mitteltische ein sehr junges Liebespaar sitzen, dessen männlicher Teil unmöglich Inhaber eines Doktortitels sein konnte, sah an einem andern Tisch den ihm wohlbekannten Minister, trat in die Zelle zurück und sagte: »Bedaure, ein Herr Doktor Zimmermann ist nicht hier.«

Damit war der Zeitplan der Putschisten völlig durcheinandergebracht. Als das erwartete Signal dann doch erfolgte, hatte die Exekutive bereits Wind von der Sache bekommen, und der Naziputsch vom Juli 1934 schlug fehl.

In jeder Redaktion, die etwas auf sich hält, steckt bekanntlich – denn es wurde schon in der ›Tante Jolesch‹ festgestellt – ein Stück Kaffeehaus, und vice versa umschließt jedes bessere Kaffeehaus ein bestimmtes Ausmaß von Redaktionsgetriebe. Selbst wenn es keine Journalistencafés gäbe, wäre es also durchaus am Platz, den Ergänzungen zum Kaffeehaus noch einige zum Thema Journalismus anzuschließen und beispielsweise jener inter-

nen Preiskonkurrenz zu gedenken, die Anfang der Zwanzigerjahre im Berliner »Romanischen Café« ausgeschrieben wurde,
um den sensationellsten Aufmacher zu ermitteln, der sich überhaupt vorstellen ließe. Preisgekrönt wurde der Titel: ›Franz
Ferdinand lebt – Weltkrieg überflüssig‹.

Des genauen Gegenteils von sensationeller Aufmachung,
nämlich der denkbar langweiligsten, befliß sich das ›Neue Wiener Tagblatt‹, wobei dahingestellt bleibe, ob das aus journalisti-
schem Prinzip geschah oder weil das Durchschnittsalter der
Redakteure bei 60 Jahren lag. Jedenfalls gab es so gut wie
nichts, was die dort beamteten Herren aus der Ruhe gebracht
oder gar veranlaßt hätte, für eine Nachricht, mochte sie noch so
aufregend sein, größere Satztypen zu verwenden, von entsprechend aufregenden Überschriften ganz zu schweigen. Auch
hielt man in der Rubrik ›Lokalnachrichten‹ (die nicht nur Ver-
kehrsunfälle und amtliche Verlautbarungen, sondern auch Mor-
de und Sexualverbrechen enthielt) mit schöner Standhaftigkeit
an den »eingezogenen« Titeln fest, das heißt, daß der Text der
Nachricht unmittelbar an den – zu Unterscheidungszwecken
immerhin eingeklammerten – Titel anschloß, also in derselben
Zeile weiterlief.

Darauf zielte das Ergebnis eines im Wiener Journalistencafé
»Rebhuhn« veranstalteten Wettbewerbs ab, einige Jahre nach
jenem in Berlin, zur Zeit, als die Geheimverhandlungen über
eine Zollunion zwischen Österreich und Deutschland geplatzt
waren und von den Siegermächten endgültig inhibiert wurden –
ein selbst für damalige Begriffe ungewöhnlicher Vorfall, der
wochenlang im Mittelpunkt des öffentlichen Interesses stand.
In der »Rebhuhn«-Konkurrenz sollte nun eine damit zusammenhängende Nachricht erfunden werden und dazu ihre Aufmachung in den verschiedenen Wiener Tageszeitungen. Sieg-
reich blieb folgende Kombination:

Unter Mißachtung des erfolgten Vetos treffen der österreichische Bundeskanzler Seipel und der deutsche Reichskanzler Stresemann inkognito in einem Wiener Vorstadtwirtshaus zusammen, um ihre Geheimverhandlungen fortzusetzen. Der englische Spionagedienst kommt ihnen auf die Spur und benachrich-
tigt den Wiener Polizeipräsidenten Schober, der den drohenden
politischen Skandal nur noch dadurch zu verhindern weiß, daß
er in das angegebene Wirtshaus eilt, Seipel und Stresemann erschießt und anschließend Selbstmord begeht.

Über dieses Ereignis berichtet das ›Neue Wiener Tagblatt‹ in den Lokalnachrichten unter dem eingezogenen Titel ›(Neues aus dem Gastwirtgewerbe)‹.

Weniger der Aufmachung als vielmehr der Nachrichtenbeschaffung galt die Hauptsorge des ›Neuen Wiener Journals‹, das sich mit den Aussendungen einer kleinen, billigen Presseagentur begnügte und dessen wichtigste Redaktionsutensilien aus Schere und Kleister bestanden: damit kennzeichnete der Fachjargon die üble journalistische Praktik, brauchbares Material aus anderen Zeitungen auszuschneiden und zum eigenen Gebrauch zusammenzukleben. Das ›Neue Wiener Journal‹ versuchte seine Leser durch pompöse redaktionelle Vermerke über die Herkunft der solcherart gestohlenen Nachrichten zu täuschen, und im »Bau« kannte man auch den dazugehörigen Schlüssel: Agenturmeldungen trugen den Vermerk »Privattelegramm des ›Neuen Wiener Journals‹«, und was als »Originalbericht des ›Neuen Wiener Journals‹« präsentiert wurde, war geschnitten.

Und jetzt bin ich wieder einmal darauf angewiesen, daß mir geglaubt wird, denn der Beleg ist mir – wie so manches andre – im Verlauf der Weltgeschichte abhanden gekommen. Aber es wäre doch wohl zu dumm, so etwas zu erfinden, nämlich eine Meldung mit folgender Überschrift:

SCHARFER FROST AM NORDPOL
(Privattelegramm des ›Neuen Wiener Journals‹)

Der erfahrene Feuilletonschreiber muß wissen, daß er anspruchsvolle Ausdrücke wie »kosmisch« oder »eklektisch« besser vermeidet, weil sie im Druck unweigerlich als »komisch« bzw. »elektrisch« erscheinen. Und es ist nicht einmal sicher, ob es sich da um Druckfehler handelt. Es könnte auch der Metteur oder der mit dem Korrekturenlesen betraute Oberfaktor an einen Schreibfehler geglaubt und rettend eingegriffen haben. Ich selbst bin einmal zum Opfer eines solchen Eingriffs geworden – der obendrein jedem Pointenmörder Ehre gemacht hätte.

Um 1970 lud ein deutscher Verlag eine Reihe von Autoren ein, ihre eigenen »Nachrufe zu Lebzeiten« zu schreiben, und gab das gesammelte Ergebnis unter dem Titel ›Vorletzte Worte‹ in Buchform heraus. Um allen literarischen Anfechtungen (und Anfechtbarkeiten) zu entgehen, kam ich in meinem Nachruf ausführlich auf Kulinarisches zu sprechen, auf die wichtige Rolle, die das Essen in meinem Leben gespielt hatte und die ich auch über den Tod hinaus festgehalten wissen wollte: »Essen war seine Lieblingsspeise«, sollte auf meinem Grabstein zu lesen sein. Und damit schloß der Nekrolog.

In der Setzerei der Wiener Tageszeitung, die ihn zum Vorabdruck erwarb, muß ein besonders gewissenhafter Korrektor am Werk gewesen sein, ein nachdenklicher Mann, dem die Bezeichnung »Lieblingsspeise« für Essen nicht einleuchtete. Zur Lieblingsspeise, so mag er gedacht haben, eignet sich vielleicht ein Beinfleisch oder ein Gollasch, aber doch kein Essen. Jedenfalls hielt er meine Schlußpointe für einen Irrtum und griff zum Korrekturstift, um sie zu morden. Ich will ja nicht behaupten, daß sie sich durch besondere Qualität auszeichnete, aber sie scheint mir doch um eine Kleinigkeit witziger als die korrigierte Fassung, welche lautete:

»Essen war seine Lieblingsbeschäftigung.«

Aus der annähernd gleichen Zeit ist noch von einem zweiten in einer Setzerei erfolgten Eingriff zu berichten, der sich freilich zugunsten der betroffenen Materie ausgewirkt hat. Manche Kenner werten ihn sogar als eine Sternstunde des zeitgenössischen Journalismus.

Es handelt sich um den Leitartikel einer anderen Wiener Tageszeitung (Name und Datum auf Wunsch), der die damals bevorstehenden deutschen Bundestagswahlen behandelte. Als die Stunde des Umbruchs herankam und der Artikel noch immer nicht ausgesetzt war, begab sich sein Verfasser in die Setzerei, um nach dem Grund der Verzögerung zu forschen. Er erfuhr, daß der betreffende Metteur infolge heftigen Durchfalls immer wieder genötigt sei, seine Arbeit zu unterbrechen und die Toilette aufzusuchen. Auch eben jetzt war das der Fall, aber er würde sicherlich bald zurückkommen, und der Korrekturabzug würde nicht mehr lange auf sich warten lassen. Das wolle er hoffen, äußerte einigermaßen säuerlich der leicht verstimmte Leitartikler, und er sehe nicht ein, warum die Darmbeschwerden eines Metteurs das rechtzeitige Erscheinen der Zeitung gefährden sollten. Nachdem er sich mit der dringlichen Bitte um Eile entfernt hatte, nahm ein Kollege des Säumigen an dessen leerstehender Maschine Platz und setzte dort, wo jener aufgehört hatte, ein paar derbe Worte der Aufmunterung ein. Der Zurückgekehrte las sie, lachte herzlich und fuhr – da das Blei noch zu heiß war, um herausgenommen zu werden – in seiner Satzarbeit fort.

Der Umbruch rückte immer näher, der Leitartikler wurde immer nervöser, und es bedurfte wiederholter Urgenzen über das Haustelephon, ehe der Korrekturabzug endlich in die Redaktion gelangte, mitsamt der eingefügten Stelle. Sie wurde auch dort herzlich belacht, einer gab den Abzug an den andern weiter, jeder vertraute darauf, daß der nächste den nötigen Strich vornehmen würde, keiner nahm ihn vor, und die zuerst verblüfften, dann aber laut aufjauchzenden Leser des Leitartikels fanden – noch dazu im Anschluß an eine Stelle, die sich auf das unentschlossene Verhalten der SPD bezog – die zugleich passende und unpassende Frage:

»Warum so lange scheißen?«

An diesem Tag war der Absatz des Blattes reißend wie noch nie.

Was mit allseits beliebter Unermüdlichkeit vom »Druckfehlerteufel« berichtet wird, ist in den meisten Fällen ebenso humorig wie die Bezeichnung selbst, weshalb die meisten Fälle hier keinen Platz finden. Nur in einem einzigen Fall hat ein einziger Buchstabe tatsächlich ein Malheur bewirkt, das sich sehen lassen kann. Es widerfuhr in den Zwanzigerjahren einem damals eben entstandenen, sehr schönen, von edlem Pathos getragenen Gedicht Franz Werfels: ›Echnatons Sonnengesang‹, das in der Sonntagsbeilage der ›Neuen Freien Presse‹ abgedruckt wurde und dessen erste Strophe folgendermaßen schließt:

»Dann tauml' ich auf, daß mich umbrause
Des Morgens sturmverwühlte See,
Dann knie ich mit meinem Hause
Vor dir, mein Vater, Aton Re.«

Vielleicht war's gar kein Druckfehler, was da geschah. Vielleicht ging es – ähnlich wie meine Lieblingsbeschäftigung – auf die Nachdenklichkeit eines Korrektors zurück, der allenfalls noch bereit war, »Re« als Zunamen eines Vaters zu akzeptieren, aber den Vornamen »Aton« ließ er nicht mehr gelten, Echnaton hin und Sonnengesang her. Jedenfalls präsentierten sich die Schlußzeilen mit einer minimalen Veränderung:

». . .Dann knie ich mit meinem Hause
Vor dir, mein Vater, Anton Re.«

Über Literaten lassen sich auch Geschichten erzählen, die nichts mit Literatur zu tun haben. Ob sich hingegen über Schauspieler Geschichten erzählen lassen, die nichts mit Theater zu tun haben, scheint mir fraglich. Denn für einen Schauspieler – oder wie wäre er's sonst geworden – existiert schlechterdings nichts als Theater.

Manchmal, selten genug, kann es dennoch geschehen, daß er mit anderen Dingen, zum Beispiel mit dem Leben, in Berührung kommt oder in Berührung gebracht wird, und solch unverhoffte Zusammenstöße zeitigen im Glücksfall Ergebnisse, die schon um ihrer Rarität willen zur Verbuchung locken. Es handelt sich hier sozusagen um Sekundär-Anekdotik. Der Lokkung, sozusagen primäre Theateranekdoten zu verbuchen, hoffe ich widerstehen zu können. Das ist ja einer der unveräußerlichen Strukturgrundsätze dieses Buches: daß ich zu den hier wiedergegebenen Geschichten entweder in einer (sei's auch noch so indirekten) Beziehung stehe oder daß ich mit Fug annehmen darf, sie würden andernfalls verlorengehen.

Der wahrscheinlich letzte große Repräsentant jenes totalen Schauspielertyps, ja geradezu dessen Verkörperung, war der 1958 verstorbene Burgtheatermime Raoul Aslan. Seine herrisch elegante Gestalt mit dem edel geschnittenen Antlitz (»Gesicht« wäre eine unpassend profane Bezeichnung), sein Gang und seine Gebärden, seine sonore Stimme mit dem immer noch leise und reizvoll durchklingenden exotischen Akzent (er stammte aus Armenien), die Art, wie er diese Stimme einsetzte, wie er sprach und schwieg und dreinsah –: man konnte keine Sekunde zweifeln, daß man einem Schaupieler gegenüberstand, nein, dem Schauspieler an sich. Indessen hätte ihn nicht nur solcher Zweifel beleidigt – er empfand schon den bloßen Versuch, mit ihm über etwas andres als über das Theater zu sprechen, als gezielten Affront oder bestenfalls, in Augenblicken der Nachsicht, als ein Armutszeugnis dessen, der den Versuch unternahm.

Nach alledem ist es nicht ohne weiteres glaubhaft zu machen, daß dieser Raoul Aslan, wenn's darauf ankam, sich als kluger und kenntnisreicher Gesprächspartner entpuppen konnte, als

Mann von Welt und Witz und souveräner Haltung. Die Geschichte, die das belegt, ist so über alle Maßen schön, daß ich sie hier festhalten müßte, auch wenn ich nicht das Glück gehabt hätte, sie von ihm selbst erzählt zu bekommen.

Es war nicht lange nach Beendigung des Zweiten Weltkriegs. Das Ensemble des Burgtheaters – dessen provisorische Spielstätte (ebenso wie das zerbombte Stammhaus) in der turnusweise unter sowjetischer Verwaltung stehenden Inneren Stadt lag – wurde zu einem Gastspiel nach Moskau eingeladen, wurde bejubelt und hofiert und wurde von den auf Sympathiewerbung bedachten Gastgebern mit wohlüberlegtem Takt behandelt: es war immer nur vom Theater die Rede, von seiner völkerversöhnenden Mission, von kulturellen Beziehungen, von historischen Berührungspunkten – aber mit keinem Wort von Politik. Erst beim festlichen Abschiedsbankett, als die von Wein und Wodka geförderte Stimmung zu zwanglosen Kontakten animierte, machte sich der russische Kulturoffizier – der natürlich perfekt Deutsch sprach – an Aslan als den Doyen des Ensembles heran, zog ihn ins Gespräch und stellte ihm nach einigem Hin und Her unvermittelt die Frage, um die man bis dahin einen weiten Bogen gemacht hatte:

»Herr Aslan, wie stehen Sie eigentlich zum Kommunismus?«

Nun war Aslan aus der von ihm glorreich und konzessionslos überstandenen Nazizeit an verfängliche Fragen gewöhnt und um unverfängliche Antworten nicht verlegen:

»Sie wissen«, sagte er und breitete mit hilfloser Grandezza die Arme aus, »ich bin ein gläubiger Christ.«

Der Kultur- und Werbe-Beauftragte schien etwas dergleichen erwartet zu haben; er nickte zustimmend:

»Dann sind wir uns einig, Herr Aslan. Jesus Christus war ja der erste Kommunist.«

Auch Aslan nickte und sah aus braunen Augen träumerisch vor sich hin:

»Ja«, sagte er. »Gewiß«, sagte er. »Und wenn Sie mir jetzt noch zugeben, daß er Gottes Sohn war, bin ich der Ihre.«

Das muß einem einfallen, meine ich. Und man darf füglich behaupten, daß Aslan mit dieser genialen Replik einem der primitivsten (und folglich beliebtesten) kommunistischen Propagandatricks endgültig den Garaus gemacht hat.

Wir verdanken ihm noch eine zweite endgültige Feststellung, seinem ureigenen Bereich entstammend und auf eine Ureigenschaft des Schauspielers bezogen, von der auch er selbst keineswegs frei war – was er wußte und bei eben dieser Gelegenheit eingestand. Die Eigenschaft heißt Erfolgsneid, und die Gelegenheit ergab sich, als Aslan einmal an der Leistung eines Kollegen kein gutes Haar ließ, obwohl sie, sowohl vom Rollenfach wie von der Altersstufe her, weit jenseits dessen lag, was er selbst hätte spielen können.

Einer der Zuhörer verwunderte sich über die Heftigkeit, mit der Aslan gegen jenen zu Felde zog:

»Das kann Ihnen doch gleichgültig sein, Herr Aslan. Auch wenn er noch so gut gewesen wäre, hätte er Ihnen keine Konkurrenz gemacht.«

»Was reden Sie da?« schnaubte Aslan. »Was wissen Sie vom Theater? Ich sage Ihnen: wenn die komische Alte in Iglau einen Lacher hat, nimmt sie ihn *mir* weg!«

Für den Fortbestand und die Weitergabe der zahllosen anderen Theatergeschichten, die ihn zum Mittelpunkt haben, ist – in welcher Form immer – gesorgt; eine einzige scheint mir vor der Gefahr, vergessen zu werden, nicht gänzlich gesichert. Sie betrifft den damals noch jungen Regisseur eines Ödipus-Dramas (nicht des klassischen, eines modernen), der mit Aslans Rollenauffassung nicht einverstanden war und sich in den ein wenig unglücklich formulierten Wunsch verrannte, Aslan möge die Figur des Ödipus »plastischer« anlegen. Als die Sache mit der Plastik zum fünften oder sechsten Mal an Aslans widerwilliges Ohr gedrungen war, konnte er nicht länger umhin:

»Ja ... gewiß ...«, sagte er (das sagte er immer, um einen vernichtenden Widerspruch scheinbar versöhnlich einzuleiten). »Es ist nur so ... Wenn Sie ›Plastik‹ sagen, denke *ich* an eine Statue des Praxiteles – und *Sie* an das Liebenbergdenkmal.«

Für alle Fälle sei vermerkt, daß das Denkmal des verdienstvollen Bürgermeisters zu den häßlichsten gehört, von denen das Stadtbild Wiens verunziert wird.

Ich würde nicht so weit gehen, den Schauspieler Eugen Jensen in den Rang der komischen Alten von Iglau einzustufen, aber sehr viel höher rangierte er nicht, daß muß – bei allem Frieden, in dem er ruhe – denn doch gesagt sein. Jedenfalls hat er es in den achtzig Jahren seines Erden- und den sechzig Jahren seines Bühnenwallens über mehr oder minder wichtige Nebenrollen nie hinausgebracht. Ob er sich damit abgefunden hatte oder nicht – er war ein freundlicher alter Herr, und als ich ihn einmal allein an einem Kaffeehaustisch sitzen sah, schien es mir ein Gebot der Nächstenliebe, ihm mit einer kleinen Reminiszenz aufzuwarten, die für ihn um so erfreulicher sein mußte, als sie einen Zusammenhang zwischen ihm und dem großen Charakterkomiker Heinrich Eisenbach (TJ S. 79 f.) herstellte. Die ganze Sache lag schon Jahrzehnte zurück, und es handelte sich, wie bei Jensen üblich, nur um eine kleine Charge – immerhin hatte er damals am Serienerfolg eines Lustspiels mit dem Titel ›Doktor Stieglitz‹ (einer Glanzrolle Eisenbachs) mitgewirkt, und es würde ihn sicherlich freuen, daran erinnert zu werden; oder so dachte ich, als ich mich zu ihm an den Tisch setzte:

»Wissen Sie, Herr Jensen, daß ich Sie noch mit dem Eisenbach in ›Doktor Stieglitz‹ gesehen habe? Das muß Anfang der Zwanzigerjahre gewesen sein.«

Jensen war sofort im Bild:

»Ja. Was sagen Sie, wie schlecht der Eisenbach war?«

Ist schon das Weltbild des Schauspielers einigermaßen eingeengt – das Weltbild seiner Mutter ist es noch mehr. Der Schauspieler mag sich unter Umständen zu dem Zugeständnis bereitfinden, daß es außer ihm noch ein paar andere gibt (wenn auch schlechtere) – für seine Mutter ist er nicht nur der beste, sondern der einzige Schauspieler überhaupt. Fritz Kortners Mutter saß einmal in einer Aufführung von Shakespeares ›Richard II.‹, in der ihr Sohn die Titelrolle und Mathias Wieman den Bolingbroke gab. Sie saß neben einer Dame, von der sie nicht wissen konnte, daß es die Gattin Wiemans war, die jedoch ihrerseits wußte, wer neben ihr saß. Sonst hätten wir niemals erfahren, daß während der großen Szene zwischen Richard und Bolingbroke im 3. Akt Kortners Mutter sich zu ihrer Sitznachbarin beugte und fragte:

»Wer ist der andre?«

Die Überzeugung, daß es nur *einen* Schauspieler gebe, war ebenso tief in der Mutter des Heldendarstellers Fritz Valk verankert, und sie gab dieser Überzeugung jedesmal, wenn sie ihren Sohn nach einer Premiere vor der Bühnentüre erwartete, weithin hörbaren Ausdruck. Nicht genug daran, äußerte sie auch ihre abfällige Meinung über alle übrigen Mitwirkenden so lautstark, daß sie damit den Unwillen der Betroffenen hervorrief, die sich bei Valk immer nachdrücklicher beklagten. Valk, dem das natürlich unangenehm war, beschwor seine Mutter, sich größere Zurückhaltung aufzuerlegen, und als das nichts fruchtete – »Warum soll ich denn nicht die Wahrheit sagen dürfen?« beharrte die alte Dame –, schärfte er ihr ein, in Hinkunft wenigstens keine Namen zu nennen, sondern, wenn's denn schon sein muß, sich mit den Anfangsbuchstaben zu begnügen. Was sie ihm auch versprach.

Und so empfing sie nach einer Aufführung der ›Räuber‹, in der Valk den Franz Moor gab, ihren Sohn im Kreise der Wartenden mit dem Zuruf:

»Ich bitte dich, Fritz – welcher Patzer hat heute den alten M. gespielt?«

Es folgen drei weitere »primäre« Theatergeschichten, zu deren Verbuchung ich mich aus einem einleuchtenden Grund gehalten und berechtigt, wo nicht gar verpflichtet fühle: sie stammen aus Budapest und könnten, da sie nichts mit Ferenc Molnár zu tun haben, nur allzu leicht in Vergessenheit geraten. Ich verdanke ihre Kenntnis dem ungarischen Bühnen- und Filmschriftsteller Miklos Lázlo, der sie mir in Hollywood erzählt hat und von dem im dazugehörigen Abschnitt noch die Rede sein wird.

Ihr Held ist Sándor Hevesi, langjähriger Direktor des ungarischen Nationaltheaters und im ganzen Lande nicht nur als Theatermann, sondern mehr noch seines beißenden Witzes wegen hochberühmt. Alle Geschichten, die über ihn erzählt werden, sind – wie ausnahmslos alle Erzähler ungarischer Geschichten mit Tränen in den Augen versichern – auf ungarisch selbstverständlich tausendmal besser als in irgendeiner anderen Sprache; aber zumindest die beiden folgenden werden auch auf deutsch ihre Wirkung ausüben – vielleicht weil sie nicht auf Ungarn und nicht einmal auf das ungarische Theater beschränkt sind; sie umfassen das Phänomen Theater schlechthin.

Zu den Klassikern der nicht exportierbaren ungarischen Bühnenliteratur gehört ein Volksstück, das ›Süt a Nap‹ (Es scheint die Sonne) heißt und von der Lebens- und Leidensgeschichte eines Dorfpfarrers handelt. Dieser Pfarrer, Wunsch- und Traumrolle von Generationen ungarischer Heldenväter, war im unantastbaren Besitz des populären Schauspielers Imre Pethes, und als er gestorben war, wagte sich kein andrer an die Rolle heran. Endlich, weil das Stück doch nicht vom Spielplan verschwinden durfte, wurde es im Nationaltheater wieder angesetzt. Endre Almásy, der erste Charakterdarsteller des Hauses, ging das Risiko ein, sich dem Vergleich mit Pethes auszusetzen, und Direktor Hevesi persönlich übernahm die Regie.

Nach langer, gründlicher Probenzeit war er mit allem zufrieden – nur mit der Schlußszene nicht, die für das Stück von entscheidender Wichtigkeit ist. Der Pfarrer nämlich (aus Gründen, deren Darlegung hier zu weit führen würde) liegt mit sich selbst in schwerem Hader, ob er noch einmal in die Kirche gehen und predigen soll, scheint sich bereits zum Verzicht entschlossen zu haben und stößt seinen Entschluß, von dem zahlreiches Menschenschicksal abhängt, im letzten Augenblick doch wieder um. Die Bühne stellt den Pfarrplatz dar, links die Kirche, rechts das Pfarrhaus, vor dem Kirchenportal die reglose Schar der Gläubigen, und man kann sich denken, mit welch angespannter Erregung sie darauf warten, ob die Türe des Pfarrhauses sich öffnen und der Pfarrer erscheinen wird, um seines Amtes zu walten. Sie öffnet sich, er erscheint, er waltet, und alles ist gut.

An dieser Szene wollte Hevesi keinen rechten Gefallen finden. Die Art, wie der Pfarrer seinen Weg zur Kirche nahm, überzeugte ihn nicht. Etwas fehlte, ohne daß er genau zu sagen vermochte, was. Immer wieder ließ er den Gang wiederholen – bis aus dem geplagten Almásy schließlich die laute Verzweiflung hervorbrach:

»Ich weiß wirklich nicht, was Sie wollen, Herr Direktor. Auch Pethes hat die Szene nicht anders gespielt!«

Hevesi schüttelte traurig den Kopf:

»Sie irren, lieber Freund. Pethes ist aus seinem Haus über den Pfarrplatz in die Kirche gegangen. Sie, Herr Almásy, gehen aus der Kulisse rechts über die Bühne zur Kulisse links.«

Nicht minder profund durchleuchtete Hevesi das Wesen der Schauspielerei, als er mit einer Einstudierung des ›König Lear‹ einen sehr jungen Regisseur betraut hatte, der gleich auf der ersten Probe mit dem königlichen Hauptdarsteller heftigst aneinandergeriet. Neuling, der er auch im Umgang mit Schauspielern war, wußte er sich gegen die wüsten Invektiven des auf Ruhm und Erfahrung pochenden Stars nicht zu helfen und flüchtete schließlich zitternd in die Direktionskanzlei.

Hevesi hörte sich seine Beschwerde mit väterlicher Geduld bis zum Ende an, ehe er ihn beschwichtigte:

»Lieber junger Freund, Sie dürfen sich nicht kränken und Sie dürfen sich nicht wundern. Bedenken Sie doch, mit wem Sie es zu tun haben: ein erwachsener Mensch, der sich jeden Abend einen Bart ins Gesicht klebt – schreit, daß er ein König ist – und *glaubt's*!«

Die dritte Theateranekdote magyarischen Ursprungs zeichnet sich durch ein seltsames Ineinanderquellen der an sich divergenten Sphären »Kunst« und »jüdisches Familienleben« aus.

Am Nationaltheater gab es einen kleinen Chargenspieler namens Gyula Boros, der so erbärmlich schlecht war, daß die Kritik keine Gelegenheit vorbeigehen ließ, ohne ihn ausführlich zu verreißen, wobei der Verriß nicht selten größeren Textumfang aufwies als die von Boros dargestellte Rolle. Allmählich sprach sich das bis ins heimatliche Szeged herum, und als der zu so trauriger Berühmtheit gelangte Mime wieder einmal an den hohen jüdischen Feiertagen nach Hause kam, empfing ihn gedrückte Stimmung.

Indessen fiel während der festlichen Mahlzeit kein Wort, das ihn darüber aufgeklärt hätte. Erst nachher winkte ihn sein Vater ins Nebenzimmer:

»Gyula, mein Junge«, begann er stockend. »Es ist nicht meinetwegen ... Aber die Mama kränkt sich so ... Ich bitte dich: spiel gut!«

Ungefähr in die gleiche Zeit, um 1930, fällt der Besuch des Hollywooder Filmproduzenten George Cukor in Budapest. Als Sohn eines jüdischen Getreidehändlers namens Zucker in Debrecen geboren, kam er jetzt, vom Glanz des Filmmagnaten umstrahlt, in die alte Heimat und erfreute sich dort der liebevollen Aufmerksamkeit nicht nur der Film- und Theaterwelt und nicht nur der Freunde von früher, sondern ganz besonders der Bühnenautoren, die sich von ihm ein Engagement nach Hollywood erhofften. Zwei der prominentesten, László Fodor und Lázló Bus-Fekete, wetteiferten im Bestreben, seine Aufmerksamkeit zu erregen, bestachen – unabhängig voneinander – den Hotelportier, sie über die Pläne und Wege des umworbenen Gastes zu informieren, bald saß der eine im Theater neben ihm, bald der andre in einem Restaurant – doch konnte keiner, wie raffiniert er auch zu Werke ging, seinem Konkurrenten den Rang ablaufen.

Eines Tages wurde dem offenbar finanzkräftigeren Fodor unter dem Siegel sowohl der Verschwiegenheit wie der Exklusivität die Nachricht zugespielt, daß Cukor sich morgen mit dem

Mittagsschnellzug nach Debrecen begeben würde, um das Grab seiner Eltern zu besuchen. Fodor wußte sofort, was er zu tun hatte. Er machte eine etwas frühere Zugverbindung ausfindig, erstand am Debrecener Bahnhof einen großen Blumenstrauß, ließ sich vom Friedhofswärter die Lage des Zuckerschen Familiengrabs angeben, folgte dem Hauptgang II, bog in den Seitengang 7 ein – und prallte entsetzt zurück:

Über dem Grab lag schluchzend Bus-Fekete.

Ich bin mit den beiden Lászlós (und noch einigen anderen) zehn Jahre später in Hollywood oft beisammen gesessen und werde von ihnen noch manches zu erzählen haben, wenn mein Bericht in den Vierzigerjahren angelangt ist. Dann aber wird jenes Budapest, in dem wir jetzt zu Gast waren, für alle Zeiten ausgelöscht sein, das Budapest der Molnár und Marton, der Fodor und Bus-Fekete, des ›Pester Lloyd‹ und des ›Pester Journal‹ – ja, in der Tat, es gab in Budapest noch jahrelang zwei deutschsprachige Tageszeitungen, von denen der ›Pester Lloyd‹ als eine Art Gegenstück zur Wiener ›Neuen Freien Presse‹ galt und jedenfalls als eine Zeitung von Niveau, welches man weder dem ›Pester Journal‹ noch dessen Lesern nachrühmen konnte, und einer nie dementierten Legende zufolge soll ein jüdischer Kolporteur dieses Blättchens, der an einer Straßenecke unablässig und lautstark »Kaufen Sie den ›Pester Journal‹! Kaufen Sie den ›Pester Journal‹!« ausrief, vom zufällig des Weges kommenden Chefredakteur ermahnt worden sein, daß es nicht *der* sondern *das* Journal heiße, und soll ihm darauf geantwortet haben: »Herr Doktor, die was das wissen, kaufen sowieso den ›Pester Lloyd‹« ...dieses Budapest also, dessen Kaffeehauskultur den Vergleich mit Wien und Prag in keiner Weise zu scheuen brauchte, hat ungefähr um die gleiche Zeit wie jenes Wien und jenes Prag zu existieren aufgehört, und wer es noch gekannt hat, wird es nicht vergessen.

Mir jedoch stünde es übel an, Budapesterisches zu registrieren und Prag zu vernachlässigen.

Was eine richtige Pointe ist, muß das Zeug zum Zitat in sich haben, muß sich in möglichst vielen und vom ursprünglichen Anlaß möglichst weit entfernten Zusammenhängen anwenden lassen. Die Geschichte vom Theaterdebut Hans Oplateks aus Prag hat eine solche Pointe, und ihre Anwendbarkeit wurde (nicht just zu meiner Freude) an mir selbst ausprobiert.

Hans Oplatek entstammte einer braven israelitischen Kaufmannsfamilie und stieß mit seinem frühzeitig geäußerten Wunsch, zum Theater zu gehen, auf jenen damals traditionellen Widerstand, mit dem brave Kaufmannsfamilien (und keineswegs nur israelitische) allen derartigen Wünschen, ja dem Theater als Ganzem, zu begegnen pflegten.

Hier wird, zu Illustrationszwecken, eine Einschub-Geschichte fällig; ihr Gewährsmann ist der heute hochbetagt in Hollywood lebende Roman- und Filmschriftsteller Georg Fröschel, der in seiner Jugend – sie fiel noch in die Zeit vor dem Ersten Weltkrieg – zwar nicht zum, aber desto leidenschaftlicher *ins* Theater gehen wollte. Er war, kurz gesagt, ein Theaternarr und im besonderen ein Verehrer des großen Burgtragöden Josef Kainz (der auf die Frage, warum er nie den Faust gespielt habe, eine Antwort von wahrhaft klassischem Format gab: »Den Faust kann nur ein wirklich bedeutender Mensch spielen – und ein wirklich bedeutender Mensch wird nicht Schauspieler«). Der Gymnasiast Fröschel fand für seine Theaterleidenschaft und seine Kainz-Verehrung volles Verständnis bei Mutter und Schwester – nur der mehr kommerziell eingestellte Papa wollte von diesen Narreteien nichts wissen. Als nun Kainz wieder einmal den Hamlet spielte – laut einhelligen Berichten noch lebender Augenzeugen eine unerreichte Meisterleistung –, gelang es der Familie, ihr theaterfeindliches Oberhaupt zum Mitkommen zu bewegen. Das war, wie sich zeigte, allerdings schon der einzige Erfolg ihrer Bemühungen. Vater Fröschel verschlief gut die Hälfte der Vorstellung und war zu keiner wie immer gearteten Äußerung über die empfangenen Eindrücke bereit, auch auf dem Heimweg nicht, der von allen Beteiligten stumm zurückgelegt wurde. Während das jedoch bei Mutter, Sohn und Tochter daran lag, daß sie für den Tiefgang des Erlebnisses keine Worte fanden, hatte das väterliche Schweigen etwas unverkennbar Griesgrämiges an sich.

Man war zu Hause angelangt und stand, immer noch stumm, im Vorzimmer. Endlich, weil irgend etwas doch wohl gesagt werden mußte, raffte sich die Mutter zu einem hilflosen Ausdruck ihrer Erschütterung auf:

»Es war wunderbar«, hauchte sie beseligt vor sich hin.

Auch die Tochter verzichtete auf jedwede Blumigkeit:

»Wunderbar«, wiederholte sie. »Einfach wunderbar.«

Und Georg resümierte:

»Ja, wirklich. Man kann nichts andres sagen als wunderbar.«

Vater Fröschel hatte die Sprechenden aufmerksam angesehen und jede ihrer kargen Äußerungen mit galligem Nicken zur Kenntnis genommen. Jetzt deutete er mit dem Zeigefinger der Reihe nach auf seine Familienmitglieder und wiederholte mit geschäftsmäßg nüchterner Stimme, wie er sie sonst etwa beim Zusammenfassen der einzelnen Posten eines Lieferauftrags einsetzen mochte:

»Wunderbar – wunderbar – wunderbar. Gehmer schlafen.«

Der in ähnlichem Milieu aufgewachsene Hans Oplatek also ließ sich vom Widerstand seiner Familie nicht hindern, besuchte eine Schauspielschule und absolvierte sie mit dem greifbaren Erfolg, daß er als einziger seiner Klasse sofort ein Engagement bekam; und zwar nach Budweis, wo es damals – wie in einer Reihe anderer gemischtsprachiger Städte – noch ein deutsches Theater gab. Nicht genug am Engagement als solchem, bekam er auch gleich eine Rolle in der Eröffnungspremiere: den Oberpriester Arkas in Goethes ›Iphigenie auf Tauris‹ (auch heute noch gehört es zum ehernen Brauchtum sämtlicher Provinzbühnen, die Saison mit einem schweren Klassiker zu eröffnen). Oplatek kostete seinen minder glücklichen Kollegen gegenüber den zweifachen Triumph weidlich aus, begann jedoch unter ihren hämischen Gegenäußerungen und schwarzmalerischen Prophezeiungen allmählich Wirkung zu zeigen, und als er wenige Tage vor der Premiere an die Stätte seiner künftigen Tätigkeit und seines künftigen Ruhms abreiste, um mit der nicht sehr umfangreichen Rolle des Arkas in die letzten Proben einzusteigen, hatte sich seine hoffärtige Zukunftsgewißheit auf ein Minimum reduziert, gegen das seine Neider nicht ankonnten: »Was immer geschieht«, hielt er ihnen trotzig entgegen, »nächste Woche steht mein Name in der Zeitung – und das ist mehr, als einer von euch sagen kann.«

Die Premiere fand unter allen üblichen Erfolgsanzeichen statt und wurde tags darauf mit der üblichen Ausführlichkeit im ›Budweiser Tagblatt‹ besprochen. Hohes Lob ergoß sich auf alle Beteiligten: auf den Direktor für das Niveau seiner Spielplangestaltung, auf Regisseur und Bühnenbildner für die hervorragende Künstlerschaft, mit der sie die Intentionen unsres Dichterfürsten verwirklicht hatten, und vor allem auf die Darsteller, deren jeder in einem eigenem Absatz gewürdigt wurde, Iphigenie und Thoas, Orest und Pylades. Der letzte dieser Absätze aber bestand aus einem einzigen, kurzen Satz von solcher

Wucht, daß sogar sein grammatikalisches Gefüge ins Wanken geriet:

»Arkasse hatten wir in Budweis schon bessere.«

Die lapidare Formulierung gelangte alsbald und mit Recht zu großer Popularität und wurde in den kunstsinnigen Kreisen Prags zu einem häufig angewandten Zitat, dessen Spitze – wie eingangs angedeutet – sich einmal auch gegen mich kehrte. Egon Erwin Kisch, dem ich auf seinen Wunsch eines meiner Bücher geschickt hatte, teilte mir auf offener Karte sein Urteil mit; es bestand aus dem oben zitierten Satz.

Über eine wesentlich kräftiger ausgebildete Selbstsicherheit als Hans Oplatek (der seine Bühnenkarriere nach kurzem aufgab) verfügte der aus dem Osten der einstigen Monarchie stammende Baßbariton Josef Schwarz, der als blutjunger Anfänger nach Prag engagiert wurde und sich dort zu einem gefeierten Wagnersänger entwickelte. Das stand nicht unbedingt im Einklang mit seiner Herkunft, die sich unter anderm in einer mangelnden Vertrautheit mit den germanischen Aspekten der Wagnerschen Szenerie geltend machte. »Ich bitt' Sie, Frau Appelt«, wandte er sich einmal an seine Zimmervermieterin, »Sie kennen doch die Leute – wer ist Walhalla?« Aber es dauerte nicht lange, bis er nicht nur über die altdeutschen Götter, sondern, was ihm wichtiger war, auch über seinen eigenen Wert Bescheid wußte, und bis Leopold Kramer, der damalige Direktor des Prager Deutschen Theaters, die Zeit gekommen sah, ihm einen Dämpfer aufzusetzen; er beschied den nun schon ein wenig Dünkelhaften zu sich:

»Herr Schwarz«, begann er, »ich habe Sie gestern als Wotan gehört. Sie waren nicht sehr gut.«

»Sagen *Sie*«, entgegnete Schwarz geringschätzig.

Kramer, seinerseits ein Schauspieler und Regisseur von Rang, aber kein Opernfachmann, fand es angezeigt, sich auf das Urteil Alexander Zemlinskys zu berufen, des Dirigenten der Aufführung: »Es tut mir leid, aber auch Herr Zemlinsky ist der Meinung, daß Ihr Wotan einiges zu wünschen übrig läßt.«

»Sagt *er*«, lautete die abermals bagatellisierende Replik des Sängers Schwarz. Er war durch nichts an sich irre zu machen.

Von durchaus andrer Herkunft als Schwarz, nämlich von alpenländischer, war der Bassist Grengg, der an der Wiener Oper wirkte, als sie noch k. k. Hofoper hieß. Er stand im Ruf jenes wienerisch jovialen Antisemitismus, wie ihn der damalige Bürgermeister Lueger gepflegt hatte, stieß auf dieser Basis wiederholt mit dem Hofoperndirektor Gustav Mahler zusammen und ist der Held einer Geschichte, die von Leo Slezak an seinen Sohn Walter gelangt war und von Freund Walter (TJ S. 61 f.) an mich. Die Vorgeschichte der Geschichte entbehrt nicht eines gewissen zeitsymptomatischen Hintergrunds: ein vom Judentum zum Katholizismus konvertiertes Ehepaar namens Zwack hatte in Rom an einem Pilgerempfang teilgenommen und hatte – sei's vor Aufregung, sei's aus Unkenntnis der Zeremonie – bei der Darreichung der Hostie auf unglückselige Art versagt, hatte die Oblate nicht zu schlucken vermocht und sie nach einigem Würgen wieder von sich gegeben. Der Vorfall erregte beträchtliches Aufsehen und wurde von einem Teil der Presse zu einem Akt vorsätzlicher Religionsschändung gestempelt – eine tendenziöse Mißdeutung, die sich der Bassist Grengg prompt zu eigen machte. Um seinen Unmut an die richtige Adresse loszuwerden, ließ er mangels eines andern zweckdienlichen Empfängers den jüdischen Souffleur Blau in seine Garderobe kommen:

»Alsdann, Blau«, begann er mit unheilvoll gerunzelter Stirn. »Ös Juden habts unsre heilice Hostie ausg'spieben.« Und richtete sich drohend auf und donnerte: »Da werden *wir* euch nächstens in die Bundeslade scheißen!«

Zweierlei ist an dieser Äußerung bemerkenswert: erstens schien Grengg den Schrein, in dem die Thora als Zeichen des Bundes zwischen Gott und den Kindern Israels aufbewahrt wird, für eine Art Schublade zu halten, und zweitens haben wir hier einen ersten, noch rudimentären Fall von Kollektivschuld und Sippenhaftung vor uns.

Der Broadway, New Yorks weltberühmte Hauptverkehrsader, beginnt am Hafen und erstreckt sich viele Kilometer lang bis nach Harlem hinauf. Als Leo Slezak wieder einmal an der Metropolitan Opera gastierte, brach in einem der am Hafen gelegenen Lagerhäuser ein Großbrand aus. Es dauerte ein wenig, ehe die Nachricht in die Wiener Blätter gelangte, und es dauerte noch etwas länger, ehe Slezak in seinem Ecke Broadway und 74. Straße gelegenen Hotel einen Brief seiner in Wien zurückgebliebenen Familie erhielt, in dem es hieß:

»Wir haben in der Zeitung mit großem Schrecken gelesen, daß es in Deiner Gasse gebrannt hat ...«

Einerseits kann man nicht über das deutschsprachige Theater der Zwischenkriegszeit schreiben und Max Reinhardt übergehen, anderseits kann man über Max Reinhardt nicht »nur so«, nicht en passant und nebenbei schreiben; dazu war er, wie immer man ihn als Regisseur beurteilen mag (und ich für meine Person mag ihn beurteilen wie immer), eine zu große Persönlichkeit. Unter den vielen Schauspielern, denen ich begegnet bin, gab es keinen einzigen, der von Reinhardt nicht geschwärmt hätte, einschließlich derer, die ebenso wie ich an Karl Kraus und an seine künstlerische Urteilskraft glaubten, also auch seine Vorbehalte gegen Reinhardt hätten teilen müssen. Aber die teilten sie nicht, gerade die nicht. In dieser und nur in dieser Alternative standen sie auf der Seite Max Reinhardts. Sie waren von seiner Größe überzeugt, ohne daß sie's zu begründen gewußt hätten – und das ist eine Art von Begründung, gegen die man nicht aufkommt. Da ich kein Schauspieler bin, entzog sie sich meinem Verständnis.

Als ich Max Reinhardt kennenlernte, verstand ich sie. Und da ich hier über den Theatermann Max Reinhardt – weil's nicht hierher gehört, weil ich kein Bedürfnis danach habe und weil's mir vielleicht auch an der nötigen Kompetenz gebricht – nichts aussagen kann, möchte ich wenigstens seiner Persönlichkeit huldigen, der ich schon nach wenigen Minuten verfallen war, nicht anders als die kleinsten und die größten Schauspieler, die jemals mit ihm zu tun hatten.

Unsre erste Begegnung – sie blieb nicht die einzige (wobei es höchst förderlich ins Gewicht fiel, daß auch er ein Nachtmensch war) – erfolgte Anfang der Vierzigerjahre in Hollywood, im Haus von Franz und Alma Werfel, dem ich noch andere wertvolle Bekanntschaften zu verdanken hatte (TJ S. 208). An eine frühere, flüchtig-formelle Begegnung in Wien konnte sich Reinhardt begreiflicherweise nicht erinnern, und von mir konnte er nichts weiter gewußt haben, als daß ich ein verhältnismäßig junger Schriftsteller war.

Irgendwie brachte Reinhardt unser Gespräch, an dem sich auch Werfel beteiligte, auf Dostojewski und auf die Unmöglichkeit, seine Romane zu dramatisieren – eine Ansicht, die Werfel und ich vollauf bejahten. Allerdings gäbe es da eine Ausnahme, meinte Reinhardt, eine einzige Ausnahme: den ›Spieler‹. Plötzlich heftete er den Blick seiner strahlend blauen Augen sekundenlang auf mich und sagte im Tonfall einer längst getroffenen Klarstellung, die es jetzt nur noch zu bestätigen galt:

»Das wäre doch etwas für Sie.«

Ich erbleichte. Denn schon als Gymnasiast, bei meiner ersten Lektüre des ›Spielers‹, hatte ich das zwingende Gefühl gehabt, daß man aus diesem Roman ein Theaterstück machen müßte; und meine geheime Hoffnung, dazu vielleicht selbst einmal in der Lage zu sein, hatte mich nie verlassen.

Wieso Max Reinhardt das ahnte, ist mir unerfindlich. Aber wenn er mich damals noch fünf Sekunden länger angesehen hätte, wäre ich sofort nach Hause und an die Arbeit gegangen – an eine völlig aussichtslose, völlig brotlose Arbeit, die auch nicht die allergeringste Chance besaß, jemals ein Theater zu erreichen. Ich hätte sie trotzdem auf mich genommen, betört von Reinhardts verführerischem Blick und weil er gewußt hatte, daß das etwas für mich wäre. Zum Glück ist er nie wieder darauf zu sprechen gekommen.

Es lag mir daran, seiner faszinierenden Persönlichkeit – deren Wirkung auf Schauspieler mir von Stund an kein Rätsel mehr war – diesen kleinen Tribut zu zollen, ehe ich mich an die Aufzeichnung einiger Geschichten mache, die – wie schon ihre Vorgänger (TJ S. 193) – nur insoweit mit Reinhardt zu tun haben, als sie in seiner unmittelbaren Umgebung spielen. Er fungiert sozusagen als Ort der Handlung, die sich freilich ohne ihn nicht hätte entwickeln können.

Zum Beispiel hätte es dann die ihrerseits höchst originelle, fast schon geheimnisvolle und jedenfalls undefinierbare Figur seines Betreuers Rudolf Kommer nicht gegeben, um dessen Entschlüsselung sich schon Alfred Polgar vergebens bemüht hat. Gelegentliche, aus Ratlosigkeit entstandene Vermutungen, daß es sich vielleicht um einen heimlichen Mäzen handle oder um den Beauftragten eines solchen, wurden von Reinhardt selbst (unbeabsichtigt und unbewußt) dementiert, als er einmal Alfred Polgar beiseite nahm und ihn flüsternd fragte: »Können *Sie* mir vielleicht sagen, wovon dieser Kommer eigentlich lebt?« Er war vorhanden und war ständig um Reinhardt herum – Konkreteres wird sich wohl kaum über ihn aussagen lassen. Am ehesten entsprach er noch dem Begriff des »Kümmerers«, wie er sonst im Gefolge verwöhnter Damen auftritt: ein erfolgloser Liebhaber, der sich mit seiner Erfolglosigkeit abgefunden und seine Zielstrebigkeit aufgegeben hat, um weiterhin im Bannkreis der Umworbenen verbleiben zu dürfen. Gleichviel: Kommer war akzeptiert, Kommer gehörte dazu, ohne Kommer kein Reinhardt.

Er stammte aus Czernowitz, der Hauptstadt des einstigen k. k. Kronlandes Bukowina, einer schon damals beinahe legendären Misch-Siedlung aus ruthenischen, polnischen, deutschen und jüdischen Elementen, die sich dort zu einem besonders fruchtbaren Humus zusammengetan hatten und die altösterreichische Kulturlandschaft so saftig speisten, daß man füglich von einem »Brünn des Ostens« hätte sprechen dürfen. Mir selbst wurde noch die unvergeßliche Schicksalsgunst zuteil, daß meine ersten Veröffentlichungen in Wiener und Prager Zeitungen vom ›Czernowitzer Morgenblatt‹ nicht nur nachgedruckt, sondern sogar honoriert wurden. Die Czernowitzer Universität und das Czernowitzer Theater – beide deutschsprachig – erfreuten sich in der alten Monarchie und ihren Nachfolgestaaten hohen Ansehens, und das deutsch-jüdische Czernowitzer Idiom leistete den zahllosen Witzchen und Spötteleien, mit denen man die Betriebsamkeit der kulturhungrigen Einwohner bedachte, Vorschub und gute Dienste.

Rudolf Kommer bekannte sich stolz und trotzig zu seiner Czernowitzer Herkunft und kam all denen, die sich dieserhalb über ihn lustig machen wollten, schon dadurch zuvor, daß er seine Visitkarte mit den Initialen »a. C.« versehen ließ, um auf die Frage, was diese ungewöhnliche Abkürzung bedeute, herausfordernd antworten zu können: »aus Czernowitz«! Auch verschreckte er Neulinge im Kreis um Reinhardt gerne mit der Behauptung, daß Czernowitz kulturell höher stünde als London: in der Royal Library gäbe es nur ein einziges Buch über Czernowitz, indessen die Czernowitzer Stadtbibliothek ein Dutzend Bücher über London bereithielte.

Ohne Kommers demonstrative Beziehung zu seiner Heimatstadt wäre es nie zu jener Geschichte mit Herrn von Seeckt gekommen, die keinesfalls in Vergessenheit geraten darf. Sie spielt Anfang der Dreißigerjahre auf Schloß Leopoldskron bei Salzburg, an einem der berühmten Empfänge, die Max Reinhardt während der Festspielzeit zu veranstalten liebte. Unter den Geladenen befand sich auch Generaloberst Hans von Seeckt, einer der namhaften deutschen Heerführer und – was nicht ohne weiteres zu vermuten, jedoch vielfach erhärtete Tatsache war – ein ungemein artikulierter, feinsinniger, dem Theatermann Reinhardt verehrungsvoll zugetaner Kunstfreund, also das ziemlich genaue Gegenteil seiner äußeren Erscheinung, welche durchaus dem Klischee des monokelbewehrten preußischen

Junkers entsprach. Nur ganz selten einmal brach dennoch das Militärische aus ihm hervor.

Als der offizielle Teil des Abends sich dem Ende näherte, wurde Kommer – wie das bei solchen Anlässen häufig geschah – beauftragt, einigen auserwählten Gästen, darunter auch Herrn von Seeckt, unauffällig zuzuflüstern, daß sie ein wenig länger bleiben sollten, der Professor würde hernach im Bibliothekszimmer gerne noch mit ihnen plaudern.

An diesem Abend war Kommer häufiger als sonst mit Anspielungen auf Czernowitz gehänselt worden, und als die Sticheleien sich auch im intimen Kreis fortsetzten, fühlte er sich gehalten, den Fremdling aus Preußen, dem das vielleicht nicht verständlich wäre, über die Hintergründe aufzuklären:

»Sie müssen wissen, Exzellenz, daß ich aus Czernowitz stamme«, begann er. »Czernowitz liegt im Osten der ehemaligen Habsburgermonarchie und steht im Ruf –«

Aber da wehrte der Generaloberst von Seeckt mit einer knappen Handbewegung jede weitere Erklärung ab:

»Danke«, schnarrte er. »Habe die Stadt zweimal eingenommen.«

Es ist keine Frage, daß zur Umgebung des Theaters auch das Cabaret gehört, mit verschwimmenden Grenzen sogar, und zur Blütezeit beider – in den späten Zwanziger- und frühen Dreißigerjahren – wurde manch ein Star des Cabarets ans Theater geholt, ohne daß er das etwa als Aufstieg empfunden hätte, so wenig wie ein am Cabaret gastierender Bühnenstar befürchten mußte, daß dies vielleicht als Abstieg gedeutet werden könnte. Ich habe Fritz Grünbaum in der ursprünglich von Werner Krauß kreierten Titelrolle von Hasenclevers ›Napoleon greift ein‹ am Wiener Volkstheater gesehen und in Berlin Harald Paulsen am »Kabarett der Komiker« in der Hauptrolle einer richtigen kleinen Spieloper (›Spuk im Warenhaus‹). Da hier kein Fach- oder Nachschlagewerk zu schreiben ist, unterbleibt die Nennung der vielen prominenten Namen, die in jedem Programm dieses von Kurt Robitschek geleiteten Kabaretts aufgeboten waren. Berichtet wird lediglich, daß Robitschek, um den künstlerischen Rang seines Instituts ins rechte Licht zu setzen, unter weithin schallendem Reklamegetrommel ermäßigte Studentenkarten einführte, wie es sie im allgemeinen nur bei den Klassikeraufführungen der großen Theater gab. Er wollte eben dartun, daß auch er der studierenden und somit bildungsbeflissenen Jugend etwas zu bieten hatte.

Nun war Robitschek kein uneigennütziger Kunst- und Niveauförderer, sondern ein Geschäftsmann von penibler Geldgier; infolgedessen stand er, als die Neueinführung erstmals in Kraft trat, nahe der Kassa am Kontroll-Eingang, um jeglichen Mißbrauch hintanzuhalten.

Es nahte ein junger Mann, wies sich mit seiner Studentenlegitimation aus und beanspruchte die angekündigte Ermäßigung.

Schon näherte sich Robitschek:

»Wissen Sie nicht, daß Studentenkarten am Vormittag abgeholt werden müssen?«

»Entschuldigen Sie«, rechtfertigte sich zaghaft der Zurechtgewiesene. »Am Vormittag bin ich auf der Universität.«

»Ja – wenn Ihnen das wichtiger ist?!« tadelte Robitschek, wandte sich mit einem bedauernden Achselzucken ab und überließ den Armen der Pein, entweder eine Karte zum vollen Preis zu erwerben oder auf den erhofften Kunstgenuß zu verzichten.

Dann und wann trat Robitschek –vielleicht um Gagen zu sparen, vielleicht aus altem Rampenehrgeiz – in seinem eigenen Haus mit Solodarbietungen auf, die nicht gerade zu den Glanzpunkten des betreffenden Programms gehörten und weder vom Publikum noch von den übrigen Mitwirkenden besonders geschätzt wurden; aber gegen den Direktor – der auch sonst keine übergroße Beliebtheit genoß – waren sie alle machtlos.

Ein einziger war es nicht: der unvergleichliche, auf einsamer Höhe über dem Kabarett-Gewimmel thronende Fritz Grünbaum, einer der gescheitesten, geistreichsten, liebenswertesten Menschen, denen ich jemals begegnet bin und um dessen freundschaftliche Zuneigung – sie wurde mir durch seinen Tod im KZ Dachau gewaltsam entrissen – ich noch heute trauere.

Grünbaums Conferencen waren kleine Meisterwerke einer subtilen, niemals aufdringlichen Pointierungskunst, waren gesprochene Feuilletons, die auch als solche hätten bestehen können (ich habe ihm, wenn ich mich ausnahmsweise einmal selbst zitieren darf, in der Kritik eines von ihm gehaltenen Vortrags über ›Humor als Weltanschauung‹ nachgerühmt, daß er auf derselben Etage wie Alfred Polgar wohnt und nur zu einem anderen Fenster hinaussieht).

Es fügte sich, daß Grünbaum am »Kabarett der Komiker« die

Conference innehatte, als Robitschek wieder einmal das dringende Bedürfnis verspürte, im Solo aufzutreten. Grünbaum pflegte zu seinen Conferencen von so entlegenen Ansatzpunkten auszuholen, daß man sich immer zu der Frage versucht fand, wie er denn von hier aus das Thema ansteuern wollte. So geschah es auch diesmal. Er begann scheinbar planlos von einer lebensgefährlichen Situation zu erzählen, in die er vor kurzem geraten sei, von der Todesangst, die er ausgestanden und von der Schwur, den er da abgelegt habe: nie wieder würde er sich zu einer häßlichen Äußerung über einen seiner Mitmenschen hinreißen lassen, kein böses Wort sollte jemals über seine Lippen kommen, und da könnte einer noch so widerlich, noch so unbegabt und humorlos sein – er, Grünbaum, würde nur Gutes über ihn sagen. Dann machte er eine kleine Pause und schloß:

»Meine Damen und Herren, ich habe das Vergnügen, Ihnen den Auftritt eines besonders sympathischen, talentierten und humorvollen Künstlers anzukündigen – Kurt Robitschek.«

Wer sich an die Verfilmung des Romans ›Ariane‹ von Claude Anet (mit Elisabeth Bergner und Rudolf Forster) nicht erinnert, dem sei die berühmte Schlußszene ins Gedächtnis gerufen: Forster, der männliche Teil des allem Anschein nach endgültig auseinandergegangenen Liebespaars, steht unmittelbar vor seiner Abreise in der Bahnhofshalle, verzweifelt Ausschau haltend, ob die Geliebte nicht vielleicht doch . . . aber nein, sie kommt nicht, Abfahrtssignale ertönen, Türen fallen zu, auch Forster muß einsteigen, schon steht er auf dem Trittbrett – und da, im allerletzten Augenblick, taucht Elisabeth Bergner auf, rennt atemlos neben dem langsam anfahrenden Zug einher und auf Forster zu, der sie noch ganz knapp zu sich hinaufreißen kann, ehe der Zug langsam aus der Halle und in die Abblendung des Happy-Ends hineinrollt.

Es war ein eindrucksvoller Schluß, der bei der Wiener Premiere spontanen Beifall hervorrief, auch in der Loge, in der mit einigen Freunden und Kollegen Fritz Grünbaum saß. Während die anderen applaudierten, sah er stumm und trübselig vor sich hin.

»Was ist los, Fritz?« fragte ihn jemand. »Hat's dir nicht gefallen?«

»Doch, doch«, klang es nicht sehr überzeugend zurück. »Aber ich muß schon jetzt dran denken, wie er sie in St. Pölten wieder hinausfeuern wird.«

St. Pölten ist die erste Schnellzugstation auf der Westbahn-strecke.

Als einer der wenigen seines Fachs war Grünbaum nicht nur imstande, die Leistungen anderer anzuerkennen – er konnte sogar über sie lachen und mußte diesem Lachreiz in manchen Fällen auch auf der Bühne nachgeben. Besonders hilflos war er dem Komiker Armin Berg (TJ S. 79) ausgeliefert, der das natürlich wußte und rücksichtslos darauf ausging, ihn zum Lachen zu bringen, etwa indem er ihm in seiner Dialogszene am Ende des eigenen Textes aus halbem, dem Publikum abgekehrtem Mundwinkel zuraunte: »Jetzt kommst *du*.« Grünbaum kam dann sehr häufig nicht. Er hing.

Einer der fürchterlichsten Hänger, zu denen es jemals auf einer Bühne kam, wurde von Armin Berg auf vollkommen einmalige Art bereinigt. Der Hänger, Albtraum und Schreckgespenst jedes Schauspielers, entsteht in den meisten Fällen durch eine plötzlich einsetzende Gedächtnisschwäche, die den fälligen Text unauffindbar im Nichts verschwinden läßt, oder dadurch, daß der Partner ein falsches Stichwort bringt. Eben dieses begab sich einmal im Wiener »Simpl«, wo Armin Berg zusammen mit dem ihm wesensverwandten Armin Springer und einigen anderen Jargonmimen einen Sketch spielte, dessen erregendes Moment darin bestand, daß ein Herr Schapira (dargestellt von Armin Springer) mit einem nicht anwesenden Herrn Spira verwechselt wird, und ohne diese Verwechslung kann das Stück nicht stattfinden.

Springer, zu jener Zeit schon ein wenig vergreist und textunsicher – für einen Souffleur gab es auf der Miniaturbühne des »Simpl« keinen Platz –, wurde gleich bei seinem ersten Auftritt, der auf einer Polizeistube spielte, vom verhörenden Beamten nach seinem Namen gefragt und hatte daraufhin »Schapira« zu sagen. Eines Abends geschah das Unheil: er sagte »Spira«. Im selben Augenblick hatte man kein Stück mehr, lähmendes Entsetzen senkte sich herab, eigentlich hätte die Vorstellung abgebrochen werden müssen.

Da löste sich Armin Berg aus der Reihe der erstarrt Dasitzenden, trat auf Springer zu und faßte ihn prüfend ins Auge:

»Spira? Sehen Sie – *das* glaub ich *nicht*. Wenn Sie Schapira gesagt hätten, wär's etwas andres gewesen.«

Die Vorstellung ging weiter.

Berg entwickelte auch im Privatleben – anders als der eher melancholische Grünbaum – eine rasante, von unwiderstehlicher Wohlgelauntheit gespeiste Komik und betätigte sie an unschuldigen Passanten oder Kaffeehausgästen ebenso hemmungslos wie an irgendwelchen Amts- oder Würdenträgern, die dann nicht so recht wußten, wie sie reagieren sollten, und immer ein wenig dümmlich dreinsahen.

In den Jahren nach dem Ersten Weltkrieg, in denen Vergnügungsstätten jeglicher Art üppig ins Kraut schossen, etablierte sich auch Armin Berg als Besitzer eines Nachtlokals mit gemischtem, aus Sketchen, Tanz- und Vortragsdarbietungen bestehendem Programm. Er nannte es »Die kleine Lachbühne«, und eine Zeitlang ging es ganz gut – bis Wiens gestrenger und vielgelästerter Stadtrat Hugo Breitner, dem besonders das öffentliche Gesundheitswesen lieb und teuer war, eines Tages zuschlug: er belegte alles, was ihm als Amüsierbetrieb erschien, von der Tanzbar bis zum regulären Theater, mit hohen Steuern, die er zum Bau von Spitälern und Erholungsheimen verwenden wollte. Nicht wenige der von dieser drastischen Maßnahme betroffenen Unternehmen mußten zusperren.

Als Armin Berg seine »Lachbühne« vom gleichen Schicksal bedroht sah, machte er sich auf den Weg zu Breitner, um einen Steuernachlaß zu erwirken.

Er stieß auf keinerlei Verständnis. Die Zeiten seien schwer, bedeutete ihm der vergnügungsfeindliche Stadtrat, die Bevölkerung habe Anspruch auf die Erfüllung ihrer dringlicheren Bedürfnisse, und man brauche jetzt keine Theater, man brauche Spitäler.

Die Replik, zu der sich Armin Berg aufraffte, bewies vor allem in ihrer Präambel wahre Größe:

»Herr Stadtrat«, sagte er, »ich bin aus der Branche. Spitäler brauchen die Kranken. Die Gesunden brauchen Theater.«

Zu den regelmäßigen Sommer-Engagements der Wiener Kabarettisten gehörte – noch aus jener Zeit, als man dazu keinen Reisepaß benötigte – eine Tournee durch die böhmischen Bäder, wobei man für gewöhnlich in Karlsbad (TJ S. 71 f.) am längsten Station machte. Karlsbad war ein teures Pflaster, und Armin Berg war in Gelddingen alles eher als leichtfertig. Dennoch beschloß er, sich und seiner Frau einmal das Vergnügen eines Fünfuhrtees im Nobelhotel Pupp zu gönnen. Daß es ein kostspieliges Vergnügen sein würde, wußte er, aber die tatsächlichen Kosten überstiegen seine Erwartungen dann doch um ein sehr beträchtliches: für zwei Portionen Tee in hauchdünnen Tassen und je zwei filigrane Petit fours wurde ihm die für damalige Verhältnisse horrende Summe von 70 Kronen abgefordert. Berg zuckte zusammen, zahlte, gab ein maßvolles Trinkgeld und richtete an den Kellner folgende Ansprache:

»Wollen Sie mir einen Gefallen tun? Dann gehen Sie zum Koch – sagen Sie ihm, ich laß ihn schön grüßen – und für morgen kann er auf jeden Fall zwei Portionen weniger machen. Mit mir und meiner Frau braucht er nicht mehr zu rechnen.«

Zur bestenfalls zweiten Garnitur der damaligen Wiener Komikergarde zählte ein Coupletsänger namens Hans Kolischer. Außerhalb Wiens erfreute er sich jedoch großer Beliebtheit, vor allem in der Provinz und seltsamerweise auch in Zürich, wohin er immer wieder engagiert wurde. Er besaß dort sogar einen fanatischen Verehrer, der ihm begeisterte Briefe schrieb, Zeitungsausschnitte für ihn sammelte und nicht nur über das Datum seines jeweiligen Engagements, sondern auch über den Zeitpunkt seiner Ankunft in Zürich genauestens informiert war. Einmal holte er ihn vom Bahnhof ab und überreichte ihm zum Empfang einen Blumenstrauß.

Kolischer, dem Takt und Zimperlichkeit durchaus fernlagen, sah die Blumen an, sah den Spender an und schüttelte den Kopf:

»So ein Pech«, sagte er. »Und grad ich bin Zigarrenraucher.«

Wenn in der Umgebung des Theaters dem Kabarett ein Platz eingeräumt ist, hat auch der Film Anspruch darauf, gewürdigt zu werden. Ob die zur Befriedigung dieses Anspruchs nunmehr wiedergegebene Episode etwas mit »Würde« zu tun hat, bleibe dahingestellt.

Wie schon mehrmals angedeutet, war es seit 1933 um die Verdienstmöglichkeiten jener Schriftsteller, die den Rassegesetzen des Dritten Reichs nicht entsprachen, äußerst mangelhaft bestellt. Auch in der vormals so ergiebigen Filmbranche gab es kaum noch etwas zu holen, denn die Produzenten der wenigen deutschsprachigen Filme, die in Österreich und der Tschechoslowakei hergestellt wurden, spekulierten insgeheim auf einen vielleicht doch noch durchführbaren Verkauf nach Deutschland und ließen sich's angelegen sein, dem »Arierparagraphen« nicht allzu offen zuwiderzuhandeln. Ausnahmsfälle ereigneten sich nur ganz selten.

So lagen die Dinge, als Anfang 1937 ein solcher Ausnahmsfall an mich herantrat: eine österreichische Produktionsfirma erkundigte sich, ob ich für eine Verfilmung des Volksstücks ›Der Pfarrer von Kirchfeld‹ von Ludwig Anzengruber das Drehbuch schreiben würde. Nun war, bei aller Integrität des längst verstorbenen Autors, sein Heimatdrama aus den Alpen nicht just ein Stoff nach meinem literarischen Geschmack – anderseits jedoch betraf mich das unverhoffte Angebot in einer bitteren finanziellen Talsohle. Ich gab der Firma also meine Zusage, unter der Voraussetzung, daß ich meinen Namen nicht nennen müßte. Das sei ihr sogar sehr recht, sagte die Firma, denn es hätte sich auch in Österreich schon herumgesprochen, daß ich ein Asphaltliterat sei, und ich sollte mir nur ja nicht einbilden, daß mein Name zumal in jenen Kreisen, auf die es für den Absatz des Films ankäme, irgendwelche Zugkraft besäße. Im übrigen – damit wurde der vorsorgliche Druck auf meine Honoraransprüche noch weiter verstärkt – müßte ich einen erfahrenen, sozusagen hauptberuflichen Drehbuchautor als Mitarbeiter bei- und in das noch zu wählende Pseudonym einbringen.

Diese Forderung nahm ich gelassen hin. Ich war sicher, auf die mit mir befreundeten Brüder Eis rechnen zu können, die zu den Stützen des Marton-Betriebs zählten und noch von ihrer Berliner Tätigkeit her auch als Filmautoren anerkannten Kurswert besaßen. Allerdings hielt sich nur der eine von ihnen, Otto, in Wien auf; der andre, Egon, bastelte gerade in Paris an einem von Marton eingefädelten Projekt.

Damit begannen die eigentlichen Komplikationen. Otto erklärte sich nach längerem Zureden zur Annahme meines Vorschlags bereit, wollte aber nur der Produktionsfirma gegenüber und keinesfalls in Wirklichkeit als mein Mitarbeiter fungieren. Da es mir an Lust und wohl auch an der Fähigkeit zur alleinigen Anfertigung des Drehbuchs gebrach, mußte ich mich nach einem andern, möglichst versierten Mitarbeiter umsehen, und das war die erste Schwierigkeit. Die zweite bestand darin, daß die Produktionsleitung von diesem Mitarbeiter nichts erfahren durfte. Nachdem ich ihn in Gestalt eines von Otto namhaft gemachten Vertreters gefunden und durch entsprechende Beteiligung am Honorar zur Schattenexistenz überredet hatte, ergab sich die dritte Schwierigkeit. Der Produktionsleiter – nennen wir ihn Dr. Hügel – reagierte auf meine sieghaft vorgebrachte Mitteilung, daß ich den bekannten Filmschriftsteller Otto Eis als Mitarbeiter gewonnen hätte, überraschend sauer: *ein* Eis genüge ihm nicht, er kenne die Brüder Eis nur als Ganzes, woher sollte er wissen, ob Otto nicht der schwächere von beiden wäre, und es müsse das komplette Brüderpaar sein, natürlich zum Preis eines einzigen Bruders.

Mit dieser Nachricht begab ich mich einigermaßen verstört zu Otto. In Ordnung, sagte er. Egon würde aus Paris rechtzeitig zurückkommen, um notfalls persönlich in Erscheinung zu treten, und das Honorar ginge mich sowieso nichts an. Hauptsache bleibe doch wohl, daß er jederzeit bereit sei, der Produktionsfirma auf einen etwaigen Anruf hin zu bestätigen: jawohl, er habe bis vor wenigen Minuten mit mir am Drehbuch gearbeitet.

Zwar erfolgte kein solcher Anruf, aber Dr. Hügel und der Regisseur des Films, ein alter Routinier namens Fleck, verlangten immer häufiger nach Manuskriptproben des Drehbuchs, an dem ich und mein anonymer Mitarbeiter werkten. Unser Plan ging von Anfang an dahin, die Fertigstellung zeitlich mit Egons Rückkehr aus Paris zu koordinieren, aber da mittlerweile schon einige Schauspieler engagiert waren, konnten wir uns dem dringlichen Wunsch Dr. Hügels nach einer Besprechung mit Fleck und den Drehbuchautoren nicht länger widersetzen. Das Drehbuch lag vor, die Besprechung in Ottos Wohnung wurde festgesetzt und Egon aus Paris herbeitelegraphiert.

Was jetzt geschah, übertraf den ›Pfarrer von Kirchfeld‹ bei weitem an dramatischer Spannung. Alles drängte sich auf einen Nachmittag zusammen. Dr. Hügel und Fleck erschienen in Ottos Wohnung, wo sie von seiner Frau empfangen und zeitraubend bewirtet wurden, und während Otto in einem andern Zimmer das Drehbuch las, um in der bevorstehenden Debatte mitreden zu können, holte ich den immer noch ahnungslosen Egon vom Westbahnhof ab. Das hastige Gespräch im Taxi verlief ungefähr wie folgt:

»Um was geht's denn eigentlich?« fragte Egon.

»Du nimmst sofort an einer Produktionsbesprechung über das Drehbuch zum ›Pfarrer von Kirchfeld‹ teil, das ich mit einem andern geschrieben habe. Für die Produktionsfirma hab ich's mit dir und dem Otto geschrieben.«

»Aha«, sagte auch Egon und erkundigte sich nicht nach weiteren Details, denn er war Kummer gewöhnt. »Muß ich wirklich arbeiten?«

»Nein.«

»Sehr gut. Bekomme ich Geld?«

»Nein.«

»Ich soll meinen Namen umsonst hergeben?«

»Du sollst deinen Namen überhaupt nicht hergeben. Auch ich gebe meinen nicht her. Wir zeichnen mit dem Pseudonym Hubert Frohn. Ich habe nur die Bedingung gestellt, daß wir ein steirischer Heimatdichter sind und aus Judenburg stammen.«

»Einen Augenblick«, sagte Egon. »Ich muß nicht arbeiten, ich bekomme kein Geld und ich zeichne nicht. Wozu habt ihr mich aus Paris herkommen lassen?«

»Damit du jetzt in der Besprechung so tust, als ob du am Drehbuch mitgearbeitet hättest.«

»Kann ich's vorher lesen?«

»Dazu ist keine Zeit mehr. Das Drehbuch liest gerade der Otto. Du bist der jüngere Bruder und wirst immer seiner Meinung sein.«

»Ich verstehe«, sagte Egon und verstand tatsächlich.

Es klappte alles anstandslos. Nur eine letzte Hürde mußte genommen werden, als Otto wenige Minuten nach unsrer Ankunft zur wartenden Versammlung stieß und das vorgeblich von ihm mitverfaßte Drehbuch vor mich hinknallte:

»Idiot!« herrschte er mich an. »Ich hab dir doch schon hundertmal gesagt, daß man heute nicht mehr mit Wischblenden arbeitet. Wirst du denn nie etwas lernen?!«

Betretenes Schweigen entstand.

»Ja, aber –«, ließ Dr. Hügel sich vernehmen. »Ich denke, Herr Eis hätte selbst –«

»Das sind so seine Marotten«, unterbrach ich eilends. »Wir haben uns während der Arbeit über ein paar Einstellungen gestritten, und ich hab dann meiner Sekretärin die von mir bevorzugte Fassung diktiert. Machen Sie sich keine Sorgen. Das regeln wir noch.«

Manches regelte sich sogar im anschließenden Gespräch, in das nach kurzer Orientierungspause auch Egon lebhaft und sachkundig eingriff.

›Der Pfarrer von Kirchfeld‹, Österreichs letzter unabhängig hergestellter Film vor der Annexion, wurde mit Hans Jaray in der Titelrolle, mit Frida Richard, Karl Paryla, Otto Stoessel und anderen ein großer, nachhaltiger Erfolg. Noch zwei Jahre später, als ich's in der Schweiz – wie so viele meiner Emigrationsgefährten – mit Aufenthaltsschwierigkeiten zu tun bekam, machte meine (zum Glück beweisbare) Angabe, daß ich das Drehbuch zum ›Pfarrer von Kirchfeld‹ geschrieben hätte, auf die eidgenössische Fremdenpolizei ungleich größeren Eindruck als meine bis dahin erschienenen Romane.

Aber das ist es nicht, warum ich diese Episode berichtet habe. Mein Bericht soll vielmehr illustrieren, auf welche Weise damals Filme entstanden sind.

Viele, viele Jahre später, als das alles längst vorbei war, spielt eine Geschichte, die infolgedessen gar nicht hierhergehört – aber da sie immerhin mit dem Theater zu tun hat und da ich nicht weiß, wo ich sie sonst etwa unterbringen sollte, möchte ich dieses Kapitel mit ihr abschließen; man wird gleich sehen, warum sie mir am Herzen liegt.

1957 fand an den Münchner Kammerspielen die Uraufführung des parodistischen Singspiels ›Kaiser Joseph und die Bahnwärterstochter‹ von Fritz von Herzmanovsky-Orlando statt, in meiner Bearbeitung und mit großem Erfolg, der den eigentlichen Durchbruch Herzmanovskys zu seinem heutigen Ruhm bedeutete. Axel von Ambesser spielte den Kaiser Joseph, Gertrud Kückelmann die Bahnwärterstochter, Otto Schenk ihren Bräutigam. Den Bahnwärter und Wilderer, der in einer späteren Verfilmung des Stücks von Hans Moser dargestellt wurde, gab – das waren noch Zeiten – Fritz Eckhardt, und in der Rolle der »beleibten Witfrau Leopoldine Gackermeier« wirkte die herrliche Therese Giehse mit, um derentwillen die Geschichte erzählt sein muß.

Axel von Ambesser führte Regie, und es fiel ihm immer noch etwas ein, auch auf den letzten Proben noch (zu denen ich aus Wien angereist war). Ja sogar auf der Hauptprobe, die der fast schon öffentlichen Generalprobe voranging und bei der es üblicherweise keine Änderungen zu geben hatte, unterbrach er den Auftritt der Giehse, um ihr eine Textvariante vorzuschlagen.

Abwehrend hob ihm Therese Giehse die Hände entgegen:

»Bitte nichts mehr«, stöhnte sie. »Das Stück ist schon voll!«

Und man sah es förmlich wie einen dicht besetzten Autobus abfahren.

Andernfalls würde es sich nämlich empfehlen, dieses Kapitel zu überschlagen. Nicht als ob zu seinem Verständnis besondere Fach- und Regelkenntnisse erforderlich wären oder gar aktive Erfahrungen. Wohl aber braucht es eine möglichst freundliche Bereitschaft seitens des Lesers, das Phänomen »Sport« mitsamt seinem Drum und Dran als integralen Bestandteil jener historisch fixierten Zeitspanne zu werten, von der hier hauptsächlich gehandelt wird, also als Bestandteil eines anekdotisch zu erfassenden Untergangs des Abendlandes. Dabei geht es nicht etwa darum, inwieweit ein zum Showbusiness und zu professioneller Geschäftemacherei entarteter Sportbetrieb – der mit der ursprünglichen Idee des Sports nur noch peripher zusammenhängt – tatsächlich als Untergangs-Symptom gelten könnte. Das wäre ernsthaft zu analysieren, und eine solche Analyse wird hier, eben darum, nicht stattfinden. Nicht einmal das, was eigentlich sportlich ist am Sport, wird hier ernstgenommen werden, und ich möchte gleich jetzt gestehen, daß mir das gar nicht leichtfällt. Denn der Sport war für mich – wie für jeden, der sich als »Leistungssportler« betätigt hat – durchaus ein Gegenstand der Ernstnahme, viele entscheidende Jugendjahre lang, und er hat meine Entwicklung so nachhaltig beeinflußt wie kaum eine andere der damals von mir ernstgenommenen Betätigungen. Aber auch das würde viel zu weit führen, als daß ich's hier analysieren wollte.

Genug daran, daß dem so war und daß ich dessen bis heute froh bin. Ich möchte nichts von dem, was mich der Sport erleben ließ, hergeben. Und nichts von dem, was ich mir dazu dachte und denke, zurücknehmen.

Was soll's dann aber hier, in diesem Buch? Was hat der Sport mit der Tante Jolesch oder mit ihren Erben zu tun? Daß er ein Bestandteil des von ihr symbolisierten Zeitraums war, genügt nicht – es gab wahrlich noch eine Menge anderer, ebensowenig wegzuleugnender Bestandteile, die ich dennoch mit keiner Silbe erwähne. Warum komme ich gerade auf den Sport zu sprechen, in einem eigenen Kapitel gar?

Die Antwort ist einfach genug: weil er nicht bloß zu der in Rede stehenden Zeit gehört hat, sondern zur *Atmosphäre*, aus der ich sie zu rekonstruieren versuche, zu ihrer von Kaffeehaus und Theater, von Zeitungswelt und bürgerlichem Familienleben bestimmten Atmosphäre. Und es stieben nicht die schlechtesten Funken, wenn der Sport mit diesen scheinbar sportfremden Provinzen des untergehenden Abendlandes zusammenstößt.

Einen Zusammenstoß mit dem Kaffeehaus habe ich bereits in der ›Tante Jolesch‹ geschildert und halte ihn für symptomatisch genug, um es diesmal nicht beim bloßen Hinweis auf die Seitenzahl bewenden zu lassen. Es war die Geschichte, in der mein Freund Ernst Stern, Erkenntnistheoretiker und Ringkämpfer, eine unabwendbar scheinende Niederlage im letzten Augenblick in einen sensationellen Sieg verkehrt hatte und hernach von einem der ihn umdrängenden Journalisten gefragt wurde, was er sich denn in jenen bedrohlichen Sekunden, als er fast schon auf beiden Schultern lag, gedacht habe. Er antwortete: »Da hab ich mir gedacht: ein Jud gehört ins Kaffeehaus.«

Der ironische Witz dieser Antwort bestand darin, daß ein Ringkämpfer, also der Inbegriff körperlicher Tüchtigkeit, sich mit dem Gegenteil solchen Inbegriffs, nämlich mit einem Kaffeehausbesucher, gleichsetzen konnte – und Ernst Stern war ja tatsächlich beides. Aber der Witz reichte noch ein wenig tiefer. Er entlarvte zugleich das damals noch sehr populäre (und zum Teil von den Betroffenen selbst popularisierte) Klischee, das den Juden als eine körperlich minderwertige, feige, wasserscheue und zu irgendwelcher physischen Leistung völlig untaugliche Figur hinstellte. Dieses vulgärantisemitische Klischee via facti zu dementieren, war einer der Hauptantriebe der jüdischen Sportbewegung (und war der Grund, warum ich mich ihr angeschlossen habe). Heute wird das Dementi vom Staat Israel und seiner Armee besorgt, aber damals bot der Sport die einzige Möglichkeit dazu. Sie wurde lebhaft praktiziert. Das jüdische Bürgertum der Zwischenkriegszeit – und erst recht das in Wien massenhaft vorhandene jüdische Proletariat – haben am Sport begeistert Anteil genommen, und keinen bloß passiven im Zuschauerraum oder in Funktionärstellungen (das unübertroffene Fußball-»Wunderteam« Österreichs war eine Schöpfung des jüdischen Verbandskapitäns Hugo Meisl), sondern aktiven und höchst erfolgreichen Anteil. Der jüdische Allround-Sportklub »Hakoah« exzellierte in nahezu allen Sportzweigen, seine Fußballer gewannen 1925 die österreichische Meisterschaft, seine Ringkämpfer gewannen sie jahrelang hintereinander, seine Schwimmer und Wasserballer ebenso, und nebenan in Prag und

Preßburg taten es ihnen die jüdischen Sportvereine »Hagibor« und »Bar Kochba« jahrelang gleich.

Der Vollständigkeit halber sei vermerkt, daß auch Deutschland eine Reihe jüdischer Spitzensportler besaß (die Fechtmeisterin Helene Mayer, den Eishockeystar Rudi Ball, den Sieger vieler internationaler Tennisturniere Daniel Prenn) und daß die führenden ungarischen Fußballmannschaften sich zu einem guten Drittel auf jüdische Spieler stützten. Und der Ruhmredigkeit halber sei hinzugefügt, daß Anfang der Dreißigerjahre von den damals offiziellen acht Gewichtsklassen im Boxen nicht weniger als fünf mit jüdischen Weltmeistern besetzt waren: Young Perez im Bantamgewicht, Bennie Leonard im Leicht- und Weltergewicht, Maxie Rosenblum im Halbschwergewicht und der Schmeling-Bezwinger Max Baer, zugleich Weltmeister aller Klassen, im Schwergewicht.

Zum vorhin geschilderten Zusammenstoß des Sports mit dem Kaffeehaus gesellt sich ein ebensolcher mit dem Theater und läßt desgleichen ein wenig tiefer blicken, als es den Anschein hat. Auf die Frage eines Laien an einen meiner theater- und fußballbesessenen Freunde, was er für Sonntag nachmittag vorhabe (und nur ein Laie konnte das am Sonntag vormittag fragen), erfolgte die Antwort:

»Ich geh ins Stadion zum Mitropacupspiel Austria gegen Bologna. Es interessiert mich, wie Sindelar heute die Rolle des Mittelstürmers auffaßt.«

Damit wollte keineswegs gesagt sein, daß Mathias Sindelar, der legendäre Mittelstürmer der Austria und des österreichischen Wunderteams, etwa »für die Galerie« gespielt hätte. Aber er verfügte über einen so unglaublichen Variations- und Einfallsreichtum, daß man tatsächlich niemals wissen konnte, welche Spielanlage von ihm zu erwarten war. Er hatte kein System, geschweige denn eine Schablone. Er hatte – man wird diesen Ausdruck gestatten müssen – Genie. *

Übrigens nahmen die Spiele um den Mitropacup, als die Konkurrenz immer schärfer und zu einer nationalen Prestige-Affaire wurde, immer derbere Formen an. Es kam zu Schlägereien auf dem Spielfeld, zu Skandalszenen im Zuschauerraum, manchmal zum vorzeitigen Abbruch des Spiels und in weiterer

---

* Im Frühjahr 1938, bald nach der Annexion Österreichs durch die Nazi, beging Sindelar Selbstmord. In meinem Gedichtband ›Lebenslied‹ steht die ihm gewidmete ›Ballade auf den Tod eines Fußballspielers‹.

Folge sogar zu diplomatischen Verwicklungen. Das sensationsgierige Publikum fühlte sich nachgerade enttäuscht, wenn nichts dergleichen geschah. Ein Kenner der Volksseele faßte das in die Worte:

»Was ein richtiges Mitropacupmatch ist, muß auf der Botschaft zu Ende gespielt werden.«

Zu meinen liebsten Freunden aus der Sport- und Kaffeehauswelt zählte Dr. Paul Schneeberger, mit dem ich auch während der Emigrationszeit in engem brieflichen Kontakt blieb und den ich später, wenn er aus England zu Besuch auf den Kontinent kam (meistens in die Schweiz), noch ein paarmal wiedergesehen habe. Täuscht mich meine Erinnerung oder haben wir uns wann und wo immer, mündlich oder brieflich, über nichts andres unterhalten als über Fußball? Er ist leider nicht mehr am Leben, und ich kann ihn nicht fragen, aber es spricht manches dafür. Selbst im Café Herrenhof, wo er sich das Sitz- und Siedlungsrecht doch ganz gewiß durch kompetente Behandlung anspruchsvollerer Themen erworben haben muß, schlug er die Zeitungen immer auf der Sportseite auf und legte sie nach deren Lektüre wieder weg.

Einmal hielt er mir ein ganzseitiges Inserat der damals neu in Szene gegangenen »Burgspiele Kreuzenstein« hin, das als Werbefigur einen Ritter in voller Rüstung mit aufgeklapptem Visier zeigte.

»Wem sieht der ähnlich?« fragte er.

In meiner bodenlosen Unwissenheit flüchtete ich auf einen naheliegenden Ausweg:

»Dem Herzog Heinrich Jasomirgott«, schlug ich vor.

Schneeberger sah mich verächtlich an:

»Trottel. Dem rechten Half der Admira-Reserve.«

Einem solchen Ausmaß von Sachkenntnis und Weltblickverengung hatte ich nichts entgegenzusetzen; es war noch ein Akt der Nachsicht von seiten Schneebergers, mich nicht einfach mit dem Namen jenes Halfs zu konfrontieren – in der richtigen Annahme, daß ich ihn nicht kennen würde.

Mehr aus innerem Zwang als zu Erwerbszwecken arbeitete Schneeberger in der Redaktion einer Sportzeitung, wo seine offenbar nicht sehr tüchtige Sekretärin sich bei den Namen der diversen Fußballklubs immer wieder vertippte. Diesem anhaltenden Defekt suchte er schließlich dadurch beizukommen, daß er ihr die betreffenden Namen gleich mit den Tippfehlern diktierte, in der Hoffnung, daß sie sich dann vielleicht zur richtigen Fassung vertippen würde. Uneingeweihte, die etwa am Sonntag abend sein Redaktionszimmer betraten, hörten mit Erstaunen, wer da heute gespielt hatte, also schreiben Sie, Fräulein: Asutria gegen Rapdi ... Hunagria gegen Sprotkulb ... haben Sie?

Seine manische Fußballbesessenheit wirkte zerstörerisch in alle Sparten seines Daseins hinein, auch in sein Liebes- und Eheleben. Er hatte in jungen Jahren eine Frauensperson geehelicht, die zahlreiche Vorzüge aufwies und nur einen einzigen, allerdings monströsen Nachteil: sie verstand nichts von Fußball. Ihre Beziehung zum Sport beschränkte sich auf muntere Tennispartien in der Sommerfrische und vielleicht noch auf den gelegentlichen Besuch eines Reitturniers, aber daß es so etwas wie Fußball überhaupt gab, wußte sie nicht. Pauli Schneeberger, jung und verliebt wie er war, heiratete sie trotzdem (was ihm in reiferen Jahren nie passiert wäre) und hoffte zuversichtlich, daß der verhängnisvolle Übelstand sich durch kluge Gegenmaßnahmen überwinden ließe. Die Gegenmaßnahmen bestanden darin, daß man Madame bei der ersten Gelegenheit auf den Fußballplatz mitnahm. Man ging diesmal schon etwas früher hin, zum Vorspiel der Reservemannschaften, das noch keine sonderlich emotionelle Anteilnahme verlangte, so daß man der Ignorantin an Hand des Spielverlaufs alles Nötige erklären konnte. Da Pauli sich selbst dazu außerstande fühlte, übernahmen zwei opfermutige Freunde die heikle Aufgabe und beantworteten mit Engelsgeduld die dummen Fragen der jungen Ehegattin, ja sie gaben sogar ungefragt allerlei Erläuterungen ab, die sie für zielführend hielten.

Das Vorspiel war beendet. Unter dem Begrüßungsapplaus ihrer Anhänger kamen die beiden Ligamannschaften auf den Platz gelaufen und begannen mit den üblichen Aufwärmungsmanövern.

Noch sei es Zeit für Erkundigungen, gab man der Premierenbesucherin zu verstehen. Sowie das Hauptspiel angepfiffen sei, möchte man nicht mehr gestört werden. Wenn sie also noch irgendwelche Fragen hätte, dann bitte jetzt.

Nein, danke, sie wisse alles.

Wirklich? Denk gut nach!

Sie dachte gut nach und gestand, daß ihrer Aufmerksamkeit etwas entgangen wäre, und sie hätte tatsächlich noch eine kleine Frage.

Nämlich?

»Wo sitzt der Schiedsrichter?« fragte sie.

Die Ehe wurde bald darauf geschieden.

Unser eingangs erwähnter brieflicher Kontakt während der Emigrationszeit drohte nach Kriegsbeginn ins Stocken zu geraten. Die Postverbindung zwischen Los Angeles und London dauerte sowieso sehr lange und dauerte noch länger, als nach dem Eintritt Amerikas in den Krieg eine doppelte Briefzensur hinzukam. Um der lästigen Verzögerung zu entgehen, stellten wir uns auf offene Karten um, und das klappte eine Zeitlang ganz gut. Allerdings gestattete uns der karge Raum keine ausführlichen Fußball-Reminiszenzen, weshalb wir beschlossen, durch gegenseitige Quizfragen nach lang zurückliegenden Resultaten, Mannschaftsaufstellungen, Meisterschaftstabellen und dergleichen unser Gedächtnis zu prüfen. So fragte ich Schneeberger nach den Ergebnissen des internationalen Osterturniers 1920 auf dem WAC-Platz, und zwar sowohl des ersten wie des zweiten Tags, mit Halbzeitstand. Ich bekam nie eine Antwort. Als ich ihn viele Jahre später bei unserm ersten Wiedersehen darob verhöhnte, schwor er die heiligsten ihm zur Verfügung stehenden Eide, daß er mir damals geantwortet hätte, und erhärtete seinen Schwur durch korrekte Angabe der von mir eingeforderten Resultate.

Wahrscheinlich rätseln die alliierten Geheimdienste noch heute, was der chiffrierte Text jener Postkarte bedeuten mochte:

I.

WAC—MTK	2 : 1	(2 : 0)
FTC—VIENNA	4 : 2	(2 : 2)

II.

WAC—FTC	3 : 0	(0 : 0)
MTK—VIENNA	1 : 1	(1 : 1)

Ein wieder in andrer Hinsicht bemerkenswerter Fall des Zusammenklangs von Sport und Intellekt war Dr. Willy Meisl, jüngerer Bruder des bereits rühmend erwähnten österreichischen Verbandskapitäns Hugo Meisl und, anders als dieser, Absolvent einer aktiven Laufbahn: er hatte bei den »Amateuren« (der späteren »Austria«) sowohl das Fußball- wie das Wasserballtor gehütet, und das ergab immerhin einen persönlichen Berührungspunkt zwischen uns. Meisl emigrierte in den Dreißigerjahren nach England und brachte es in der dortigen Sportpublizistik zu so hohem Ansehen, daß der englische Fußballverband eine von ihm, dem Ausländer, vorgeschlagene Regeländerung akzeptierte, was fast schon einer Erhebung in den Adelsstand gleichkam. Bei der 1954 in der Schweiz abgehaltenen Fußballweltmeisterschaft trafen wir häufig zusammen, auch nach dem Entscheidungsspiel, in dem sich Deutschland durch seinen 3 : 2-Sieg über Ungarn an die Spitze der Weltrangliste setzte – nachdem es in der Vorrunde den Österreichern mit 6 : 1 die vernichtendste Niederlage seit Königgrätz zugefügt hatte. Ich war – wie sehr viele andere – vom Sieg der deutschen Mannschaft nicht nur überrascht, sondern geradewegs schockiert, und daraus machte ich am Expertentisch kein Hehl. In meinen Augen war es ein Sieg des nüchternen Zweckfußballs über die technisch ungleich schönere Spielweise der Ungarn, ein Sieg der nur aufs Endziel gedrillten Roboter über die Vertreter der Fußballästhetik, in meinen Augen hatte ein Kombinationszug zwischen den ungarischen Ballkünstlern Puskas und Hidegkuti, auch wenn er zu nichts führte, mehr mit dem Sinn des Spiels zu tun als ein erfolgreicher Torschuß des bulligen deutschen Außenstürmers Rahn.

»Es ist das Ende der Poesie im Fußball«, resümierte ich.

»Regen Sie sich nicht auf«, beruhigte mich Willy Meisl. »Es ist nur das Ende des Hexameters.«

Eine gleichfalls im Grenzgebiet zwischen Sport und Intellekt angesiedelte Geschichte aus meinem Erlebnisvorrat hat direkt mit Literatur zu tun. In ihrem Mittelpunkt steht Dr. Paul Fischel, Herausgeber der Mährisch-Ostrauer ›Morgenzeitung‹ (TJ S. 94) und zugleich Inhaber des Verlags J. Kittls Nachfolger, der nach 1933 den in Deutschland verfemten Autoren eine neue Heimstatt bot und mit Büchern von Ernst Weiß, Ludwig Winder, Julien Green, Sinclair Lewis und den ersten übersetzten Romanen von Louis-Ferdinand Céline nicht weit hinter den großen Amsterdamer Emigrationsverlagen Querido und Allert de Lange rangierte. Indessen schätzte ich Dr. Fischel nicht nur als Zeitungsmann und Verleger. Ich bewunderte in ihm einen der besten Fußballer aus der Zeit vor dem Ersten Weltkrieg. Er zählte damals zu den Stützen des kurz »DFC« genannten Deutschen Fußball-Clubs Prag, war wiederholt in das österreichische Auswahlteam berufen worden (u. a. bei den Stockholmer Olympischen Spielen von 1912) und erschien mir aus allen diesen Gründen als der naturgegebene Verleger für meinen Sport-roman ›Die Mannschaft‹, den ich 1932 zu schreiben begonnen hatte, bald nachdem ich infolge unsportlicher Lebensweise meine Wasserball-Karriere hatte aufgeben müssen. 1934, als der Roman fertig war, stand ich zwar noch unter Vertrag mit Paul Zsolnay, dem Verleger meiner beiden ersten Romane, aber da ich jetzt schon zu den im Dritten Reich verbotenen Autoren gehörte, zeigte man bei Zsolnay großes Verständnis für den von mir gewünschten Verlagswechsel und ließ mich ziehen. ›Die Mannschaft‹ erschien 1935 bei Kittl.

Ich traf mit Dr. Fischel zu Vorbesprechungen in Prag zusammen, und wir berieten, was man für dieses nicht eben leicht verkäufliche Buch tun könnte, bei welchen Zeitungen und welchen Buchhandlungen auf Unterstützung zu rechnen wäre, welche Kritiker man mit Vorausexemplaren beschicken sollte, und dergleichen mehr. Im Lauf unsres Gesprächs erwähnte ich, daß der ehemalige Hakoah-Fußballer Juhn in Prag eine Buchhandlung eröffnet hätte, ich sei mit ihm befreundet und er würde sich bestimmt für das Buch einsetzen.

Dr. Fischel horchte auf:

»Juhn ...«, sagte er nachdenklich. »Juhn von Hakoah Wien ... Dem bin ich doch *auch* einmal ins Schienbein gestiegen!«

Es dürfte in den Annalen der deutschsprachigen Literatur nicht allzu oft verzeichnet sein, daß ein Buchhändler im Gespräch zwischen einem Verleger und einem Autor auf solche Weise identifiziert wurde.

Jedweden intellektuellen oder gar literarischen Anstrichs enträt eine aus Gründen andrer Qualität zu verbuchende Geschichte. Man könnte sie schlechterdings als ordinär bezeichnen, obwohl sie vom Tennis handelt, das zur Zeit des Geschehens, in den frühen Zwanzigerjahren, noch als vornehmer Sport galt, und obwohl ihr Held von blauem Blute war: Graf Ludi Salm, Österreichs Tennismeister und eines jener Originale, die seither nicht nur im Sport ausgestorben sind. Seine noble Erscheinung stand in auffälligem Gegensatz zu seinem alles eher als noblen Benehmen, und die gute Erziehung, die er doch zweifellos genossen hatte, hinterließ keine Spuren in seiner mit unflätigen Kraftausdrücken gespickten Redeweise. Nicht nur Schiedsrichter und Zuschauer, auch Gegner und Partner waren seinen wilden Disziplinlosigkeiten ausgesetzt – wehrlos ausgesetzt, denn er konnte, wenn's nottat, auch hinreißenden Charme entwickeln.

Besonders arg trieb er's einmal bei einem Sommerturnier mit seinem Doppelpartner, einem Angehörigen des gräflichen Hauses Lodron-Lodron, der auch größten Wert darauf legte, daß er kein bloßer Lodron war, sondern ein Lodron-Lodron. Ludi Salm nahm das in den kurzen, heftigen Zurufen, mit denen er seinen nicht sehr spieltüchtigen Partner immer wieder bedachte, natürlich nicht zur Kenntnis: »Lodron, dein Ball!« brüllte er, oder »Lodron, geh zum Netz!« oder »Achtung, Lodron!« Und immer wieder berichtigte der Angebrüllte ungerührt und schmallippig:

»Lodron-Lodron, wenn ich bitten darf.«

Bis es dem Grafen Salm zu blöd wurde. Krachend schmiß er das Racket zu Boden, und dröhnend ließ er seine Stimme erschallen:

»Lodron-Lodron, leckmimoasch-leckmimoasch!«

In jenen Jahren gab es zu Ostern und zu Pfingsten große internationale Fußballturniere, an denen immer zwei heimische und zwei ausländische Mannschaften teilnahmen, wobei am zweiten Tag die Sieger des Vortags das Entscheidungsspiel um einen vom Veranstalter gestifteten Ehrenpreis bestritten. Damals ging's noch um die Ehre.

Ohne die Teilnahme Rapids, der populärsten Wiener Mannschaft, war ein solches Turnier kaum denkbar, und ohne übermächtig zwingenden Grund hätte kein Rapidanhänger darauf verzichtet, schon am ersten Tag dabei zu sein. Es war ein von diesem Verzicht Betroffener, der sich am zweiten Tag bei seinem Stehplatznachbarn über die Details des gestrigen Rapidsiegs erkundigte, und er wollte es ganz genau wissen. Die beiden bedienten sich des schärfsten Vorstadtdialekts und nannten die Spieler nur bei ihren Vor- oder Kosenamen.

»Wer war denn der Beste?«

»Da fragst noch? Der Tank natürlich. Der Pepi. Zwa von die drei Goals hat er g'schossen.«

»Und des dritte?«

»Alsdann der Ferdl geht am linken Flug durch – eini mit der Flanken – und der Blitz braucht nur'n Kopf hinhalten.«

»Wie war denn der Seppl?«

»Klass. Leinwand. Eisen. Wie immer.«

»Und der Rigo?«

Da aber verwandelte sich das freudig leuchtende Gesicht des Mitteilsamen in eine steinerne Maske, er fiel aus seinem vertrau-

lichen Tonfall jählings ins gestelzte Hochdeutsch der Zeitungs-
phraseologie, und die schlechte Leistung des Rapid-Mittelstür-
mers schien ihn noch rückwirkend dermaßen zu verbittern, daß
er sich vom zärtlichen »Rigo« sogar durch den offiziellen Zunamen distanzierte:

»Kuthan enttäuschte«, sagte er mit eisiger Stimme.

Ein Teil der Fußballpoesie, deren Entschwinden ich trotz Willy
Meisls Einwand wohl nicht ganz zu Unrecht beklagt habe, waren die heimlichen und offenen Vergünstigungen, die den
»Schroppen«, den jüngsten und allerjüngsten Fußballpartisa-
nen, damals gewährt wurden – damals, in den Jahren nach dem
Ersten Weltkrieg, als noch niemand an pompöse Stadien mit
betoniertem Zuschaueroval dachte, als die Fußballplätze dem
Besucher noch das intime Gefühl einer Familienzugehörigkeit
vermittelten und die Zuschauerräume noch im gleichen Recht-
eck wie das Spielfeld angelegt waren, durch keine vorsorglich
breiten Zwischenräume und keine hohen Drahtzäune vom Rasen getrennt, damals, als die Spieler noch nicht aus abgesicher-
ten Katakomben auftauchten, sondern aus den ebenerdig gelegenen Kabinenverschlägen hervorkamen, um für alle sichtbar
ihren Weg aufs Spielfeld zu nehmen, und wir Schroppen standen Spalier und waren selig, wenn es uns gelang, einem unserer
Lieblinge auf die Schulter zu klopfen, und durften uns nachher
entlang der Outlinie niederlassen, mit unterschlagenen Beinen,
erregend nahe dem Rasen, auf dem in den nächsten anderthalb
Stunden das wichtigste, das einzig wichtige Weltereignis vor
sich gehen würde. Ein paar Beherzte wagten sich manchmal vor
Spielbeginn in die unmittelbare Nähe der Umkleideräume, wo
sie nichts zu suchen hatten und Gefahr liefen, von grimmigen
Ordnern davongejagt zu werden, aber vielleicht hatte man vorher schon irgendeine Neuigkeit aufgeschnappt, eine geänderte
Mannschaftsaufstellung, eine neue Anordnung der Klubfarben
in den Dressen oder sonst etwas, womit man dann vor den
anderen großtun konnte. Und notfalls konnte man das ja auch
mit Erfindungen.

Ich selbst habe einmal bei einer solchen Gelegenheit etwas
aufgeschnappt, was auf seltsame Weise bis heute gültig geblieben ist. Man wird gleich sehen, wieso.

Es war die Zeit, als mein Klub, die Hakoah, sich den Aufstieg
aus der zweiten in die erste Spielklasse erkämpfte und auf dem
Weg dorthin auch an allerlei wüste Vorstadtmannschaften ge-

riet, die sich gegen den jüdischen Gegner ganz besonders energisch, ja man darf ruhig sagen: brutal ins Zeug legten. Nicht nur auf dem Spielfeld und nicht nur im Zuschauerraum wußten die Rowdies – im Fachjargon »Pülcher« geheißen – dafür zu sorgen, daß es mitunter lebensgefährlich zuging, auch hinter den Kulissen ließ man nichts unversucht, um die mißliebigen Siegesanwärter zu blockieren.

Wieder einmal hatte die Hakoah unter derart bedrohlichen Umständen anzutreten, gegen eine selbst für unterklassige Verhältnisse besonders derbe Mannschaft, auf einem graslosen, holprigen, schotterhaltigen Spielfeld, einer sogenannten »G'stetten«. In diesem Match sollte sie durch einen aus Budapest herübergeholten Stürmer verstärkt werden, aber es war nicht sicher, ob die Formalitäten des Übertritts von einem Verband zum andern rechtzeitig erledigt werden könnten und ob der neue Mann spielberechtigt wäre. In der Hoffnung, Endgültiges über seine Mitwirkung zu erfahren, trieb ich mich im Kabinengeviert herum und gelangte in Hörweite eines Gesprächs, das der Schiedsrichter mit einem Funktionär des gegnerischen Vereins führte. Der Schiedsrichter war zweifelsfrei als solcher kenntlich, und daß der Funktionär nur dem gegnerischen Verein angehören konnte, unterlag gleichfalls keinem Zweifel (denn die eigenen Funktionäre, die man natürlich kannte, sahen anders aus). Das Gespräch hatte allem Anschein nach ergeben, daß der Ungar trotz ungeklärter Sachlage spielen würde, und was der Funktionär jetzt äußerte, bildete unverkennbar den Abschluß:

»I sag Ihna wos. Mir treten unter Protest an. Wann mir g'winnen, is eh guat. Und wann die Juden g'winnen, gilt's nix.«

Es will mir scheinen, als hätte dieser Ausspruch die Situation des Staates Israel um Jahrzehnte vorweggenommen.

Noch ein zweiter Ausspruch von tragfähiger Gültigkeit gehört hierher. Ich verdanke ihn einem glaubwürdigen Ohrenzeugen.

1920 fand zum erstenmal das Schwimmen »Quer durch Wien« statt und wurde von einem Langstreckenschwimmer namens Kohn (der übrigens nicht für Hakoah startete) gewonnen. Das Ziel lag bei der Uraniabrücke, wo sich eine nicht übermäßig große Schar von Zuschauern angesammelt hatte.

Im Vorübergehen erkundigte sich ein Passant, was denn hier los sei.

»Ein Wettschwimmen. Quer durch Wien.«

»Aha. Ist schon vorbei?«

»Noch nicht ganz. Aber der Sieger ist schon angekommen.«

»Wie heißt er denn?«

»Kohn.«

Die Reaktion des Fragestellers war ebenso eindeutig wie der Name:

»Daß sich die Juden überall vordrängen müssen!« brummte er und entfernte sich angewidert.

Unter ähnlichen äußeren Umständen wie in jenem Protestspiel, noch in der zweiten Klasse und auf einem erbärmlichen Platz, hatte die Hakoah einen andern Vorstadtklub zum Gegner, den vom Abstieg in die dritte Klasse bedrohten Brigittenauer A. C. Er lag auf dem vorletzten Tabellenplatz und würde im Fall einer Niederlage vom Letzten der Tabelle, dem im Wiener Vorstadtbezirk Simmering beheimateten F. C. Vorwärts 06, überholt werden. Die Simmeringer Anhänger hatten somit alles Interesse an einem Sieg der Hakoah und sahen sich in der absonderlichen Zwangslage, für eine jüdische Mannschaft Partei ergreifen zu müssen, was sie mit lautstarker Selbstverleugnung besorgten.

Die Hakoah, obwohl spielerisch weit besser und ständig feldüberlegen, hatte es auf dem holprigen Boden gegen die mit rücksichtslosem Einsatz agierenden Brigittenauer nicht leicht, und das Spiel stand lange Zeit 0:0. Endlich, um die Mitte der zweiten Halbzeit, bekam Norbert Katz, Hakoahs gefährlich schneller Linksaußen, einen weiten Vorleger, der mit größter Wahrscheinlichkeit zu einem Tor führen mußte – vorausgesetzt, daß Katz den Ball erlief. Die Anfeuerungsrufe, unter denen er startete, kamen nicht nur vom Hakoah-Anhang, auch die Simmeringer stimmten kräftig ein, und einer von ihnen, mit hochrotem Gesicht über die Barriere vorgebeugt, konnte sich an wilden »Hoppauf!«-Rufen nicht genug tun. Nun wird dem »Hoppauf« üblicherweise auch der Name des Angefeuerten hinzugefügt, aber den kannte der wackere Simmeringer nicht, und das geläufige »Saujud«, das er und seinesgleichen immer bereit hatten, schien ihm in der gegebenen Situation nicht recht angebracht.

Da überkam ihn die rettende Erleuchtung:

»Hoppauf!« brüllte er. »Hoppauf, Herr Jud!«

Es versteht sich, daß die mehr als 200 000 Juden, die vor 1938 in Wien lebten, weder gesellschaftlich noch politisch auf einen

Nenner zu bringen waren. Sie zerfielen, nicht anders als ihre Umwelt, in eine Ober-, eine Mittel- und eine Unterschicht, in ein Bürgertum, das oft schon seit Generationen in den westlichen Kronländern der Monarchie angesiedelt war, und in die zahlenmäßig weit stärkere Gruppe der während des Ersten Weltkriegs aus dem Osten Zugewanderten. Die ideologischen und religiösen Unterschiede verliefen quer durch alle Schichten, es gab Strenggläubige und Atheisten ebensogut unter den Fabrikanten und Bankiers wie unter den Kleinbürgern und Proletariern, es gab sozialdemokratische Ärzte und Anwälte, es gab – in der Stadt Theodor Herzls – überzeugte Zionisten, aber auch programmatische Assimilanten, sie sich manchmal bis ins Deutschnationale verirrten (von den Konvertiten ganz zu schweigen).

Das alles spielte natürlich auch in die Sport-Szenerie hinein, mit Reflexen aus dem Zusammenstoß zwischen Sport und Kaffeehaus als Draufgabe. Die Hakoah hatte unter den Wiener Juden neben leidenschaftlichen Anhängern nicht minder dezidierte Gegner, und zumal in den sogenannten »besseren Kreisen« – denen auch ich entsprossen und entronnen war – wollte man nichts von ihr wissen. Ein wohlerzogener Knabe aus gutem jüdischen Haus hatte Tennis beim WAC zu spielen, nicht Fußball bei der Hakoah, und eine beträchtliche Anzahl derer, die sich in anderen Sportzweigen betätigten, vor allem als Leichtathleten und Schwimmer, gehörten nichtjüdischen Vereinen an.

Im Fußball hatte sich eine besonders heftige Rivalität zwischen Hakoah und Austria entwickelt. Wenn die beiden Mannschaften aufeinandertrafen, geschah das unter dem Kennwort »Juden gegen Israeliten«, das sich allerdings mehr auf die beiderseitigen Anhänger und vielleicht noch auf die Funktionäre bezog, nicht auf die Spieler. Wie weit diese Rivalität gehen konnte, lehrt das folgende Beispiel, zu dessen vollem Verständnis die vorstehende Einleitung notwendig war.

Am Ende der Spielzeit 1924/25 gab es nur noch zwei Anwärter auf den Meistertitel, Austria und Hakoah. Die Konstellation der Tabelle war auf höchste Spannung angelegt: Austria hatte bereits alle Spiele absolviert und führte um einen Punkt vor Hakoah, die ihr letztes Spiel unbedingt gewinnen mußte, um Meister zu werden – wenn sie nur unentschieden spielte, wäre Austria Meister. Gegner der Hakoah war der Wiener Sportclub, im Mittelfeld der Tabelle liegend, also für sich selbst chancenlos; aber die Hakoah um den Meistertitel zu bringen, war auch für ihn – wie Hamlet so richtig sagt – »ein Ziel, aufs innigste zu wünschen« und war es vor allem für den Austria-Anhang, der zur Unterstützung der Sportclub-Mannschaft in voller Stärke angerückt kam.

Wohlhabende Freunde hatten mich auf die Tribüne mitgenommen und fieberten mit mir dem Kommenden entgegen. Unmittelbar vor uns saßen zwei feindliche Anhänger, das war schon nach wenigen Minuten klar; abgesehen davon, daß sie kein Wort miteinander sprachen, ging es eindeutig aus ihren diametral gegensätzlichen Reaktionen auf das Spielgeschehen hervor. Wenn der eine »Pfui!« rief, rief der andre »Bravo!«, wenn die Hakoah einen Angriff unternahm, schrie der eine »Hoppauf!« und der andre schwieg, bei einem Sportclub-Angriff verhielt sich's umgekehrt, ebenso bei den Entscheidungen des Schiedsrichters – es bestand, kurzum, kein Zweifel, daß der eine den Sieg der Hakoah herbeisehnte und der andre ihre Niederlage oder wenigstens ein Unentschieden.

Hakoah ging 1:0 in Führung, Sportclub erzielte den Ausgleich, zur Pause stand's 1:1, ungefähr in der 30. Minute der zweiten Halbzeit schoß Hakoah ein zweites Tor, und da sie auch weiterhin überlegen blieb, sah es ganz danach aus, als sollte sie den Vorsprung halten können. Wir begannen uns bereits dem triumphalen Hochgefühl hinzugeben, daß der österreichische Fußballmeister Hakoah heißen würde.

Da, zehn Minuten vor Schluß, führte ein Gegenangriff des Sportclubs zu einem Corner, der Ball kam hoch herein, die Hakoah-Verteidigung brachte ihn nicht rechtzeitig weg, und es hieß 2:2. Daran nicht genug: in dem entstandenen Gedränge hatte der Hakoah-Tormann Fabian eine Verletzung erlitten, wurde vom Platz getragen und mußte, da es damals noch keinen Austausch gab, durch einen Feldspieler ersetzt werden. Die Wahl fiel notgedrungen auf den auch als Tormann geschulten Stürmer Nemes, den einzigen, der vielleicht imstande gewesen wäre, in den verbleibenden 10 Minuten das Spiel doch noch für Hakoah zu entscheiden. Mit ihm im Tor statt im Sturm und mit einem Mann weniger im Feld gab es nichts mehr zu hoffen. Der Meistertitel war beim Teufel oder auf dem Weg dorthin. Nur ein Wunder konnte ihn retten.

Das Wunder geschah. Es begann damit, daß Fabian, den verletzten Arm in einer Schlinge, wieder aufs Feld kam, natürlich nicht um seinen Posten im Tor einzunehmen, sondern um die Mannschaft wenigstens zahlenmäßig zu komplettieren. Er lief recht und schlecht auf dem von Nemes verlassenen rechten Flügel mit, und da es die Sportclub-Verteidigung für überflüssig hielt, den Halbinvaliden zu decken, stand er plötzlich frei – bekam den Ball zugespielt – riskierte auf gut Glück einen Schuß – und es stand 3 : 2 für Hakoah. Bis zum Spielende fehlten nur noch wenige Minuten. Hakoah hatte die österreichische Fußballmeisterschaft gewonnen. Es war die tollste Sensation, die sich denken ließ.

Orkanartiger Jubel brach los, riß die Hakoah-Anhänger auf der Tribüne von ihren Sitzen hoch, meine Freunde und mich und unsern Vordermann, der in besinnungslosem Triumphgeheul immer wieder die Arme emporwarf. Auch der neben ihm sitzende Austria-Anhänger sprang auf, aber bei ihm war's die Verzweiflung über den im letzten Augenblick verlorenen Meistertitel. Und er wußte seiner ohnmächtigen Wut nur dadurch Luft zu machen, daß er den neben ihm jubelnden Hakoah-Anhänger mit einem wohlgezielten Kinnhaken zu Boden streckte.

Zwei meiner Freunde, kampferprobte Raufbolde und obendrein vom Siegesrausch beflügelt, stürzten sich auf ihn, schwangen die Fäuste und schickten sich an, ihm Fürchterliches zuzufügen.

Da aber ertönte von unten her die Stimme des Mißhandelten: »Ich bitt' Sie, lassen Sie ihn in Ruh'. Er ist mein Cousin.«

Wie aus den beiden vorangegangenen Geschichten hervorgeht, kamen die Anhänger einer Mannschaft oft genug in die Lage, für eine andre Mannschaft zu »drucken«, sei es aus Gründen einer bestimmten Tabellen-Konstellation, sei es aus Sympathie oder aus nationaler Verbundenheit, die vor allem gegen ausländische Mannschaften zum Tragen kam. Das ging so weit, daß die Hakoah, als sie einmal in Wien gegen den jüdischen Sportklub Vivo Budapest ein Freundschaftsspiel austrug, vom nichtjüdischen Teil des Wiener Publikums mit Rufen wie »Hoppauf Hakoah, zeigt's es denen Juden!« angefeuert wurde. Für die Dauer dieses Spiels war sie eben keine jüdische, sondern eine Wiener Mannschaft. Juden waren die Ungarn.

Auch in Brünn gab es einen jüdischen Sportverein namens Makkabi, der eine eher bescheidene Rolle spielte – bis einige Mäzene aus der finanzkräftigen Textilbranche sich zusammentaten und, vom Ruhm der Hakoah angestachelt, aus Budapest eine Anzahl jüdischer Klassespieler nach Brünn holten (»kaperten«, wie man das damals nannte). Auf diesen Kader gestützt, kam Makkabi tatsächlich zu beachtlichen Erfolgen, konnte eine Zeitlang im internationalen Spitzenfußball mithalten, brachte zu Hause dem oftmaligen österreichischen Fußballmeister Rapid eine Niederlage bei und wurde zu einem Revanchespiel nach Wien eingeladen. Überflüssig zu sagen, daß der Hakoah-Anhang sich vollzählig auf dem Rapidplatz einfand, um dem Brünner Bruderklub den in der Fremde doppelt nötigen stimmlichen Rückhalt zu geben.

Irgendwie, sei's durch den Irrtum einer Vorverkaufsstelle oder aus sonst einem unerforschlichen Versehen, war unter die Hakoahner, die einen Teil der Tribüne besetzt hielten, ein Rapid-Anhänger geraten, an seinem Äußeren wie an seinen Äußerungen sofort als solcher erkennbar und, wie man sich denken kann, in einer nicht just beneidenswerten Situation. Sie wurde ihm obendrein dadurch versauert, daß Makkabi sich an diesem Tag in Hochform befand und nach furiosem Angriffsspiel zur Halbzeit 3 : 0 in Führung lag (das Endergebnis lautete 4 : 2). Und nach jedem Tor fand sich der versprengte Rapid-Anhänger dem von Mal zu Mal gesteigerten Beifallgetöse seiner Umgebung ausgesetzt. Beim 1 : 0 ließ ihn das noch einigermaßen gleichgültig – es hatten schon andere Mannschaften gegen Rapid geführt und dann verloren. Beim zweiten Tor, das ihm sichtlich näher ging, reagierte er auf den ringsumher losgebrochenen Jubel mit unverhohlener Mißbilligung und dem brummigen Ratschlag an seine Sitznachbarn, sie mögen sich gefälligst nichts antun. Als aber das 3 : 0 kam, litt es ihn nicht länger. Er wartete, bis der feindliche Beifall, der ihn umdröhnte, verebbt war, dann erhob er sich und blickte kopfschüttelnd in die Runde:

»Was is denn?« fragte er ungläubig. »Lauter Brünner san do? Lauter Brünner?!«

Gegen die Wucht solcher Erlebnisse müssen die eigenen – nämlich die, bei denen meine eigene Tätigkeit eine Rolle gespielt hat – zurücktreten, wenn auch nicht so weit, daß sie beim Rückblick gänzlich entschwänden. Seltsamerweise geben meine gewissermaßen aktiven Erinnerungen weit weniger an Witz und Heiterkeit her als die aus dem Zuschauerraum, vielleicht deshalb, weil man als Schwimmer oder Wasserballer – vom Trainer gehetzt, vom Gegner geschunden – wenig zu lachen hatte. Ereignete sich dennoch etwas Komisches, so kam es meistens außerhalb des Wassers zustande, in der Kabine oder auf Sportreisen, und unterschied sich allenfalls im geistigen Gepräge, nicht jedoch im Prinzip von den heiteren Vorkommnissen in einer Schauspielergarderobe oder auf einer Theatertournee. Es entzieht sich somit als untypisch der ohnehin fragwürdigen Rubrik »Sporthumor«.

Auch manches, was sich im Wasser begab und komisch aussah, entriet der wahren Komik, zumindest für den unmittelbar Betroffenen. Im vorliegenden Fall war es der »Maggi« genannte Hakoahstürmer Max Rosenblatt, ein schneller, gefinkelter Techniker, aber von etwas schwächlicherem Körperbau, als es sich für Wasserballer empfiehlt. Seine erste Berufung in die österreichische Nationalmannschaft erfolgte gegen Ungarn, das viele Jahre lang im Wasserball eine ähnlich dominierende Stellung einnahm wie Kanada im Eishockey. Und ähnlich wie die Kanadier ließen es auch die Ungarn nicht bei ihrem überlegenen Können bewenden, sondern spielten, um den Gegner von Anfang an einzuschüchtern, über die Maßen derb. Auch nachdem ihr Trainer Komjádi – eine Straße in Budapest trägt seinen Namen – durch eine vom Fußball übernommene Bewegungstaktik das Spiel revolutioniert hatte, blieb es bei hautnaher Manndeckung, die jedem Spieler einen bestimmten Gegenspieler zuwies, von dem er bewacht wurde oder den er zu bewachen hatte (es lief in der Praxis auf eins hinaus), und die ungarischen Spieler empfingen »ihren« Mann gleich beim Aufschwimmen mit einer kombinierten Ober- und Unterwasserattacke, die als »ungarische Begrüßung« bekannt war: rechter Ellbogen in den Brustkasten, linke Faust in die Magengrube und mit dem Knie von unten ins primäre männliche Geschlechtsmerkmal.

Das alles muß man wissen, um zu ermessen, mit welcher Besorgnis wir dem Debut unsres Maggi auf dem Rechtsaußenposten des österreichischen Teams entgegensahen; er würde voraussichtlich gegen den gefürchteten linken Verteidiger Homonay zu spielen haben, den rohesten der ungarischen Rohlinge, und dann gnade ihm Gott.

Es kam wie erwartet, Maggi schwamm auf und wurde in der gegnerischen Hälfte von Homonay ungarisch begrüßt.

Dann aber kam etwas Unerwartetes. Der Schmerz dieser Begrüßung war offenbar so groß, daß Maggi seinerseits in einer besinnungslosen Wutreaktion nach oben ausschlug und Homonay mit dem Handrücken voll ins Gesicht traf.

Die es gesehen hatten, erbleichten. Was stand dem armen Maggi jetzt bevor? Wie würde Homonay die unerhörte Freveltat bestrafen? Würde er ihn knockout schlagen, in den Grund bohren, zerfleischen?

Nichts dergleichen geschah. Homonay zeigte keinerlei Wirkung. Lächelnd beugte er sich zu dem tollkühnen Neuling, den er nun schon eisern umklammert hielt, hinab und fragte im Tonfall freundlichen Interesses:

»Wie heißt du?«

Denn ein Revanchefoul an Homonay war in der Geschichte des Wasserballsports noch nie vorgekommen, und da wollte er doch den Namen dessen, der es gewagt hatte, kennenlernen.

Der Stürmer Rosenblatt wurde in der Pause von einem rasch herbeigeholten Arzt notdürftig zusammengeleimt und spielte in der zweiten Halbzeit auf einem anderen Posten.

Natürlich gab es auf dem weiten Gebiet der Wasserballverteidigung noch ein paar andere, die ihr Amt unter völliger Mißachtung aller humanitären Grundsätze ausübten. Mit einem von ihnen, der zwar bei weitem nicht an Homonays Klasse, aber sehr nahe an seine Spielauffassung herankam, bin ich einmal aneinandergeraten. Ich spielte bei einem Turnier in Brüssel für eine tschechoslowakische Auswahlmannschaft gegen eine belgische und bekam als Gegenspieler den berüchtigten Verteidiger von Maccabi Antwerpen, Maurice Blitz (dessen Bruder Gérard zwei Europarekorde im Rückenschwimmen hielt). Maurice, weniger formell und weniger französisch auch Moische gerufen, war – um es vorsichtig auszudrücken – eine Art Zwischenstufe zwischen Mensch und Gorilla, ein ungefüger, nicht ganz zu Ende modellierter Brocken mit wild behaarter Brust und ebensolchen Armen, die in zwei schaufelradähnlichen Tatzen endeten. Mit diesen Tatzen riß er mir, kaum daß ich in den Besitz des Balls gelangte, blutige Striemen in den Rücken, oder er ließ sie, wenn der Schiedsrichter anderswohin schaute, mit phantasieloser Regelmäßigkeit auf mich niedersausen. Ein paarmal schlug ich zurück, tat mir aber an den Kanten seines briefkastenförmig angelegten Oberkörpers so weh, daß ich's wieder bleiben ließ. Ich beschränkte mich darauf, ihm beim Schwimmen – wenn ich weit genug freikam – mit der Ferse ins Gesicht zu treten.

Als wir zur Pause aus dem Wasser stiegen, machte ich mich an ihn heran und versuchte in einem Gemisch aus Französisch und Jiddisch, ihn zu einer Mäßigung seiner Spielweise zu bewegen.

Zwei Juden gegeneinander – ob das denn unbedingt ein Blutbad geben müsse?

Moische Blitz hörte mir freundlich grinsend zu. Dann legte er mir die eine Pranke kameradschaftlich auf die schmerzende Schulter und hob den Zeigefinger der andern lehrhaft hoch:

»Wasserball ist kein Schalomspiel«, sagte er.

Zwar konnte ich – anders als Maggi Rosenblatt gegen Ungarn – auf ärztliche Hilfe verzichten, zog es aber desgleichen vor, in der zweiten Halbzeit den Posten zu wechseln. Der Stürmer Schulz, der sich zu diesem Wechsel bereit erklärt hatte, sprach dann noch tagelang kein Wort mit mir.

Ein entferntes Parallelbeispiel zu jenem Rapid-Anhänger, der sich aus gegebenem Anlaß eine Zeitungsphrase zu eigen machte, wurde an mir selbst exemplifiziert. (Vorausgeschickt sei, daß ich seit meiner Übersiedlung zu Hagibor Prag den Spitznamen »Schani« trug, denn ich war von der Wiener Hakoah gekommen, und nach Ansicht meiner Prager Klubkollegen konnte ein Wiener nur Schani heißen.)

Aus irgendwelchen Gründen, vielleicht weil sich's um ein Jubiläumsdatum handelte, wurde am Beginn eines im Wiener Dianabad abgehaltenen internationalen Wasserballturniers, an dem aus der Tschechoslowakei Hagibor Prag und aus Ungarn MAC Budapest teilnahmen, die österreichische Nationalhymne gespielt. Wir hatten im Einleitungsmatch gegen Austria anzutreten, die beiden Mannschaften nahmen längs des Schwimmbeckens Aufstellung, und da ich damals Kapitän der Hagibor-Mannschaft war, kam ich neben den Austria-Kapitän zu stehen, einen Prachtkerl namens Schackerl Dworschak, der auch außerhalb des Wassers über Witz und Durchschlagskraft verfügte und dem die feierliche Zeremonie ebenso auf die Nerven ging wie mir. Ich meinerseits ließ das offenbar allzu deutlich merken, denn plötzlich spürte ich Schackerls Ellbogen unsanft in meiner Hüfte:

»Hörst, Schani«, zischte er mir zu. »Wanns d' net sofort habt-acht stehst, schmeiß i di in die Bassena!« Und nahm auch gleich die fällige Berichterstatter-Phrase vorweg: »Zum Gaudium des Publikums!«

Glücklicherweise war die Hymne zu Ende, ehe sein Vorhaben ins Hochdeutsche entarten konnte.

Es scheint mir im Stil der Sache zu liegen, wenn ich meine Wasserball-Reminiszenzen mit etwas Ungarischem abschließe.

Ab 1929 hatten wir bei Hagibor Prag – weil die Vereinsleitung wußte, was sie unserem 1928 errungenen Meistertitel schuldig war – einen ungarischen Trainer. 1930 erschien mein ›Schüler Gerber‹ und wurde in eine Reihe anderer Sprachen übersetzt, unter dem Titel ›A Gerber érettsegye‹ auch ins Ungarische. Budapester Freunde schickten mir ein paar Kritiken zu, darunter eine, die sich über eine ganze Seite der Literaturbeilage des ›Pesti Hirlap‹ erstreckte. Da ich sie nicht verstand, ging ich zu Sarkany, unserm Wasserballtrainer, und bat ihn, sie mir zu übersetzen. Er hatte einige Schwierigkeiten, für alle darin vorkommenden Superlative den richtigen deutschen Ausdruck zu finden, aber auch so war es klar, daß mein Roman im ›Pesti Hirlap‹ enthusiastisch gelobt wurde.

Als Sarkany sein mühsames Übersetzungswerk beendet hatte, reichte er mir das Blatt zurück und sah mir tief in die Augen:

»Gib ehrlich zu«, sagte er. »Wär dir nicht lieber, ungarische Zeitung möchte so gut schreiben über dich auf Sportseite in Wasserball?«

Ich gab es ehrlich zu. Und Jahrzehnte später, als ich von einem Interviewer nach dem »schönsten Tag meines Lebens« gefragt wurde, habe ich ebenso ehrlich geantwortet, daß ich mich noch immer nicht entscheiden könne: ob es der Tag gewesen sei, an dem mir innerhalb einer Viertelstunde Karl Kraus von Alfred Polgars guter Meinung über mich erzählte und Alfred Polgar ein gleiches von Karl Kraus – oder der Tag, an dem ich im Entscheidungsspiel um die tschechoslowakische Wasserballmeisterschaft, das Hagibor Prag gegen PTE Preßburg 2:0 gewann, beide Tore geschossen habe.

Sollte ein sportfremder oder gar sportfeindlicher Leser sich trotzdem auf eine widerwillige Lektüre dieses Kapitels eingelassen haben, dann möchte ich ihm das abschließende Kopfschütteln über meine Niveaulosigkeit durch die Mitteilung erleichtern, daß ich in der Wahl zwischen jenen zwei Tagen – die übrigens gar nicht so weit auseinanderlagen – mit zunehmendem Alter immer mehr dem Tag des 2:0 zuneige.

Die Zeitwende

I. Vorher

Wenn die Funktion, die der Anekdote in diesem Buch (und dem ihm vorangegangenen) zugewiesen ist, auf das Einverständnis des Lesers rechnen darf, dann kann sich also ein bestimmter Zeitabschnitt – repräsentiert durch Personen, Einrichtungen und gesellschaftliche Zustände – in den Anekdoten, die er hervorgebracht hat, so aufschlußreich spiegeln, daß er aus ihnen darstellbar wird.

Zur Vermeidung von Pauschalurteilen bin ich gehalten, jetzt und hier an diesem hoffnungsfroh vorausgesetzten Einverständnis einen kleinen Abstrich vorzunehmen: der anekdotische Spiegel kann das Zeitbild immer nur zu einem Teil einfangen und reflektieren, niemals zur Gänze. Aus persönlichen Anekdoten mag ein mehr oder minder komplettes Persönlichkeitsbild etwa Ferenc Molnárs erstehen, aus Kaffeehausgeschichten ein zulängliches Panorama des Literatencafés. Aber je näher sich die Anekdote an eine politische Situation heranmacht, desto unzulänglicher und fragwürdiger wird sie. An den grauenhaften Aspekten, die solchen Situationen nur allzu häufig eignen, müßte das Unterfangen, ihnen eine »heitere Seite« abzugewinnen, eigentlich hinfällig werden, oder es müßte einem in Gedanken daran, was hinter der Heiterkeit steckt, das Lachen gründlich vergehen. Die politische Anekdote ist allenfalls als Illustration zu den jeweils herrschenden Verhältnissen statthaft und illustriert weniger die Verhältnisse selbst als vielmehr das Ventil, durch das sich die jeweils Betroffenen Luft machen möchten. Schlüssigkeit oder gar Totalität sind in derlei Zusammenhängen weder angestrebt noch erzielbar. Der im Februar 1934 blutig niedergeschlagene Aufstand der sozialdemokratischen Arbeiterschaft Österreichs und das nachfolgende Regime des autoritären Christlichen Ständestaats waren keine komischen Anlässe, und die Ereignisse, die 1938 einsetzten, waren es erst recht nicht. Aber was sich da an peripherer und teilweise unfreiwilliger Komik begab, gehört dennoch mit dazu.

Unter diesen komischen Randerscheinungen figurieren in meiner Erinnerung zwei Aushängekasten an führender Stelle. Der eine gehörte zum Haus einer Bezirksleitung der kurz zuvor verbotenen Sozialdemokratischen Partei und enthielt einen Zettel mit der folgenden handgeschriebenen Mitteilung:

»Da unser Parteilokal leider polizeilich geschlossen wurde, findet die nächste Vertrauensmännersitzung am kommenden Donnerstag illegal beim Genossen Neidhartinger statt.«

Der andre Kasten hing vor dem Zentralgebäude der »Vaterländischen Front«, jener unglückseligen, im Ständestaat einzig zugelassenen Einheitsorganisation, in der sich nach dem Willen der Regierung die nunmehr vom Unwesen der politischen Parteien erlösten Volksmassen zusammenfinden sollten. Die Massen fanden sich jedoch nicht, und wer der oktroyierten Sammelbewegung unter dem damals so genannten »freiwilligen Zwang« beitrat, tat das möglichst heimlich und vermied es, das von der Vaterländischen Front zum Emblem erkorene Kruckenkreuz als Abzeichen zu tragen. Daraus erklärt sich der einigermaßen entlarvende Reim, den der erwähnte Aushängekasten als Begleit- und Werbetext zu einem überdimensionalen Kruckenkreuz präsentierte:

> »Wer mich nicht trägt
> Und feig verbirgt,
> Der hat sein Recht
> Bei uns verwirkt.«

Was dem offiziellen Eingeständnis gleichkam, daß Mut dazu gehörte, sich zur repräsentativen Körperschaft des neuen Staates zu bekennen.

Tatsächlich verfügte die Vaterländische Front nur über einen kümmerlich formellen Rückhalt im Volk, und die Auskunft, die einer ihrer Funktionäre gelegentlich einer Erkundungsreise durch die Provinz vom Bürgermeister eines Städtchens einheimste, darf – obwohl vermutlich erfunden – als typisch gelten. Auf die Frage nach der politischen Haltung der Einwohnerschaft antwortete der staatlich installierte Würdenträger hinter vorgehaltener Hand, es seien ungefähr 40% Nazi, 40% Sozi und 20% alte Christlichsoziale.

Und bei der Vaterländischen Front sei niemand?

»Ah ja!« beeilte sich der Befragte voll pflichtbewußten Eifers. »Bei der Vaterländischen Front san s' alle!«

Daß auch ein einzelner solche Gesinnungsvielfalt in sich vereinigen konnte, geht aus einer von Anton Kuh, dem unermüdlichen Heurigenforscher, aus Grinzing berichteten Episode hervor. Dort sei ein Bäckermeister nach dem Genuß mehrerer Viertel dem heulenden Elend anheimgefallen und habe in lautstarker Verzweiflung seinen persönlichen Niedergang beklagt:

»Mei Vatter selig hat für'n Kaiser Franz Joseph die Salzstangerln zum Frühstückskaffee in die Burg g'schickt ... a Hoflieferant war er, mei seliger Vatter ... a Monarchist ... allerweil christlichsozial, sei ganzes Lebtag ... mir ham immer christlichsozial g'wählt bei uns zuhaus ... mei Vatter war a guader Österreicher ... grad aso wie mei seligs Muatterl ... und was bin i? Was bin i?« Waidwund blickte er in die Runde, dann schlug er jammernd die Hände vors Gesicht: »A Nazi bin i! A Nazi! Der christlichsoziale Sohn von an k. k. monarchistischen Bäckermeister is a Nazi!«

Von allen Seiten drangen ängstliche Ermahnungen auf ihn ein:

»Red net so laut, Xandl! Pass auf! Halt die Goschen, sonst sperren s' di ein!«

Aber der Bußfertige ließ sich nicht mehr bremsen:

»Sollen s' mi einsperren!« röhrte er. »Triff i im Gefängnis wenigstens mein' liaben, guaden Bürgermeister Seitz!«

Karl Seitz, nach dem Februar 1934 vorübergehend inhaftiert, war der letzte sozialdemokratische Bürgermeister Wiens.

Die Ventilfunktion des politischen Witzes hielt sich unter dem christlich-autoritären Regime in Grenzen, begnügte sich etwa mit der Erfindung neu eingeführter Staatsfeiertage wie »Maria Denunziata« und »Mariä Hausdurchsuchung« oder stellte politische Attentatsversuche unter besonders strenge Freiheitsstrafen: Wer auf den Führer der »Österreichischen Sturmscharen« schießt, bekommt 20 Jahre Kerker, wer auf den Heimwehrführer schießt, wird zu lebenslänglichem Kerker verurteilt, und auf den Herrn Bundeskanzler zu schießen, ist überhaupt verboten.

Es wurde, wie man weiß, trotzdem auf ihn geschossen, und selbst wenn man für die Politik des Engelbert Dollfuß so wenig übrig hat wie ich, wird man seinem Märtyrertod Respekt zollen müssen. Daß er nichts ändern, daß er die in Gang geratene Entwicklung nur verzögern und nicht verhindern konnte, stellt sich dem Rückblick ungleich klarer und zwangsläufiger dar, als es damals aussah. Während die Dinge ihren Lauf nahmen, haben nur wenige Hellsichtige erkannt, daß und warum es ein unaufhaltsamer Lauf war.

Zumindest die Frage nach dem Warum fand ihre Antwort, als das Staatliche Deutsche Reisebüro, an einer verkehrsreichen Straßenecke der Inneren Stadt gelegen, in seinem Schaufenster ein riesiges, von Lorbeer umkränztes Hitlerbild installierte und damit zu einem Wallfahrts- und Demonstrationsort der in Österreich um jene Zeit noch illegalen Nationalsozialisten wurde. Zu verbieten gab es da nichts. Die Leute vom Deutschen Reisebüro hatten das Recht, ein Bildnis ihres Staatsoberhauptes auszustellen, und die vielen weißbestrumpften Spaziergänger, die vor diesem Bildnis stundenlang auf und ab marschierten, verstießen damit gegen keines der gültigen Gesetze. Dementsprechend lahm reagierte die Öffentlichkeit (sofern sie nicht selber weiße Strümpfe trug). Dann und wann erschien in einer der wenigen deklariert nazifeindlichen Zeitungen ein kleiner Artikel, der das Ereignis mit der amtlich vorgeschriebenen Zurückhaltung glossierte, dann und wann kam es vor dem Reisebüro zu kleinen Raufhändeln, und im Cabaret »Simpl« ließ Fritz Grünbaum in seinem allabendlich aktualisierten Vorhang-Dialog mit Karl Farkas die Bemerkung fallen, daß er sich morgen in der Galerie Albertina die Fahrkarte für seine bevorstehende Reise nach Prag holen würde, worauf Farkas fragte, seit wann man denn in Bildergalerien Fahrkarten bekäme, und worauf Grünbaum antwortete: seit die Reisebüros Bilder ausstellen. Das war ungefähr alles, was an Gegenwehr gegen die gezielte Provokation zustande kam, sehr zum Mißmut derer, die sich ein kräftigeres Zeichen österreichischer Selbstbehauptung gewünscht hätten.

Auch im Café Herrenhof wurde über etwaige Möglichkeiten dieser Art debattiert.

»Wie wär's«, schlug einer vor, »und das offizielle Österreichische Reisebüro in Berlin stellt ein Bild von Dollfuß in die Auslage, schwarz umrahmt und mit der Aufschrift ›Ermordet am 25. Juli 1934‹?«

In die lebhaften Rufe der Zustimmung klang der bedächtige Einwand des trefflichen Dr. Inngraf, eines mit dem Literaturklüngel befreundeten Regierungsbeamten (dessen Freundschaft uns schon oft zugute gekommen war):

»Ein ausgezeichneter Vorschlag«, sagte er. »Wirklich ausgezeichnet. Das Ganze hat nur einen Nachteil: die Deutschen werden's nicht erlauben.«

Und damit war die politische Gesamtsituation, wie sie zwischen Österreich und Deutschland bestand, auf ihre einfachste Formel gebracht.

Alles übrige bleibt nachträgliche und darum doppelt müßige Spekulation. Wenn aus der weiteren Entwicklung der Dinge überhaupt auf etwas geschlossen werden kann, dann auf die sichere Erfolglosigkeit jedweden Versuchs, einen im Aufwind operierenden Gegner durch Konzessionen zum Stillstand zu bringen oder – wie die ins Bild passende Phrase es ausdrückt – ihm »den Wind aus den Segeln zu nehmen«. Tatsächlich wurde das damals immer wieder als Motiv und Ziel der österreichischen Politik angeführt. Die fatale, von Dollfuß' Nachfolger Schuschnigg programmatisch hochgespielte Tendenz, Österreich als »zweiten deutschen Staat« zu legitimieren statt als einzigen österreichischen, hat die ohnehin wackelige Bereitschaft des Österreichers, sich *als solcher* gegen den deutschen Ansturm zu behaupten, noch weiter geschwächt, hat ihm im Grunde seine ganze raison d'être entzogen – denn wenn schon deutscher Staat, dann doch gleich Deutschland, dann eben »ein Volk – ein Reich – ein Führer«. Das Kruckenkreuz war keine Antwort auf das Hakenkreuz, sondern dessen Abklatsch, die autoritäre Ordnung mit ihrer aufdringlichen Deutschtümelei kein Gegensatz zur Nazidiktatur, sondern deren schwächere Ausgabe, in der Theorie vielleicht eigenständig, in der Praxis hauptsächlich darauf ausgerichtet, dem großen Bruder zu zeigen, daß man's beinahe genausogut kann. Das reichte von der Bevorzugung der knorrigen gotischen Schrift bis zu den Heilrufen, mit denen die Führer des Ständestaats bejubelt werden wollten. Wenn in Deutschland einer »Hoch Hitler!« gerufen hätte, wäre er wegen Verhöhnung des Führers verhaftet worden. In Österreich riefen sie »Heil Dollfuß!« und »Heil Schuschnigg!« und wußten nicht, daß sie sich damit selber verhöhnten, wußten nicht, daß sie mit ihrem selbstverständlichen Verzicht auf den Hochruf zugleich auf die Selbstverständlichkeit ihrer Existenz verzichteten.

Was sie schon gar nicht wußten: daß »Heil« den Dativ verlangt und daß die alte Volkshymne, wie sie zu Lebzeiten der Kaiserin Elisabeth gesungen wurde, diesem Verlangen entsprochen hatte: »Heil Franz Joseph, heil Elisen!« hieß es dort. Und von Rechts wegen hätte es »Heil Hitlern!« heißen müssen.

Aber wer sprach schon in Deutschland von Recht. Und wer rief schon in Österreich »Hoch!«.

So kam es denn, wie es wahrscheinlich kommen mußte und jedenfalls wie es gekommen ist.

Jahrelang waren die beiden Zeitungskolporteure an der Ecke Schottenring/Schottengasse gestanden und hatten ihre Nachmittagsblätter ausgerufen, den ›Telegraf‹ und das ›Echo‹. Mitte März, nach dem Einzug Hitlers in Österreich, stand plötzlich nur noch der eine da. Und als zwei – drei Tage später der andre auftauchte, kam er mit den Händen in den Hosentaschen herangeschlendert, ohne das übliche Zeitungspaket.

»Verkaufst keine Zeitungen mehr?« fragte erstaunt sein Kollege.

Ein Kopfschütteln ging der belämmerten Antwort voraus:

»Na. I derf nimmer.«

»Warum derfst nimmer? Hast was ang'stellt?«

Abermaliges Kopfschütteln:

»Na. I derf nimmer, weil i a Jud bin.«

Seinem Kollegen wären vor Verblüffung beinahe die Zeitungen aus der Hand gefallen. Er glotzte ungläubig:

»*Wos* bist?!«

»Hab's ja eh scho g'sagt. I bin a Jud.«

»Geh hörst!« Jetzt war das Kopfschütteln an dem immer noch Glotzenden. »Des is ja der helle Wahnsinn!« rief er aus.

Es war wirklich der helle Wahnsinn, in Wien nach dem März 1938 ein Jud zu sein, aber man konnte sich's bekanntlich nicht aussuchen. Man konnte nur trachten, möglichst rasch wegzukommen. Gegen den Irrtum der deutschen Juden, die oft noch jahrelang nach dem nationalsozialistischen Umbruch von 1933 in Deutschland verblieben waren, weil sie hofften, daß es »schon nicht so schlimm« werden würde und daß man sich mit den neuen Machthabern vielleicht doch noch arrangieren könnte – gegen diesen in mehr als einer Hinsicht tragischen Irrtum durfte man sich ja in Österreich 1938, nach dem Anschauungsunterricht der vorangegangenen fünf Jahre, zum Glück gefeit fühlen (und es war ein Glück durchaus im Sinn jenes häufig anwendbaren Ausspruchs der Tante Jolesch: »Gott soll einen hüten vor allem, was noch ein Glück ist«).

Wie weit der Irrtum gehen konnte, bekundete jener aus Hitlerdeutschland geflüchtete Vertreter der Gattung »Preußenkohn« (einer Kombination von preußischem Charme mit jüdischer Bescheidenheit), der sich anläßlich einer Heimwehr-Parade an seinen Nebenmann im Spalier wandte:

»So etwas nennt man hier 'nen Aufmarsch?« tadelte er. »Da sollten Se mal unsre SA sehen!«

Die Einsicht, daß man nichts mehr zu hoffen hatte, und die Absicht, dem Hitlerschen Machtbereich zu entrinnen, ließ sich allerdings nicht mit der gewünschten (und gebotenen) Schnelligkeit in die Tat umsetzen. Es gab eine Unmenge von Schikanen und Gefährdungen, an denen die Flucht oft noch im letzten Augenblick scheiterte, und selbst wenn man um Gefängnishaft oder Konzentrationslager herumkam, blieben bange Wochen und Monate zu überstehen, als deren einziger Lichtblick sich der postalische Kontakt mit den schon ins Ausland Gelangten darbot. Natürlich mußte man da wieder auf die Zensur Bedacht nehmen, vor der man Fragen und Informationen harmlos zu tarnen versuchte. Es bleibe dahingestellt, ob diese Tarnung von den deutschen Zensurbeamten tatsächlich nicht durchschaut wurde; möglicherweise fanden sie es bloß nicht der Mühe wert, die betreffenden Stellen auszuschwärzen oder den ganzen Brief zu beschlagnahmen. Manche der geradezu kindisch naiven und ständig wiederkehrenden Chiffren – für Hitler setzte man den geläufigen jüdischen Familiennamen Horowitz, die Gestapo war der »Herr Lehrer«, statt »Konzentrationslager« schrieb man »Konzerthaus« – ließen sich so leicht entschlüsseln, daß man getrost die richtigen Bezeichnungen hätte verwenden dürfen. Sie wären um nichts verfänglicher gewesen als »chiffrierte« Mitteilungen wie etwa: »Horowitz hat wieder eine antisemitische Rede gehalten«, oder: »Der arme Onkel Sigi sitzt schon seit zwei Wochen im Konzerthaus«, oder: »Gestern wurden wir zum Herrn Lehrer ins Hotel Metropol bestellt« (wo sich der Hauptsitz der Geheimen Staatspolizei befand).

In einigen Fällen kreuzte sich vermeintliches Raffinement mit echter Dummheit. Zum Beispiel wäre die Chiffre, die zwei Freunde vereinbart hatten, an sich brauchbar gewesen: Dem einen war die Flucht ins Ausland bereits geglückt, und dorthin sollte ihm der andre, noch in Wien zurückgebliebene allwöchentlich einen Situationsbericht schicken, und zwar im Stil eines mit den Geschehnissen begeistert einverstandenen Nazi: »Jetzt sind herrliche Zeiten angebrochen«, hieß es da. »Soeben wurden in der Inneren Stadt wieder ein paar jüdische Geschäfte arisiert. Die Besitzer haben wir in den Prater geführt, um sie dort turnen zu lassen. Es war ein köstlicher Anblick und noch viel zu wenig für diese Blutsauger. Hoffentlich kann ich Dir bald wieder so gute Nachrichten geben. Heil Hitler! Dein Sami Grünzweig.«

Auch die alte Frau Goldblatt hätte ihrer Tochter beinahe einen ähnlichen Strich durch die mühsam ausgeheckte Rechnung gemacht. Die Tochter, unter dem Bühnennamen Garden am Deutschen Theater in Mährisch-Ostrau tätig, hatte angesichts der komplizierten Devisenvorschriften beschlossen, ihre Geldzuwendungen an die in Wien lebende Mama auf ebenso einfache wie riskante Weise vorzunehmen, indem sie auf gut Glück tschechoslowakische Banknoten in einen gewöhnlichen Brief ohne Absenderadresse steckte – wenn er einer Kontrolle zum Opfer fiel, hatte man Pech gehabt, wenn er durchkam, sollte Frau Goldblatt den Empfang auf offener Postkarte bestätigen und für die Banknoten das im Verkehr mit einer Schauspielerin durchaus einleuchtende Kennwort »Bühnenphotos« verwenden. Frau Goldblatt bestätigte: »Mein liebes Kind, Deine Bühnenphotos sind angekommen und haben mich sehr gefreut. Aber bitte, schick mir nächstens etwas kleinere Photos. Die letzten waren so groß, daß ich Schwierigkeiten hatte, sie zu wechseln.«

Ungefähr ein Jahr später konnte man aus der Tschechoslowakei kein Geld mehr nach Wien schicken, weil die Tschechoslowakei nicht mehr existierte. Über den Devisenverkehr zwischen der Ostmark und dem Protektorat Böhmen-Mähren bin ich nicht unterrichtet. Ich befand mich um diese Zeit bereits als Emigrant in der Schweiz (und ein weiteres Jahr später als Freiwilliger in der tschechoslowakischen Exilarmee in Frankreich).

Bevor es soweit war, zur Zeit, als man aus Wien noch nach Prag flüchtete, war mir dort mein alter Freund Heinz Politzer begegnet, Lyriker, Essayist, gemeinsam mit Max Brod Mitherausgeber der ersten Kafka-Gesamtausgabe und Inhaber einer wohlgepflegten Neigung zur Depression, für die sich in jenen Märztagen des Jahres 1938 ein weites Betätigungsfeld öffnete. Politzer machte zünftigen Gebrauch davon. Sein Blick in die Zukunft ließ – um Herzmanovsky-Orlando zu zitieren – den Propheten Jeremias vergleichsweise als Humoristen erscheinen. Nichts konnte seine Düsternis aufheitern, nicht einmal die Titelseite einer Schweizer Provinzzeitung, die ich ständig bei mir trug – hatte sie doch am 13. März, dem Tag des Nazi-Einzugs in Österreich, ihren Aufmacher mit der dreispaltigen Überschrift versehen: »1938 – ein gutes Nußjahr«. Selbst dieses Zeugnis einer optimistischen Lagebeurteilung entlockte dem Deprimierten nur ein müdes Achselzucken.

Ich versuchte es mit wuchtigeren Argumenten:

»Politzer«, sprach ich ihm zu, »es mag ja im Augenblick nicht besonders günstig für uns aussehen – aber eines dürfen wir uns sagen: Wir erleben Geschichte!«

»Ich möchte lieber Geographie erleben«, replizierte Politzer. (Die Lehrfächer »Geographie« und »Geschichte« waren an den österreichischen Mittelschulen gekoppelt und wurden immer vom selben Professor unterrichtet.)

Sein Wunsch ist ihm in Erfüllung gegangen. Heinz Politzer, der sich inzwischen durch einige gewichtige Werke hohen Rang als Literaturhistoriker erworben hat, war 1938 auf ziemlich abenteuerlichen Wegen nach Palästina gelangt und lehrt heute an einer amerikanischen Universität. Er hat Geographie erlebt.

II. Mittendrin

Wem es geglückt war, sich aus dem Bereich der von Horowitz eingerichteten Konzerthäuser zu retten, der hatte zumeist nicht viel mehr als sein nacktes Leben gerettet und vielleicht noch seine Freiheit, sofern man darunter eine von zahllosen behördlichen Auflagen, Beschränkungen, Vorschriften, Stempeln und Bewilligungen eingeengte Bewegungsfreiheit verstehen will. Im Epilog zur ›Tante Jolesch‹ (TJ S. 198–214) habe ich einiges über die Fährnisse und Tücken der Emigration berichtet, über die Struktur der Emigranten und wie sie dieser Fährnisse und Tükken Herr wurden oder auch nicht, über die unbeabsichtigte und die desperat beabsichtigte Komik des Emigrantendaseins – es ist, wahrlich, ein eigenes Kapitel, und seine Behandlung verursacht mir, nicht minder wahrlich, nach wie vor gewaltige Hemmungen. Die Unannehmlichkeiten, die unsere alles eher als gastlichen Gastländer uns mit nimmermüdem Eifer bereiteten, wurden schon so oft (und, wie soeben angedeutet, auch von mir) geschildert, daß weitere Schilderungen unweigerlich die Langeweile des Lesers hervorrufen würden und seinen Stoßseufzer »Ach, das kenne ich schon!«, welcher selbst dann geseufzt wird, wenn der Leser »das« – was immer es sei – gar nicht kennt, sondern nur weiß, daß es schon oft geschildert wurde. (Auf solche oder ähnliche Weise entsteht nicht ungern eine sogenannte »öffentliche Meinung« und verfestigt sich binnen kurzem so sehr, daß sie einer nächsten bereits als Grundlage dient.)

Es scheint mir deshalb geboten, auch einmal von den anderen Unannehmlichkeiten zu sprechen, von denen, die sich die Emigranten selber schufen, untereinander und gegeneinander, in einer bemerkenswert leistungsfähigen Eigenproduktion. Diese gewissermaßen autarken Unannehmlichkeiten konnten es zwar mit dem konkreten Bedrohungseffekt der staatlich produzierten nicht aufnehmen, bewirkten jedoch eine mindestens ebenso quälende Abnützung der Nervensubstanz und, zumal bei Personen von labiler Wesensart, eine oft bis zu Selbstmordgedanken gesteigerte Verzweiflung über die unentrinnbare Zugehörigkeit zu der als »Emigranten« gekennzeichneten Menschengruppe. Hab ich mich denn, so mochte manch einer sich fragen, dem Zugriff Hitlers entzogen, um hier in Paris diesem widerlichen Benno Steiner in die Arme zu laufen, dem ich zu Hause immer im Bogen ausgewichen bin, und muß ich mich von ihm, nur weil auch er emigriert ist, auf offener Straße umarmen, ja duzen lassen? Und es mochte manch einer angesichts der Tatsache, daß es darauf keine andre Antwort gab als Ja, dem Trübsinn verfallen. Jedenfalls war in meinem privaten Friedensvertrag schon damals die Rückgängigmachung aller nach dem 11. März 1938 entstandenen Duzfreundschaften vorgesehen. (Jahre später erzählte mir in München Barbara Martini, des Winfrieds liebenswerte Gattin, von ähnlichen Erfahrungen; sie bezeichnete diese unwillkommene Form der Anbiederung als »Boots-Du«, weil diejenigen, die es beanspruchen, sich immer darauf berufen, daß man doch im selben Boot säße.)

Die fettig-familiäre Intimität, die sich innerhalb der Emigration entwickelte, war tatsächlich schwer zu ertragen, und wenn man dasselbe Boot, in dem man saß, nicht durch eine unbeherrscht heftige Abwehrbewegung zum Kentern bringen wollte, mußte man sich rechtzeitig die komische Seite der Situation vor Augen halten. In besonders versöhnlichen Augenblicken zog man sogar ins Kalkül, daß die überwiegende Mehrzahl der Emigranten, jählings ihres ohnehin dürftigen gesellschaftlichen Rückhalts beraubt, nicht länger in der Lage, an ihren geschäftlichen Erfolgen Trost und Stütze zu finden, übergangslos aus einer Bahn geschleudert, die sie niemals mit der Frage nach dem Sinn ihres Lebens konfrontiert hatte – daß diese geistig und nunmehr auch finanziell Minderbemittelten sich wenigstens daran schadlos halten wollten, daß es den Namhaften von einst genauso erging wie ihnen und daß sie den vormals Unnahbaren in gemeinsamem Schicksal verbunden waren.

Im übrigen ließen sich diesen nervengängerischen Gesellen nicht alle Meriten absprechen. Der Schriftsteller, von dem sie auf der vertraulichen Grundlage der Schicksalsgemeinschaft behandelt zu werden wünschten, durfte sich ja auf dieser Grundlage seiner immer noch vorhandenen, wenn auch arg ramponierten Prominenz vergewissern, die er nirgends sonst bestätigt bekam. Ein Schuft, wer da vorgibt, daß ihm das gleichgültig war, wer so tut, als hätte er im Umgang mit den Agenten der amerikanischen Film- und Verlagsbranche nie unter jener brutalsten Formel seiner Unbekanntheit gelitten, unter der erniedrigenden Frage: »How do you spell your name?« Gewiß, sie waren einem nicht eben angenehm, die Intimitätsheischer, denen man seinen Namen nicht zu buchstabieren brauchte. Aber wer weiß, wie unangenehm es erst gewesen wäre, wenn es sie nicht gegeben hätte.

Der junge, aus Wien emigrierte Buchhändler Peter Thomas Fischer hatte in New York eine Buchhandlung eröffnet und sie allmählich zu einer Art Kaffeehaus-Ersatz umgestaltet. Unter den Vertretern der Exilliteratur, die sich dort zusammenfanden, erschien eines Tags auch Carl Zuckmayer.

»Ich habe gestern ein Exemplar Ihrer ›Magdalena von Bozen‹ nach Chicago verkauft«, begrüßte ihn Fischer.

Zuckmayer wußte sofort Bescheid:

»Ja, an Frau Malwine Popper«, sagte er.

Denn die emigrierten Autoren kannten nicht nur ihre Leser, sondern auch ihre Käufer. Wenn ein Buch von Zuckmayer nach Chicago verkauft wurde, konnte es nur an Frau Popper verkauft worden sein.

Die Leser ihrerseits, auch die zahlreichen Nichtkäufer unter ihnen, ja besonders diese, setzten es als selbstverständlich voraus, von den ihnen bekannten Autoren gekannt zu werden, und reagierten höchst ungehalten, wenn ein Autor dieser Voraussetzung nicht entsprach. Ich erinnere mich an ein von Bruno Walter dirigiertes Symphoniekonzert in Los Angeles, das Franz Werfel und ich gemeinsam besucht hatten und nach dessen Ende wir zu Walter ins Künstlerzimmer kommen sollten. In dem Gedränge, das die ausgedehnten Vorräume, Korridore und

Garderoben durchwogte, wurde ich von Werfel getrennt, verlor ihn aus den Augen, nahm an, daß er nach mir Ausschau halten würde und blieb stehen.

»Herr Torberg, Sie werden gesucht«, sagte plötzlich dicht neben mir die Stimme eines unverkennbar aus Wien oder Prag, vielleicht auch aus Brünn stammenden Mit-Emigranten, den ich noch nie gesehen hatte. »Sie werden gesucht«, wiederholte er, nun schon ein wenig gereizt. »Von Herrn Werfel«, ergänzte er mit einem so deutlich tadelnden Unterton, als hätte ich seine Mitteilung angezweifelt. »Dankeschön«, sagte ich, versäumte es jedoch, ein freudiges Aufleuchten des Erkennens über mein Gesicht gehen zu lassen. Daraufhin sah er mich böse an und ließ mich stehen, ohne daß ich ihn hätte fragen können, wo Herr Werfel mich suchte. Offenbar empfand er mein Versäumnis als Arroganz, als ein unausgesprochenes »Wer sind Sie eigentlich?« Hätte ich's ausgesprochen, dann hätte er zweifellos geantwortet: »Sie kennen mich nicht? Ich hab doch den ›Schüler Gerber‹ gelesen!« Und zu Hause wird er die Geschichte bestimmt so erzählt haben, daß ich schlecht dabei wegkam.

Gelegentlich konnten Erkennungsszenen auch auf andre Art mißglücken. An einem Terrassentisch eines jener Cafés auf den Champs-Élysées, die dem literarischen Sektor der österreichischen Emigration als Treffpunkt dienten, saß eines Nachmittags mit einigen seiner Wiener Freunde Alfred Polgar, von den anderen mit Recht als Star der Gruppe behandelt und dementsprechend respektvoll angesprochen. Und immer, wenn sein Name fiel, beugte sich vom Nebentisch her ein sofort als Emigrant kenntlicher Gast – jawohl, Emigranten waren sofort als solche kenntlich – ein wenig zu uns herüber, sichtlich interessiert, was der berühmte Mann jetzt sagen würde.

Als wir aufbrachen, erhob er sich und trat auf Polgar zu:

»Entschuldigen Sie bitte – sind Sie Herr Polgar?« Es klang bescheiden und ein wenig erwartungsvoll.

Insgeheim nicht minder erwartungsvoll kam Alfred Polgars Antwort:

»Ja, der bin ich.«

»Herr Eugen Polgar aus Preßburg?«

Eine lautlose Schrecksekunde – dann hatte sich Polgar gefaßt:

»Nein«, sagte er höflich. »Ich bin Franz Polgar aus Olmütz.«

Der Name, um den sich die folgende Geschichte dreht, ist der Name eines Franzosen, und die Geschichte spielt im Sommer

1939 in einer »Correspondance« der Pariser Métro, einem dieser langen, unendlich wirrsälig angelegten Katakombengänge, die man beim Umsteigen von einer Linie in die andre zu durchwandern hat. Ich war in Gesellschaft eines über die politische Entwicklung jener Tage äußerst besorgten Freundes, und wir zottelten ziemlich unfroh dahin. Plötzlich blieb er stehen, packte mich am Arm und deutete auf die gegenüberliegende Korridormauer. »Vive Bucard!« stand dort mit Kreide geschrieben.

»Großer Gott!« flüsterte er entsetzt. »Schau dir das an!«

Ich schaute es mir an und wußte mit dem Namen nichts anzufangen.

»Wer ist Bucard?« fragte ich.

»Keine Ahnung«, antwortete mit bleichen Lippen mein Freund. »Aber wenn man ihn hochleben läßt – heute – in Frankreich –– das *kann* für die Juden nicht gut sein.«

Wie man 1945 aus Zeitungsmeldungen erfuhr, war Bucard einer der ersten französischen Nazi-Kollaborateure, die nach der Befreiung Frankreichs hingerichtet wurden.

Ähnlich wie früher einmal zwischen Wien und Prag, pendelte ich damals – schon um die Vorteile meines tschechoslowakischen Reisepasses auszunützen, solange es noch Zeit war und solange ich von einem der Emigrantenverlage noch Vorschuß bezog – zwischen Zürich und Paris. Das bescherte mir (neben anderen Wahrnehmungen, Erfahrungen und Erlebnissen) ein zweimaliges Wiedersehen mit Schorschi Loew, das erste unter bedrohlich gehetzten Umständen, das zweite unter den fast schon als normal zu bezeichnenden der Emigration. Schorschi, mein einstiger Schulkollege am Wiener Wasa-Gymnasium, pfiffig und quicklebendig schon damals, war unter Beibehaltung dieser Eigenschaften zu einem erfolgreichen Antiquitätenhändler gereift, hatte sie jedoch nach dem Einzug Hitlers in Österreich hintangestellt und auf die Möglichkeit einer raschen Flucht verzichtet, weil er Wien nur mit seiner Frau und deren Mutter verlassen wollte. Das gelang ihm erst nach vieler Mühe und auf denkbar knapp bemessener Basis: die drei trafen in Zürich mit einem für 24 Stunden gültigen Transitvisum ein, und die angeschlossene Aufenthaltsbewilligung in Frankreich, ohne die ihnen die Schweizer Durchreise nicht bewilligt worden wäre, erstreckte sich auf ganze drei Tage. Was nach Ablauf dieser Frist mit ihm und den beiden Frauen geschehen würde, lag in tiefem, unfreundlichem Nebel, aus dem es erfahrungsgemäß nur einen einzigen Ausweg gab: ein auf längere Sicht ausgestelltes Einreisevisum in irgendeinen überseeischen Staat, so überseeisch, daß man den Franzosen allein für die Reisevorbereitungen eine auskömmliche Zeitspanne abluchsen konnte.

Gleich nach seiner Ankunft traf ich mit Schorschi Loew zwecks Besprechung seiner höchst prekären, von schärfstem Zeitdruck bedrängten Situation zusammen. Er mußte die Schweiz spätestens am folgenden Abend mit dem Pariser Schnellzug verlassen und mußte sich bis dahin ein Visum verschafft haben, das für die nötige Atempause in Frankreich gut war. Nun bekam man solche Visa um jene Zeit entweder gar nicht mehr oder nur noch »schwarz«, nämlich gegen Geldbeträge von einer für Schorschi unerreichbaren Höhe. Unsere Nachforschungen in den einschlägig informierten Kreisen trugen uns immerhin einen Geheimtip zu: die konsularische Vertretung einer mittelamerikanischen Republik lag in den Händen eines jüdischen Großkaufmanns, der angeblich mit sich reden ließ. Gegen ein verhältnismäßig geringes Entgelt bekam Schorschi die Adresse des Konsulats, die mit der Wohnungsadresse identisch war.

Hoffnungsfroh machte er sich mit seinen Damen am nächsten Vormittag auf den Weg. Und wirklich: der Konsul, tief beeindruckt von des Besuchers dokumentarisch belegten Nöten und wohl auch vom mitleiderregenden Pathos ihrer Schilderung, da konnte man sich auf Schorschi verlassen und damit hatte er sich schon im Gymnasium aus mancher Patsche geholfen – der Konsul also erklärte sich bereit, seinem bedrängten Glaubensgenossen das ersehnte Visum auszustellen.

Auch für Frau und Schwiegermutter?

Ja, selbstverständlich.

Schorschi ernannte ihn zu einem Engel in Menschengestalt, gab wahrheitsgemäß an, daß er nicht wisse, wie er ihm danken solle, und zog aufatmend die drei Pässe hervor.

Er brauche ihm nicht zu danken, winkte der Engel in Menschengestalt ab, und morgen vormittag bekäme er die Visa.

Nein, jetzt gleich, berichtigte Schorschi. Nicht morgen vormittag. Jetzt.

Nein, beharrte nun seinerseits der Konsul. Nicht jetzt. Morgen vormittag.

Aber warum, um Himmels willen? Nur mit Mühe meisterte Schorschi seine Erregung. Er habe doch zur Genüge dargetan, wie dringend er die Visa brauche. Warum nicht jetzt?

Weil heute Samstag sei, erklärte der Konsul, und weil er als strenggläubiger Jude am Samstag nicht schreiben dürfe.

Schorschi Loew benötigte eine Weile, um sich zu erholen. Dann kramte er sein ganzes jüdisches Wissen hervor: Er kenne die religiösen Vorschriften gewiß nicht so gut wie der Herr Konsul, aber er glaube einmal gehört oder gelesen zu haben, daß die Rettung eines Menschenlebens das höchste Gebot von allen sei und jedes andre Gebot außer Kraft setze, also auch das Schreibverbot am Sabbath.

Das träfe zwar zu, wurde ihm erwidert, aber er befände sich ja nicht in unmittelbarer Lebensgefahr, die eine Verletzung der heiligen Sabbathgesetze rechtfertigen würde.

Nach kurzem Bedenken entschied sich Schorschi Loew gegen eine Fortsetzung der offenkundig aussichtslosen Diskussion. Er stand auf, trat nahe an den Konsul heran und sprach wie folgt:

»Hören Sie gut zu, was ich Ihnen sage, Herr Konsul. Wir werden Sie jetzt verlassen. Um drei Uhr nachmittags sind wir wieder da. Und wenn wir dann nicht die Visa bekommen, springen wir vor Ihren Augen aus dem Fenster, meine Frau, meine Schwiegermutter und ich. Meine Schwiegermutter ist siebzig Jahre alt. Aber ich mache Sie aufmerksam« – und hier erhob er drohend die Stimme – »springen kann sie wie eine Junge!!«

Die Visa wurden erteilt, die Familie Loew traf rechtzeitig in Frankreich ein, und als ich meinen Freund Schorschi einige Wochen später zum andern Male in Paris wiedersah, war er bereits im Besitz einer provisorischen Aufenthaltsbewilligung für vier Wochen.

Der halbwegs Kundige – das steht schon im Epilog zur ›Tante Jolesch‹ – kann einer jeden Emigrations-Anekdote anmerken, wo sie entstanden ist. Bei den in London entstandenen bin ich auf Berichte angewiesen, möchte sie aber deshalb nicht gänzlich beiseite lassen. Einige von ihnen sind viel zu schön, als daß sie in Vergessenheit geraten dürften; und viel zu lokalgebunden, als daß sie sich anderswo einschmuggeln ließen.

So kann ein hungriger Neuankömmling eben nur in London ein ihm als besonders wohlfeil empfohlenes »Lyon's Corner-house« aufgesucht haben, wo er sich angesichts seiner geringen Barschaft mit der Bestellung einer Suppe begnügte. Er wußte nicht, was ihm bevorstand. Und nahm, als der Kellner den Teller vor ihn hingesetzt hatte, ahnungslos den ersten Löffel und verzog das Gesicht zu schmerzlicher Grimasse und schüttelte hinter des Kellners Rücken die Faust und rief ihm nach:

»Aber Meere beherrschen – das *ja*!!«

Läßt sich Schlüssigeres über die englische Küche sagen und über die ohnmächtige Erbitterung derer, die ihr ausgeliefert waren?

Ebenso darf das gespensterglaubige England als einzig stilvoller Schauplatz jenes Vorfalls gelten, in dessen Mittelpunkt der aus Wien emigrierte Schriftsteller Paul F. steht, der immer bei Nacht zu arbeiten pflegte. Dazu bot ihm das verlassene Landhaus eines Londoner Kollegen willkommene Gelegenheit, und dort wurde er einmal in seiner Nachtarbeit durch einen dem Hausbesitzer geltenden Telephonanruf gestört, von dem er jedoch, da er des Englischen nur mangelhaft kundig war, kein Wort verstand und dessen er sich zu entledigen versuchte, so gut er konnte. Er konnte aber nicht sehr gut, sondern kleidete die Mitteilung, daß er hier nur zu Gast sei und arbeiten wolle, in den folgenden Wortlaut:

»Nobody is here. I am the ghost and it is midnight. Please let me work.«

Am nächsten Tag berichtete er seinen Freunden nicht ohne Stolz, daß der Anrufer sofort aufgelegt hätte.

Neben diesen zwei Kurzgeschichten sind noch zwei längere zu verbuchen, die sich desgleichen nur in England zutragen konnten.

Die erste spielt in London, hat den Onkel Dori (mit vollem Namen Isidor Zuckermann) zum Helden und wurde mir von seinem Neffen Fritz erzählt.

Es war die Zeit der nahezu pausenlosen deutschen Luftangriffe. Die Familie Zuckermann war bereits zweimal ausgebombt worden und sah sich auch in ihrem dritten Domizil immer wieder genötigt, bald nach Einbruch der Dunkelheit den nächstgelegenen Luftschutzkeller aufzusuchen. Onkel Dori ertrug sowohl die Übersiedlungen wie die nächtlichen Aufenthaltswechsel mit der Gelassenheit seines weit vorgerückten Alters; er schien das alles für eine der vielen unerklärlichen Eigenheiten des englischen Lebensstils zu halten, ohne etwas von den damit verbundenen Gefahren zu merken. Eines Nachts, als das Bombardement besonders lange dauerte, wurde er aber doch ein wenig nervös und winkte seinen Neffen Fritz zu sich:

»Mir will das heute nicht gefallen«, sagte er. »Man weiß ja nie, was passiert – vielleicht müssen wir nachher wieder übersiedeln – kurz und gut: in meinem Schreibtisch liegt eine Mappe mit wichtigen Dokumenten, die ich gerne bei mir hätte. Sei so gut und bring sie mir. In der Mittellade, rechts hinten. Hier hast du den Schlüssel.«

Neffe Fritz nahm den Schlüssel an sich und versuchte erst gar nicht, dem alten Herrn beizubringen, daß und warum die Situation sich nicht zum Abholen von Mappen eignete. Er tat seinem Auftrag scheinbar Genüge, strebte dem Ausgang zu und wollte sich von dort, sobald es möglich wäre, auf den Weg machen. Dazu mußte er nicht unbedingt das Entwarnungssignal abwarten – er besaß Erfahrung genug, um aus den von draußen hereindringenden Geräuschen die entsprechenden Schlüsse zu ziehen.

Als er auf die Straße hinaustrat, stellte er fest, daß tatsächlich wieder eine Übersiedlung fällig war: das Haus, in dem die Zuckermanns gewohnt hatten, war kein Haus mehr. Es hatte einen Volltreffer abbekommen.

Auf einem der Trümmerhaufen aber, aus denen es nunmehr bestand, entdeckte er Onkel Doris Schreibtisch, halb in den Schutt eingeschrägt und gerade noch zugänglich.

Er schloß die Mittellade auf, entnahm ihr die gewünschte Mappe, ging in den Luftschutzkeller zurück und händigte sie dem wartenden Onkel Dori ein.

»Dankeschön, mein Junge«, sagte Onkel Dori.

Und das war alles, was er von dem Ereignis zur Kenntnis nahm.

Auch für die folgende Geschichte kommt den deutschen Luftbombardements eine Art Urheberrecht zu. Mein Gewährsmann ist der Prager Komponist und Dirigent Bernhard Grün, der mit zwei exzellenten Sammlungen von Musikeranekdoten auch auf literarischem Gebiet hervorgetreten ist; auf dem musikalischen besorgte er das durch eine erkleckliche Anzahl von Operetten, deren eine, ›Balalaika‹, ein Welterfolg wurde. In der Londoner Emigration hatte er sich des Umlauts in seinem Namen entledigt und hieß Grun. Für mich bleibt er der Bernhard Grün, mit dem ich seit meinen in Prag verbrachten Jahren befreundet war und dessen unerwartet frühen Tod nicht nur ich beklagt habe.

Es war keine seiner eigenen Operetten, sondern Kálmáns ›Gräfin Mariza‹, die er damals in London mit Richard Tauber in der Hauptrolle dirigierte. Wenn im Verlauf der Vorstellung –

was häufig geschah – ein Vorwarnungsalarm gegeben wurde, bekam einer der auf der Bühne Agierenden vom Inspizienten aus der Kulisse ein verabredetes Zeichen, worauf er an die Rampe zu treten und dem Publikum mitzuteilen hatte, daß ein Luftangriff bevorstünde – der nächste Luftschutzkeller befinde sich dort und dort, wer ihn aufsuchen wolle, möge das jetzt tun, wer bleiben wolle, könne bleiben. Die Vorstellung durch eine solche Nachricht zu unterbrechen, war natürlich eine unangenehme Aufgabe, die niemand gerne übernahm. Hingegen lauerte jeder auf das vom Inspizienten vermittelte Entwarnungssignal, dessen Weitergabe an das Publikum garantiert Beifall auslöste.

Einmal erspähte nun Richard Tauber das begehrte Handzeichen als erster, hörte sofort zu singen auf, trat an die Rampe und verkündete in seinem besten Englisch (welches ein berüchtigt schlechtes war):

»Ladies and Gentlemen, I have the pleasure to tell you that the All Clear was just sounded.« Den aufrauschenden Applaus wartete er genießerisch ab, dann fuhr er fort: »And now, back to reality.« Und schon erklang sein strahlender Tenor: »Komm, Zigan, komm, Zigan, spiel mir was vor . . .«

Über Lissabon, die letzte Fluchtstation auf dem europäischen Festland, die zu meinem eigenen Erlebnisbereich gehört, habe ich alles Erlebte – wie immer auf seine anekdotische Brauchbarkeit hin gesiebt – schon in der ›Tante Jolesch‹ (TJ S. 203 f.) berichtet. Daß es bei weitem nicht alles ist, was als berichtenswert gelten dürfte, versteht sich aus eben dieser Siebung. Ihr mußten ja auch die letzten Fluchttage in Frankreich geopfert werden, jene hektischen Tage in Bayonne, als Hunderttausende von südwärts Flüchtenden sich in der aufgeschreckten Stadt zusammenstauten, weil ihnen die letzten Konsulate vor der spanischen Grenze die letzte Hoffnung boten, den nachrückenden Deutschen noch zu entrinnen. Was sich vor und in diesen Konsulaten abspielte, oder im Hafen, aus dem die letzten Schiffe nach England und Afrika ausfuhren, oder auf dem Bahnhof, den die letzten Züge zur französisch-spanischen Grenze in Richtung Hendaye-Irun verließen, und wie es in der Stadt selbst zuging, die bis dahin nicht das allermindeste vom Krieg verspürt hatte und inmitten des jäh und fremdartig über sie hereingebrochenen Chaos an ihrem störrischen Kleinstadtleben festhielt, als stünden nur die Visa der Flüchtlingshorden auf dem Spiel und nicht das Schicksal Frankreichs – ach, wer wollte und könnte aus dieser Apokalypse des Irrsinns die tragigrotesken Begleiterscheinungen herausklauben, die der Irrsinn mit sich brachte. Übrigens ist der in Bayonne amtierende portugiesische Konsul, ein wahrer Menschenfreund, damals wirklich irrsinnig geworden. Unterm Übermaß seiner hilfreichen Bemühungen zusammengebrochen, sprang er mit einer Anzahl von Pässen, die bei ihm zur Vidierung erlagen und die er nicht mehr bewältigen konnte, ins Wasser. Er wurde gerettet. Die Pässe nicht. Was mit ihren Inhabern geschehen ist, wissen nur sie selbst.

Die anderen Konsuln amtierten – wenn man den hier einigermaßen deplacierten Ausdruck gebrauchen darf – normal, das heißt: sie entfernten sich nach Ablauf der vorgeschriebenen Amtsstunden durch die Hintertüre aus dem Konsulatsgebäude, um den heulenden Menschenmengen, die es umlagerten, zu entgehen. Und die französischen Behörden – es sei zu ihrer Ehrenrettung gesagt, die sie dringend benötigen (und auf die sie vermutlich auch heute noch keinen Wert legen) – amtierten nicht nur normal, sie machten sogar Überstunden, sie stempelten bis in die Nacht hinein ihre Ausreisevisa, ohne die man aus Frankreich nicht hinauskonnte, in die Pässe der oft seit Tagen Anstehenden, sie stempelten und stempelten und kamen nicht und nicht auf den Gedanken, das Ausreisevisum einfach abzuschaffen. Das hätte ihnen und Abertausenden das Leben ganz enorm erleichtert. Manchen hätte es das Leben sogar gerettet.

Ich selbst war auf verschlungenen Wegen im Auto eines ebenso beherzten wie gefinkelten Freundes aus Paris nach Bayonne gelangt, wobei alle Beteiligten – mein Freund, das Auto und ich – erst im letzten Augenblick zueinander gefunden hatten. Dieser letzte Augenblick nahte heran, als Paris bereits von drei Seiten eingeschlossen und nur eine einzige Ausfallstraße nach Süden, die Route d'Orléans, noch offen war. Und wir hätten ihn in jedem Fall abwarten müssen, auch im Fall eines längst bereitstehenden Autos. Denn solange die Straßenkontrollen noch halbwegs funktionierten, wären wir mit unseren mehr als dubiosen Papieren nicht durchgekommen. Dazu bedurfte es jenes heillosen Durcheinanders, das vom letzten Schub der Massenflucht aus Paris ausgelöst wurde.

Was mich betrifft, so hatte ich mich in Paris mit einem Urlaubsschein der tschechoslowakischen Armee aufgehalten, französisch und tschechisch abgefaßt und mit zahlreichen Stempeln und Zusatzklauseln versehen, deren eine besagte, daß ich Paris ohne ausdrückliche Ordre meines Regimentskommandos nicht verlassen dürfe. Wenn ich hiemit zu Protokoll gebe, daß ich mit diesem Urlaubsschein unterwegs Benzin requiriert habe, so ist über die Umstände, unter denen sich unsre Flucht vollzog, beinahe alles gesagt. Daß ich noch in Uniform war, kam mir bei meinen mit forschem militärischen Auftreten durchgeführten Benzinaktionen zweifellos zustatten, und daß wir zu deren Durchführung auf die rätselhafterweise kaum befahrenen Nebenstraßen auswichen, hatte noch andere Gründe als den höchst plausiblen, daß es auf den vom Flüchtlingsstrom durchwälzten Hauptstraßen kein Benzin mehr gab.

Wie ich in Bayonne zu einem Zivilanzug kam; wie ich dort auf wieder andere Freunde stieß, mit denen ich die Flucht dann fortsetzte; wie wir abwechselnd unter freiem Himmel und in einer ausgeraubten Wohnung nächtigten (den Tip hatten wir von einem Gendarmen bekommen, der uns ursprünglich verhaften wollte); wie mein Freund, der Autofahrer, uns ein wahrhaft glorreiches Schnippchen schlug, indem er sich von der Verwalterin einer öffentlichen Bedürfnisanstalt allabendlich nach Betriebsschluß einsperren ließ, so daß er bei jeder Witterung ein Dach überm Kopf hatte und obendrein eine Waschgelegenheit am Morgen; wie wir uns die nötigen Aus-, Durch- und Einreisevisa verschafften; und daß wir diesen ganzen, von Weltuntergangspanik und Spitzelhysterie verschärften Höllenwirbel überstanden haben, will mir im Rückblick doppelt unglaublich erscheinen. Zu einer kompakten Schilderung – sie liegt ja ohnehin nicht in meiner Absicht – würden die wüsten Erinnerungsfetzen, mit denen ich's dann und wann noch zu tun bekomme, keinesfalls ausreichen.

Besonders grell ist mir ein Straßenauflauf vor einem der Konsulate im Gedächtnis geblieben. Er war um einen offenbar Abgewiesenen entstanden, der sich gegen das Schicksal, in Hitlers Fänge zu geraten, mit lautem Wehklagen aufbäumte und den auch die gutgemeinten Trostesworte eines dicken, ausnahmsweise freundlichen Franzosen nicht beruhigen konnten.

»Mais calmez-vous donc, calmez-vous«, sprach jener auf ihn ein. »Enfin, Hitler ne va pas vous manger.«

Aber das wirkte auf den Verängstigten nicht:

»Il *va* me manger, il *va* me manger«, rief er ein übers andre Mal, und es läßt sich leider nicht leugnen: die Beharrlichkeit, mit der er darauf bestand, von Hitler gegessen zu werden, hatte etwas absurd Komisches an sich.

Absurd und komisch ging es auch zu, als meine Freunde und ich dann endlich über die französisch-spanische Grenze gelangten, über die schmale Brücke zwischen Hendaye und Irun, die wir aus dem Kino kannten, aus den Wochenschauberichten vom Ende des Spanischen Bürgerkriegs. Damals waren die spanischen Loyalisten über diese Brücke nach Frankreich geflüchtet – jetzt flüchteten wir in die umgekehrte Richtung und fühlten uns beim Anblick der Guardia Civil in ihren Querstschakos, fühlten uns bei dem Gedanken, daß wir jetzt gerettet waren, nicht besonders wohl. Aber kurz zuvor hatten wir uns noch bedeutend unwohler gefühlt, denn es war höchste Zeit, es war, wie sich alsbald erwies, der letzte Tag, an dem man die Grenze noch überschreiten konnte. Am folgenden Tag wurde sie von den deutschen Truppen gesperrt.

Zu unsrer Gruppe gehörte mein schon früher in filmischen Zusammenhängen erwähnter Freund Otto Eis, der seit Jahren an einer ungewöhnlichen Krankheit – »Morbus Bechterew« – litt, die er mit Gleichmut und Humor ertrug. Sie befand sich seit längerer Zeit im Stadium einer völligen Versteinerung und Fühllosigkeit seines Hals- und Rückenwirbels, so daß er sich rücklings hinfallen lassen konnte, ohne das geringste zu spüren. Davon hatten wir schon in Wien gelegentlich profitiert, etwa wenn wir uns um Kinokarten anstellen mußten und rascher vorwärtskommen wollten: dann ließ sich Otto lautlos hinfallen, wir und die vor uns Stehenden umringten ihn unter Schreckensrufen, und während er behutsam aufgerichtet und abgeputzt wurde, hatte sich einer von uns zur Kassa gestohlen und die Eintrittskarten gelöst.

Jetzt, angesichts der besorgniserregend langen Schlange, die sich auf der französischen Seite an das Paß- und Zollgebäude heranschob, langsam, viel zu langsam (und wie wir später erfuhren, war ihr letztes Drittel tatsächlich nicht mehr hinübergelangt) – jetzt sollte uns diese Prozedur aus einer beträchtlich ernsthafteren Bedrängnis helfen. Otto fiel hin, blieb in einwandfrei gespielter Ohnmacht liegen, und niemand konnte etwas dagegen einwenden, daß wir den Reglosen ins Zollhaus trugen. Erst dort kam er zu sich und kam noch rechtzeitig über die Grenze. Wir immer mit. Bis nach Portugal.

Es war, um auch das noch anzudeuten, eine grauenhaft deprimierende Fahrt, die uns aus dem vom Bürgerkrieg halb zerstörten Irun in versiegelten Waggons durch jämmerlich verwahrloste Landstriche zur spanisch-portugiesischen Grenze brachte, nach Fuentes de Oñoro mit seinem armseligen kleinen Bahnhof und weiter über eine trostlose Strecke Niemandsland in die portugiesische Grenzstation Vilar Formoso. Dort durften wir aussteigen. Dort gab's ein richtiges, sauberes Bahnhofsrestaurant mit weiß gedeckten Tischen. Dort tranken wir Kaffee wie schon lange nicht und aßen dazu Gebäck wie schon lange nicht, und der sanfte Melancholiker Jan Lustig, aus wochenlangem Trübsal erwacht, wischte sich den Mund ab und lehnte sich zurück und sagte:

»So. Und jetzt noch nackerte Weiber!«

Kein Zweifel: wir waren im Paradies.

Wir waren es natürlich nicht, das merkten wir bald genug. Aber im Vergleich zu dem, was wir hinter uns hatten, wirkten die Zustände und die Menschen, die uns jetzt in Empfang nahmen, geradezu überirdisch. Freundliche Grenzer verteilten Flugzettel mit mehrsprachigem Text, in dem man freundlich um Geduld gebeten wurde, bis die Behörden entschieden hätten, nach welchem Ort die in Intervallen einlaufenden Züge – die zunächst auf Abstellgeleisen stehenblieben – zwecks Aufnahme ihrer Insassen geleitet werden sollten. Die Hauptstadt Lissabon, damals gerade Schauplatz einer pompös aufgezogenen »Portugiesischen Weltausstellung«, war seit einigen Tagen gesperrt – eine durchaus verständliche Maßnahme, denn die politischen und wirtschaftlichen Repräsentationszwecke der Ausstellung wären durch die keineswegs repräsentablen Scharen umherstreunender Anwärter auf überseeische Visa nicht just gefördert worden. Daß die Anwärter sich auf die Dauer von Lissabon nicht fernhalten ließen, ist ebenso verständlich. Denn nur dort bekam man Visa.

Meine Freunde und ich wurden nach Curia dirigiert, dem einstigen Sommersitz der Braganza, dessen Parkanlagen noch Spuren königlicher Pracht und dessen Herbergen noch Spuren früherer Palasteinrichtungen aufwiesen. Indessen hatte man sich ja nicht zum Behuf historischer Studien nach Portugal begeben, sondern um möglichst rasch zu einem Visum und weiter nach Übersee zu kommen. Also bemühte man sich, kaum daß man ein wenig zu Atem gekommen war, um die behördliche Bewilligung, den Aufenthaltsort zu wechseln, wobei man darauf Bedacht nahm, möglichst nahe an Lissabon mit seinen Konsulaten heranzugelangen. Solche Bewilligungen waren in der ersten Zeit noch ohne große Mühe zu haben – schwierig wurde das (und manches andre) erst später, als deutsche Bestechungsgelder und deutsche Agenten auch hier in Aktion traten. (Aber selbst dann, es sei nochmals und dankbar festgehalten, zeigte sich Portugal uns Emigranten gegenüber freundlicher und verständnisvoller als irgendein andres unserer vorangegangenen Zufluchtsländer.)

Man hatte mir Porto als neuen Aufenthaltsort zugewiesen, die zweitgrößte Stadt des Landes und für Kontakte zur Außenwelt weit besser geeignet als das abgeschiedene Curia. Auch das amerikanisch-jüdische Hilfskomitee, das mich – wie alle Flüchtlinge einschließlich der nichtjüdischen – finanziell über Wasser hielt, war mit dem Ortswechsel einverstanden und löste mir die Ausspeisungs-Bons in barem ab, so daß ich mich nach einem Privatquartier umsehen konnte. Ich fand es in einer Pension, die den übertriebenen Namen »Elite« führte und deren Besitzer, nachdem er mehrmals händeringend »Sacrificio, sacrificio!« ausgerufen hatte, eine Tagesmiete in der Höhe von 6 Escudos begehrte. Das war nicht viel Geld – es entsprach ungefähr dem Preis einer Büchse Sardinen, meiner täglichen Hauptnahrung –, aber das Zimmer, das ich dafür bekam, war ja auch nicht viel Zimmer. Hier ist vielleicht eine etwas ausführlichere Schilderung am Platz.

Manche portugiesischen Häuser, zumindest in Porto und jedenfalls soweit sie als Pensionen firmierten, zeichneten sich durch eine nicht restlos durchdachte architektonische Planung aus. Ich stellte das noch an einer andern Pension fest, die von einem unserer reichsdeutschen Fluchtgefährten bewohnt wurde – er hatte übrigens für das portugiesische Cedille-Zeichen, das die Vokalfolge ao zu einem einzigen Nasallaut zusammenzieht, nichts übrig und sprach mit preußischer Präzision von der »Pensá-o Sá-o Jo-á-o«. Sie bot, ebenso wie ihr »Elite« geheißenes Schwesterinstitut von außen noch einen halbwegs manierlichen Anblick, aber innerwärts stimmte es weder dort noch da. Das begann in der Pension »Elite« schon beim Lift, der auf einem stufenförmig überhöhten Podest stand und sich zwar wie ein normaler Lift in Bewegung setzte, aber das angestrebte Ziel niemals gänzlich erreichte, sondern immer ein wenig unterhalb stehenblieb. Man mußte sich dann mittels Klimmzug auf den Korridor des betreffenden Stockwerks (bei mir war es das zweite) hinaufstemmen. Der Korridor wurde von einer mit den eindeutigen Lettern »WC« versehenen Milchglastüre abgeschlossen, und wenn man sie öffnete, hatte man gute Chancen, auf die Straße zu fallen, denn an dieser Stelle war das Haus zu Ende.

Links vor dem Milchglas aber war dem Baumeister noch etwas Platz übriggeblieben, zu wenig für einen richtigen Wohnraum, zu viel für das dennoch installierte WC. Dort wohnte ich. Ich wohnte in einem Klosett mit eingebautem Zimmer. Sacrificio.

In Porto gab es endlich wieder Zeitungen, darunter auch solche aus dem Dritten Reich und dem Protektorat, man traf alte Freunde, darunter auch solche, die über Geld verfügten und zur Abgabe kleinerer Teilbeträge bereit waren – nur Konsulate, von denen man ein Visum bekommen hätte, gab es in Porto nicht. Dazu mußte man nach Lissabon, und die jetzt schon recht feindselig operierende Fremdenpolizei bewilligte für Reise und Aufenthalt insgesamt 24 Stunden, gerade genug, damit man überhaupt in Sichtweite des Eingangs zum amerikanischen Generalkonsulat käme, um dessen Gebäude sich eine mehrgliedrige Schlange von Petenten ringelte. Nach Ablauf der 24 Stunden stand man vor der Wahl, entweder in Befolgung der fremdenpolizeilichen Vorschrift dorthin zurückzukehren, wo man gemeldet war, oder unter Verletzung dieser Vorschrift illegal in Lissabon zu bleiben. Ich entschied mich, nicht zum erstenmal und nicht als einziger, für die Illegalität.

Sie brachte prekäre Begleiterscheinungen mit sich. Zunächst galt es, in einer Privatwohnung unterzukommen, deren Besitzer risikofreudig genug war, die vorgeschriebene Anmeldung bei der Fremdenpolizei zu unterlassen – und dieses Risiko ließ er sich hoch bezahlen. Zweitens aber (zweitens in zeitlicher Hinsicht, denn ein paar Tage lang blieb man ungeschoren) kamen die fremdenpolizeilichen Schnüffler dem widerrechtlich in Lissabon Verbliebenen unweigerlich auf die Spur. Vom Wohnungsinhaber wurden sie durch eine angemessene Summe beschwichtigt, für den Mieter, den sie fast niemals antrafen, ließen sie eine gedruckte Vorladung zurück, abgefaßt in jenem blumenreichen, altmodisch devoten Amtsstil, der sich auf der iberischen Halbinsel noch aus Feudalzeiten her erhalten hat. In leicht verzerrter Übersetzung lautete der Text etwa folgendermaßen:

»Eure Exzellenz! Erlauchter Herr! Verzeihen Sie, daß wir Ihre Behaglichkeit stören und die untertänige Bitte an Sie richten, Ihren erhabenen Fuß über die schmutzige Schwelle unseres Amtsgebäudes zu setzen, wo wir uns erdreisten werden, Sie mit einigen Fragen zu behelligen. Wir erwarten Eure Exzellenz . . .« (folgte Ort- und Zeitangabe).

Wer am angegebenen Ort erschien und dieses Papier vorwies,

wurde sofort verhaftet, das hatte sich rasch herumgesprochen. In dem schweren Gewissenskonflikt, dem man nun aufs neue ausgesetzt war – entweder der Urias-Einladung zu folgen oder sich schleunigst wieder in den alten, legalen Aufenthaltsort zu verfügen – entschied man sich gewöhnlich für die dritte Möglichkeit und blieb weiterhin illegal in Lissabon. Man mußte dann eben, solange man noch kein Visum bekommen hatte, eine andre »schwarze« Unterkunft finden und notfalls noch eine dritte. Auch mir blieb nichts andres übrig, obwohl ich mich um diese Zeit bereits in einer zumindest formell bevorzugten Lage befand: Der amerikanische PEN-Club hatte mich in eine ausgewählte Gruppe von Schriftstellern eingereiht, die unter der wuchtigen Sammelbezeichnung »Ten Outstanding German Anti-Nazi-Writers« für beschleunigte Visa vorgesehen waren (zu ihnen gehörten Heinrich Mann, Franz Werfel, Alfred Döblin, Leonhard Frank, Alfred Polgar und andere). Dennoch ließ das angekündigte Visum – oder die Bereitschaft des amerikanischen Konsuls, es auszustellen – auf sich warten, in meinem Fall möglicherweise deshalb, weil meine Reisedokumente mich vor dem Konsul nicht als German und nicht einmal als Austrian legitimierten; vermutlich mußte er erst in Washington rückfragen, ob man auch mit tschechoslowakischem Paß ein Anti-Nazi-Writer sein konnte.

Da ich zunächst der einzige Angehörige jener Gruppe war, der sich bereits nach Portugal abgesetzt hatte – die anderen hielten sich noch im unbesetzten Teil Frankreichs auf –, konnte ich gelegentlich als erste Informationsquelle für die aus Amerika entsandten Vertreter der verschiedenen caritativen und politischen Hilfsorganisationen fungieren, eine ebenso ehren- wie verantwortungsvolle Aufgabe, deren zusätzlicher Reiz darin bestand, daß ich bei solchen Gelegenheiten mit den portugiesischen Behörden, die mich auf ihren Suchlisten verzeichnet hielten, in urbanen Kontakt trat. Ein weiterer, nicht immer leicht zu verkraftender Reiz ergab sich aus dem persönlichen Lern- und Bildungsbedürfnis mancher Delegierten, die ihren Besuch in Old Europe unbedingt zur Erweiterung ihres Horizonts ausnützen wollten und auf Spaziergängen durch Lissabon, das für die schon erwähnte Weltausstellung auf Hochglanz hergerichtet war, unermüdlich ihre Fragen stellten. Beim Anblick des berühmten, aus dem 16. Jahrhundert stammenden Klosters Dos Jeronymos de Belem, dessen herrliche Fassade frisch gestrichen und von Scheinwerfern blendend angestrahlt war, äußerte ein besonders wißbegieriger Herr aus Chicago schwere Bedenken, ob das auch wirklich der Originalbau sei und ob ich ihm nicht vielleicht etwas weismache. Nach einigem ermüdenden Hin und Her gab ich klein bei, gratulierte ihm zu seiner Skepsis und gestand, daß es sich um eine täuschend ähnliche Nachbildung aus Pappmaché handelte, was ihn sichtlich befriedigte. Als er dann noch wissen wollte, welche Bewandtnis es mit einer Plastik zweier sich bäumender Pferde hätte, die der optischen Verschönerung eines ansonsten leeren Rasenplatzes diente, ließ ich mich auf eine wahrheitsgemäß nüchterne Erklärung nicht mehr ein und informierte ihn: dies wären die beiden mythologischen Pferde Porto und Ugal, nach denen das Land benannt sei. Der Mann hat reiche Kenntnisse nach Chicago mitgenommen und hat sie dort sicherlich zu seinem Ruhm verwertet.

Indessen sind alle nervlichen Anfechtungen, und etliche andere Strapazen dazu, ohne Schaden an mir vorbeigegangen. Noch ein letzter Unterkunftswechsel in Lissabon, der mich in eines dieser verbauten portugiesischen Häuser brachte, wo mir ein völlig unmotivierter, mitten durchs Haus geleiteter Lichtschacht tagelang vorenthielt, daß ich dicht neben Oscar Karlweis wohnte, einem meiner Fluchtgefährten aus Irun; noch ein Zusammentreffen mit dem Prager Schauspieler Hugo Haas, seiner prächtigen Ehefrau Bibi und seinem pechschwarzen Scotchterrier Dybuk (Haas wartete noch immer auf sein Affidavit, aber Dybuk, so teilte er mir erleichtert mit, hätte schon eines von Rintintin aus Hollywood bekommen); noch eine lästige Episode, die mir just am Tag der Visumerteilung eine vorübergehende Festnahme eintrug; noch ein beinahe gescheiterter und schließlich doch geglückter Versuch, das Geld für die Schiffspassage zusammenzukratzen –: dann war es soweit. Auf der »Exeter«, einem der letzten noch aus Europa abgehenden Schiffe der »American Express Company«, trat ich gemeinsam mit Leonhard Frank die Überfahrt nach Amerika an. Wir schliefen auf Matratzen, die man in einem sonst als Musikzimmer dienenden Raum für uns installiert hatte, wurden jedoch im übrigen wie normale Passagiere behandelt und waren's hoch zufrieden.

Kurz vor der Abfahrt hatten wir von unserm amerikanischen Hilfskomitee eine wahrhaft erhebende Nachricht bekommen: Die zehn Anti-Nazi-Writers waren zur Hälfte von Metro-Goldwyn-Mayer und zur Hälfte von Warner Brothers unter Vertrag genommen worden, für 100 Dollar wöchentlich, die uns in Portugal wie eine Phantasiesumme vorkamen (und sich an Ort und Stelle als knapp bemessenes Taschengeld erwiesen).

Leonhard Frank ließ sich durch die frohe Botschaft in seiner permanenten Übellaune nicht beeinträchtigen und konzentrierte seine Gedanken auf die Befürchtung, man würde uns in New York ohne jedes Bargeld nicht an Land gehen lassen. Als er immer wieder darauf zu sprechen kam, was mir allmählich die Fahrt vergällte, setzte ich mich mit einer kühnen Vision zur Wehr:

»Seien Sie unbesorgt, Herr Frank. Bei unsrer Ankunft wird ein Mann mit einem breitkrempigen Hut am Pier stehen, wird auf uns zutreten und sagen: ›Mister Frank? Mister Torberg? Ich komme von Warner Brothers. Hier sind zweihundert Dollar für jeden von Ihnen. Sie können noch ein paar Tage in New York bleiben, dann erwarten wir Sie in Hollywood.‹ So wird sich's abspielen, ich habe es im Gefühl.«

»Erzählen Sie mir keine Märchen«, knurrte Frank und wandte sich mißmutig ab.

Bei unsrer Ankunft im Hafen von New Jersey stand ein Mann mit einem breitkrempigen Hut am Pier, trat auf uns zu und händigte jedem von uns im Auftrag der Warner Brothers zweihundert Dollar ein.

Es war das erste und das letzte Mal, daß ich in Amerika etwas Märchenhaftes erlebte.

III. Zwischendurch

Aber wie käme Amerika dazu, mich Märchenhaftes erleben zu lassen? Hat denn jemals ein andres Land etwas dergleichen für mich getan? Warum verlange ich's von Amerika oder fühle mich zumindest veranlaßt, mit hämischem Unterton zu konstatieren, daß ich dort keine märchenhaften Erlebnisse hatte?

Wahrscheinlich weil die Lockung, Hämisches über Amerika zu äußern, so nahe liegt. Aber man sollte ihr nicht nachgeben, auch wenn man eine ganze Menge tiefschürfender Erklärungen dafür beibringen könnte und sogar ein paar haltbare. Es bliebe dennoch ein billiges Umsichschlagen, gerade von seiten des Emigranten und obwohl es für ihn die einzige Möglichkeit war, sich ein Restchen jener vermeintlichen Überlegenheit zu bewahren, deren ihn Europa so gründlich entkleidet hatte.

Über die Wandlung des Flüchtlings zum Einwanderer und

später zum Bürger der Vereinigten Staaten, über seinen ungemindert weiterbestehenden Haltungskonflikt und dessen extreme Ausprägungen, die verbittert europäische und die begeistert amerikanische, habe ich schon in der ›Tante Jolesch‹ (TJ S. 207) einiges angedeutet, und bei Andeutungen möchte ich's belassen. Es ist nicht mein Problem und nicht das Problem dieses Buchs. Wohl dem, der in Amerika tatsächlich eine neue Heimat gefunden hat, wohl dem, der niemals nachdenken mußte, ob er sich diese neue Heimat auch dann gesucht hätte, wenn er aus der alten nicht verjagt worden wäre. Was sonst noch gesagt werden könnte, ist eigentlich schon in der seither berühmt gewordenen Antwort der greisen Annette Kolb enthalten, als man sie fragte, wie sie sich in Amerika fühle: »Dankbar und unglücklich«, sagte sie.

Und dazu muß sofort eine ähnliche Formulierung zitiert werden, die – freilich von minder elitärem Niveau – einer gleichfalls betagten Emigrantin auf eine ähnliche Frage glückte. »Are you happy?« wurde sie gefragt. Und antwortete: »Happy bin ich schon, aber glücklich bin ich nicht.«

Damit ist zugleich der ungefähre Maßstab bestimmt, nach dem ich mich bei der Wiedergabe jener als billig bezeichneten Reaktionen richten möchte. Billigkeit allein genügt nicht. Sie muß auch anekdotisch brauchbar sein.

Solches bescherte mir die am ersten Tag meines New Yorker Aufenthalts erfolgte Begegnung mit dem bereits mehrmals von mir gerühmten Komiker Armin Berg. Wir trafen einander zufällig am Broadway, freuten uns des unverhofften Wiedersehens und versahen einander mit den wichtigsten Kurznachrichten über Woher und Wieso und Wohin. Sie mündeten in meine Erkundigung, was er denn hier so treibe und wie es ihm gefiele.

Armin Berg sah sich aus wohlgepolsterten Schweinsäuglein nach allen Seiten um, als müßte man bei Äußerungen auf offener Straße auch hier die gleiche Vorsicht walten lassen wie einst in Wien. Dann beugte er sich noch näher zu mir:

»Hör zu – warum *wir* da sind, weiß ich. Aber warum sind die Amerikaner da?«

Daß er die tief verwurzelte, aus beruflicher Rivalität und persönlichem Antagonismus zusammengeschweißte Abneigung gegen seinen Kollegen Karl Farkas aus allen Wirren der Emigration gerettet hatte und sie auch unter völlig veränderten Lebensumständen aufrechthielt, bekundete das Resumee, mit dem er,

Jahre später, ein Gespräch über seine Existenz in Amerika abschloß:

»Ich *kann* in Amerika nicht leben«, seufzte er. »Wenn ich den Farkas nur *seh*, geht mir die Gall' heraus.«

Das war zweifellos das seltsamste von allen Argumenten, die sich gegen ein Leben in Amerika vorbringen ließen.

Karl Farkas fand sich in New York etwas besser zurecht, aber was Betätigung und Wirkung betraf, blieb auch er – wie fast alle seinesgleichen – weitgehend auf die Emigrantenkreise und ihre gelegentlichen Kabarettabende angewiesen. Daneben schrieb er für Emigrantenzeitungen, und ich erinnere mich mit großem Vergnügen an ein umfangreiches, im New Yorker ›Aufbau‹ erschienenes Gedicht, in dem er mit gewohnt kunstvollen Reimen die Schicksale seiner in alle Welt verstreuten Familienmitglieder schilderte; wie zum Beispiel:

> »Mein Schwiegervater lebt in China,
> Im gelben Himmelreich der Mings,
> Assimiliert sich in die Tiefe
> Und schreibt mir vertikale Briefe,
> Anstatt wie einst von rechts nach links . . .«

Farkas war übrigens der einzige unter den nach Kriegsschluß in die alte Heimat Zurückgekehrten, der an seine vor 1938 liegende Erfolgszeit anschließen konnte und im »Simpl« noch viele Jahre lang einem anderwärts längst ausgestorbenen kabarettistischen Genre zu letzter Blüte verhalf.

Aber soweit sind wir noch nicht. Wir sind in Amerika, Ende 1940, und ich meinerseits bin in Hollywood, als zehnter und jüngster jener Outstanding Anti-Nazi-Writers im Besitz eines Jahresvertrags mit Warner Brothers, wo auch Heinrich Mann, Leonhard Frank, Alfred Neumann und Wilhelm Speyer untergebracht waren. Die anderen landeten bei der Metro-Goldwyn.

Daß es um unsere 100-Dollar-Wochengage nicht annähernd so imposant bestellt war, wie wir in Portugal geglaubt hatten, wurde ja schon gesagt. Die 100 Dollar lagen beträchtlich unter dem von der »Screen Writers' Guild« (einer Art Gewerkschaft der Filmschreiber) zugelassenen Minimum und wurden in unserm Fall nur deshalb zugelassen, weil man die ganze Sache nicht streng geschäftlich behandelte, sondern mehr als Rettungsaktion für die europäische Kultur. Nach Abzug aller Spesen (Steuer, Social Security, Ausländerabgabe etc.) blieb von den 100 Dollar gerade so viel übrig, daß wir der Sorge um unser tägliches Brot enthoben waren, an Sonn- und Feiertagen mit etwas Butter, und damit hatten wir immer noch mehr, als anderen, minder Glücklichen, zuteil wurde. Dankenswert mehr, das sei in aller Form und Deutlichkeit festgehalten. Und es beeinträchtigt diesen Dank in keiner Weise, daß Warner Brothers und Metro-Goldwyn sich mit ihrer Rettungsaktion ein Ausmaß von Publicity verschafft hatten, für das sie auf normalem Weg ungleich mehr hätten zahlen müssen, als alle zehn Anti-Nazi-Writers sie im Jahr kosteten.

In den Rahmen dieser Publicity gehörte auch eine groß aufgezogene Veranstaltung, auf der die endlich komplett in Hollywood versammelte Zehnerschaft einem interessierten und selbstverständlich zahlungskräftigen Publikum – dessen Eintrittsgelder dem zur Unterstützung der vielen Bedürftigeren ins Leben gerufenen »International Film Fund« zuflossen – vorgestellt oder eigentlich vorgeführt wurden. Wir saßen auf dem Podium, an einer langen Tafel aufgereiht, mit Namensschildchen vor jedem von uns und in der eher schützenden als störenden Gewißheit, daß kaum einer dieser Namen den neugierig zu uns Herauflugenden etwas bedeutete. Sie betrachteten uns nicht ganz mit Unrecht als Ausstellungsobjekt, als den nunmehr in Fleisch und Blut zur Besichtigung freigegebenen Inhalt der Zeitungsmeldungen, die ihnen zuvor von der Rettungsaktion der beiden Filmfirmen berichtet hatten, und Alfred Polgar äußerte, gleichfalls nicht ganz mit Unrecht: vielleicht hätten wir unrasiert und in abgerissenen Gewändern erscheinen sollen, um so recht zu dokumentieren, daß wir gerettete Flüchtlinge wären.

Den Vorsitz an der Tafel führte der uns allen ungemein mißliebige Emil Ludwig, der schon lang zuvor, unterm eigenen Dampf seiner Bestseller-Monographien, nach Amerika gekommen war und mit der ganzen Sache überhaupt nichts zu tun hatte, aber einen nicht minder ausgeprägten Sinn für Selbstreklame besaß als die Filmindustrie und sich die Gelegenheit zu einem öffentlichen Auftritt nicht entgehen ließ. Den Veranstaltern war er willkommen, weil er – ebenso wie die neben ihm sitzende französische Journalistin Geneviève Tabouis, damals ein Star der internationalen Kriegsberichterstattung – die Anziehungskraft eines bekannten Namens mitbrachte. Er und Mme. Tabouis waren »celebrities«, und die sieht man in Amerika immer gern.

Wir hingegen sahen es äußerst ungern, als Emil Ludwig ans Glas klopfte und sich zur Eröffnungsrede erhob. Sie zeichnete sich durch eine vollzählige Anhäufung aller aus dem gegebenen Anlaß denkbaren Platitüden aus und gipfelte in einem wahrhaft monströsen Mißverständnis, verursacht von dem in der Nähe gelegenen Nobelrestaurant »Victor Hugo«, genauer »Victor Hugo's«, sprich »Jugos«. Es hieß so nach dem Besitzer, der von seiner Namensgleichheit mit einem der berühmtesten Dichter Frankreichs vermutlich nichts wußte. Wohl aber wußte das der profund gebildete Emil Ludwig und leitete daraus eine geistreiche Zukunftsvision ab. Bedeutende Dichter, sagte er mit einer breit ausladenden Gebärde nach rechts und links, hätten seit jeher das Schicksal des Exils auf sich nehmen müssen und keine Einbuße ihres Ruhms erlitten, im Gegenteil, sagte er, ihre Namen wären dadurch in der ganzen Welt nur um so bekannter geworden, und das sähe man, sagte er, auch hier in Hollywood, wo sogar ein Restaurant nach dem großen, zur Zeit des Zweiten Kaiserreichs aus Frankreich exilierten Victor Ügoh benannt sei, sagte er. Und spann, des befremdeten Aufmurmelns im Saal nicht achtend, den Faden genießerisch weiter: vielleicht würde es einmal in Hollywood auch Restaurants mit den Namen der jetzt aus Europa Exilierten geben, vielleicht wird dann eines Abends jemand den Vorschlag machen: »Gehen wir doch heute in den Heinrich Mann zum Dinner«, und ein andrer wird sagen: »Wollen wir nicht vorher zum Apéritif in die Geneviève Tabouis gehen?« und wieder ein andrer: »Aber den Kaffee nehmen wir nachher im Leonhard Frank« ...

An dieser Stelle litt es mich nicht länger:

»Und zwischendurch gehen wir auf den Emil Ludwig scheißen«, sagte ich halblaut, obschon nicht halb genug, denn Heinrich Manns unweit von mir placierte Gattin Nelly, für ihr schlechtes Benehmen bekannt (und von Thomas Mann häufig gerügt), mußte über meine Worte so herzlich lachen, daß der Festredner einen tadelnden Blick nach ihr warf, ohne sich indessen in seiner läppischen Suada stören zu lassen.

Wie wenig unsere 100-Dollar-Verträge als seriöse Geschäftsangelegenheit galten, merkten wir unter anderm daran, daß der Agent, der uns den beiden Filmfirmen gegenüber vertrat – denn nach den strengen Gesetzen des Hollywoodbetriebs durften Verträge nur durch Agenten abgeschlossen werden – sich eigens einen Sub-Agenten engagierte, der ihm die exilierten Schreiber vom Leib zu halten hatte. Anderseits bestanden unsere Vertragspartner auf ihrem Schein und forderten für die wöchentlichen 100 Dollar unsre reguläre Anwesenheit im Studio, teilten jedem von uns ein »Office« und eine Sekretärin zu und ließen uns täglich acht Stunden lang sitzen, ohne Gebrauch von uns zu machen. Wozu hätten sie uns auch brauchen können? Soviel ich weiß, war ich von den bei Warners Engagierten der einzige, der über ausreichende Englischkenntnisse verfügte (und ging infolgedessen wochenlang mit einer leichten Schultersenkung einher, weil jeder, den ich im Studio kennenlernte, mir nach kurzem Phrasenwechsel mit einem dröhnenden »Well, I don't worry about *you*, Fred!« auf die Schulter schlug).

Das »Writers' Building«, wo ich mich zur aufgezwungenen Morgenstunde einfand, war in einer gelben Farbe gestrichen, die man in Wien »Schönbrunnergelb« nannte, und erinnerte auch durch seine flache Bauart so sehr an die Tierbehausungen der einstmals kaiserlichen Menagerie, daß ich in der ersten Zeit beim Eintritt unwillkürlich zu den umliegenden Palmen aufsah, ob dort nicht ein paar Produzenten schaukelten. Manchmal legte ich die Fahrt nach Burbank gemeinsam mit dem stillen, noblen, heute bei weitem nicht nach Gebühr geschätzten Romancier Alfred Neumann zurück, dessen historischer Roman ›Der Patriot‹ am Beginn der Tonfilm-Aera mit Emil Jannings in der Hauptrolle verfilmt worden war und als ein richtungweisender Erfolg in die Filmgeschichte einging. Viel zu spät, erst nach Ablauf seines Vertrags, entdeckten die Brüder Warner Neumanns Identität mit dem gleichnamigen Erfolgsautor und rauften sich die schütteren Haare, weil sie versäumt hatten, ihn gewinnbringend auszunützen, sei's auch nur durch Verwendung seines Namens. Sie waren gar nicht auf den Gedanken gekommen, daß ein europäischer Schriftsteller, der für lächerliche 100 Wochendollar bei ihnen herumsaß, etwas wert sein könnte, und Neumann war viel zu bescheiden, um sie auf diese Möglichkeit hinzuweisen.

Mir, das muß ich gestehen, war solche Zurückhaltung nicht gegeben, schon aus nervlichen Gründen nicht, und das sollte ich bitter bereuen. Nachdem ich einem amerikanischen Kollegen, der eine in Brasilien spielende Diamantenschmugglergeschichte anzufertigen hatte, eine Zeitlang als Sachberater zur Seite gestanden war (indessen nebenan ein andrer an einem von den europäischen Kriegswirren handelnden Stoff bastelte und sich bei mir vertraulich nach dem Unterschied zwischen Budapest und Bukarest erkundigte), überfiel mich unziemlicher Tatendrang. Und das kam so.

In Hollywood erschienen zwei Tageszeitungen, die sich ausschließlich filmischen Belangen widmeten, ›Hollywood Reporter‹ und ›Daily Variety‹, beide strotzend vom perversen Branchenjargon, der besonders in seinen Kürzeln auf den Uneingeweihten den Eindruck lallenden Schwachsinns machen mußte. Oder was sollte sich ein normaler Mensch unter einer Überschrift vorstellen wie ›PARA PICKS DOSTY YARN FOR TY VEHICLE‹? Er mochte zur Not noch wissen, daß »vehicle« nicht nur ein Fahrzeug bezeichnete, sondern auch die auf bestimmte Stars zugeschnittenen Filme, und »yarn« nicht nur ein Garnknäuel, sondern die dem Film zugrunde liegende Geschichte. Aber was bedeutete das Ganze? Nun, es bedeutete in annähernd wortgetreuer Reihenfolge, daß die Paramount eine Geschichte von Dostojewski für einen Film mit Tyrone Power ausgewählt hatte. Mir ist dieser Titel deshalb in Erinnerung geblieben, weil er der Aufmacher des ›Hollywood Reporter‹ am 22. Juni 1941 war, dem Tag, an dem die Sowjetunion in den Zweiten Weltkrieg eintrat.

Im ›Hollywood Reporter‹ also hatte ich eines Tags die Nachricht gelesen, daß ein mir unbekannter Ben Markson für den mir gleichfalls unbekannten Warner Brothers-Produzenten Mike Jacobs eine ›Bomb Shelter‹ geheißene Story vorbereitete. Und da ich aus Frankreich einige Erfahrung über Luftschutzkeller besaß, schien mir jetzt endlich die Gelegenheit gegeben, mich nützlich zu machen. Ich überhörte die Warnungen meiner Sekretärin, ließ mich bei Mr. Jacobs melden und offerierte ihm meine sachkundigen Dienste. Mr. Jacobs war hocherfreut und sagte mich sofort telephonisch bei Ben Markson an. Ben Markson war noch höher erfreut und gab mir die Grundzüge der Story bekannt, auf die er sich mit Mr. Jacobs geeinigt hatte: Bei einem Flugangriff auf London wird ein deutscher Bomberpilot abgeschossen, landet mittels Fallschirms in einem Luftschutzkeller und trifft dort – wie das im Leben schon geht – seine Jugendgeliebte, eine aus Berlin geflohene Jüdin. So weit, sagte Ben Markson, sei er gekommen, und von hier aus sollte ich allein weiterdichten, er hätte ohnehin einen andern Stoff in Arbeit und würde das mit Mr. Jacobs regeln, I don't worry about you, Fred, see you later.

Sicherheitshalber erkundigte ich mich bei Mr. Jacobs, ob das alles ernst gemeint sei. Es war ernst gemeint.

Ich dichtete also weiter und hatte nach zwei Monaten schweißtreibender Arbeit ein Exposé zurechtgezimmert – in Hollywood »treatment« geheißen –, von dem ich mir immerhin vorstellen konnte, daß es sich zu einem halbwegs verfilmbaren Drehbuch ausbauen ließe; damit suchte ich Mr. Jacobs auf.

Mr. Jacobs schien nicht recht zu wissen, wovon ich sprach. Erst als ich ihm unsre erste Unterredung und den Namen Ben Markson ins Gedächtnis rief, begann er sich zurechtzufinden.

»Oh yes, now I remember«, sagte er. Und teilte mir ohne den leisesten Ausdruck des Bedauerns mit, daß Warner Brothers die ganze Sache längst fallengelassen hätten. »We've dropped the whole thing long ago«, sagte er. Warum er nicht auf den eigentlich naheliegenden Einfall gekommen war, mich zu verständigen und mir damit viele Wochen vergeblicher Arbeit zu ersparen, sagte er nicht.

Allem Anschein nach bin ich aber nicht schlecht damit gefahren, daß ich zu Mr. Jacobs in keinen intensiven Arbeitskontakt trat. Dafür sprachen nicht nur die Warnungen meiner Sekretärin, sondern noch deutlicher ein Erlebnis, das mir Howard Koch, einer der besseren bei Warners tätigen Autoren, von seiner Zusammenarbeit mit Mr. Jacobs erzählte. Er mußte allwöchentlich bei ihm erscheinen, um ihn über die Fortschritte der im Entstehen begriffenen Story zu informieren, und berichtete ihm einmal von einer neu eingeführten Nebenfigur, die er als einen »little frustrated man« charakterisierte. Das hätte er nicht tun sollen. »Was heißt ›frustrated‹?« verlangte Mr. Jacobs mißtrauisch zu wissen, denn die psychoanalytischen Fachausdrücke gehörten damals, es müssen schöne Zeiten gewesen sein, noch nicht zur Terminologie des amerikanischen Alltags. Howard Koch, jählings der unvorhergesehenen Notlage ausgesetzt, seinem in jeder Hinsicht aufs Filmgeschäft beschränkten Boss den immerhin mehrschichtigen und eher abstrakten Begriff »frustriert« zu erklären, wählte den Ausweg ins Gegenständliche: »Hm«, machte er. »Frustriert. Da haben wir also diesen kleinen Mann, nicht wahr. Und der träumt zum Beispiel davon, einmal eine Yacht zu besitzen. Aber er weiß, daß er sie nie besitzen wird. Und aus diesem Gefühl der Vergeblichkeit gerät er in einen Zustand, den man ›frustriert‹ nennt.« Mr. Jacobs nickte, Howard Koch fuhr in seinem Rechenschaftsbericht fort, und als er fertig war, nickte Mr. Jacobs abermals:

»Okay. Die Yacht kann bleiben.«

Daß ich die Behandlung, die Mr. Jacobs mir hatte angedeihen

lassen, als einigermaßen entwürdigend empfand, war eine Voreiligkeit – das zeigte sich beim Auslaufen meines Jahresvertrags, der nur pro forma als solcher bezeichnet wurde und sich de facto (wie alle gleichartigen) nur auf 40 Wochen erstreckte; die restlichen 12 galten als Optionsfrist für seine Verlängerung oder Nichtverlängerung. Da der Sub-Agent, der den wirklichen Agenten vor uns zu schützen hatte, von nichts wußte, erschien ich auch am Beginn der 41. Woche wie üblich im Studio Burbank. Der Eintritt pflegte sich in einem immer gleichen Ritual zu vollziehen: Ich nickte der mit Brille und perfekt ondulierter Frisur versehenen Dame, die rechts in einem Glasverschlag saß, freundlich zu, sie nickte freundlich zurück und drückte auf einen Knopf, worauf die eigentliche Eingangstüre sich öffnete und mir den Weg ins Writers' Building freigab.

Auch an jenem 41. Montag hatte ich freundlich genickt, jedoch übersehen, daß kein freundliches Zurücknicken erfolgt war. Ich schlug mit der Stirn an die Glastüre an, die sich entgegen meiner automatischen Erwartung nicht geöffnet hatte.

Als ich mich verdutzt umsah, drückte die perfekt Ondulierte auf einen andern Knopf, der das Fensterchen ihres Glasverschlags hochgehen ließ, und beugte sich unverändert freundlich hervor:

»You have an appointment, Mr. Torberg?« fragte sie.

Denn ein im Studio nicht Beschäftigter wurde nur eingelassen, wenn er eine Verabredung hatte.

Ich hatte keine. Und ich gehörte nicht mehr zu den bei Warner Brothers Beschäftigten. Wie ich soeben erfahren hatte, war mein Vertrag nicht verlängert worden.

Ganz ungleich kräftiger wußten sich die nach Hollywood emigrierten Ungarn durchzusetzen – eine Tätigkeit, die ja von Ungarn überhaupt gerne ausgeübt wird und für die sie in Hollywood um so besseren Boden vorfanden, als sie dort auf eine schon früher etablierte Kolonie ihrer Landsleute stießen, mit einflußreichen Produzenten wie Joe Paszternak und arrivierten Regisseuren wie Mike Curtis, vormals Mihaly Kertesz, ganz zu schweigen von Gyuri Marton, dem welterfahrenen Theater- und Filmagenten, der seine Unterstützung seit jeher auch nichtungarischen Autoren angedeihen ließ.

Es wäre kindisch, das schreiberische Talent der ungarischen – ob sie nun Fodor oder Bus-Fekete hießen, Lengyel oder László – etwa leugnen zu wollen. Sie hatten es schon in Europa bewiesen und sie bewiesen es nun auch in Hollywood. Ihr delikates Gespür für die jeweiligen Marktbedürfnisse setzte sie in die Lage, erfolgversprechende Stoffe immer um eine Kleinigkeit früher anzubieten, als die Produzenten überhaupt wußten, daß es gerade dieser Stoff war, den sie suchten. Das brachten ihnen die Ungarn schon bei, und damit dokumentierten sie ein weiteres ihrer Talente. Als das stärkste jedoch erwies sich ein drittes. Merkwürdigerweise hatten nämlich jene erfolgversprechenden Stoffe nur in den seltensten Fällen den versprochenen Erfolg, obwohl ihre Hersteller zumeist auch am Drehbuch mitschrieben, so daß sich die in solchen Fällen übliche Ausrede, eine gute Story wäre durch das Drehbuch verpatzt worden, nicht anwenden ließ. Und was noch merkwürdiger war: die für den Mißerfolg verantwortlichen Ungarn verkauften daraufhin sofort eine nächste Story, sogar zu einem höheren Preis, und wurden zu einer höheren Gage auch wieder für das Drehbuch engagiert. Alle Versuche, das Mysterium dieses Vorgangs zu ergründen, blieben ergebnislos. Über ein Achselzucken und den Stoßseufzer »Ungar müßte man sein!« kam niemand hinaus. Am Eingang zum Writers' Building der »20th Century Fox«, die damals ein halbes Dutzend Ungarn unter Vertrag hatte, prangte eines Tags ein Transparent: »Being Hungarian is not enough«. Aber es *war* genug, und der ohnmächtige Aufschrei konnte nichts daran ändern. (Jahre später, wieder in Europa, wurde auf einen jüdischen Schauspieler – eifersuchtshalber von einem anderen jüdischen Schauspieler – ein ähnlich strukturierter Ausspruch gemünzt: »Jud allein ist nicht abendfüllend.«)

Auch ihre Sprachschwierigkeiten – mit denen es ja alle Ausländer zu tun bekamen – bewältigten die Hollywood-Ungarn auf originelle Art. Selbstverständlich bedienten sie sich, wenn sie in der Kantine beisammensaßen, ihrer Muttersprache, die Kurt Tucholsky einmal »die aufdringlichste Geheimsprache der Welt« genannt hatte und die – wofür sich bei eingehendem Studium des finnisch-ugrischen Sprachstamms vielleicht Gründe auffinden ließen – nur oberhalb einer bestimmten Lautstärke gesprochen werden kann. Das erregte nach Kriegsbeginn, als die Sprachen der Feindländer in Amerika ungern gehört wurden, den Mißmut der übrigen Kantinenbesucher, und man legte den Ungarn nahe, doch lieber Englisch zu sprechen. Aber wie sehr sie sich mühten – es klang noch immer ungarisch. Die Lösung, auf die sie schließlich verfielen, hatte den Vorteil, daß nun wirklich niemand mehr wußte, um welches Idiom es sich handelte: sie sprachen Ungarisch mit englischem Akzent.

Einen gleichfalls bemerkenswerten Ausweg aus dem Sprachdilemma, der sich besonders für den Besuch öffentlicher Gaststätten eignete, fand mein Freund Walter Slezak. Er ließ seine 125 Kilo Lebendgewicht aufatmend in den Sessel plumpsen und verlautbarte weithin hörbar: »Gott sei Dank, daß wir Schweizer sind!« Einer Unterhaltung in deutscher Sprache stand dann nichts mehr im Weg.

Einige Mitglieder der ungarischen Kolonie kannte ich noch von Wien her, einige lernte ich in Hollywood kennen und schätzen, darunter einen der wenigen, der den weit verbreiteten, von Fodor, Bus-Fekete, Lakatos und anderen innegehabten Vornamen László als Zunamen trug: Aladár László. Im ungarischen Original hätte das, wie man weiß, die verwirrende Abfolge László Aladár erfordert. Es gab auch einen Miklos László oder László Miklos. Einen László László gab es nicht, denn bei einem solchen wäre die Voranstellung des Zunamens völlig nutzlos gewesen, und ein ungarischer Autor tut nichts Nutzloses.

Aladár László zehrte vom Ansehen und wohl auch vom Geld, das ihm seine von Ernst Lubitsch verfilmte Geschichte ›The Shop around the Corner‹ eingebracht hatte, und unterschied sich von seinen Artgenossen durch einen völligen Mangel an Ehrgeiz und Betriebsamkeit. Dabei kam ihm sein Magenleiden und die damit verbundene Mißgelauntheit zustatten, die sich jedoch insofern produktiv auswirkte, als ihm dann und wann eine besonders treffende Bemerkung zu unsrer Hollywood-Malaise gelang.

Wir hatten, ob man's glaubt oder nicht, ein Stammcafé gefunden, noch dazu am repräsentativen Sunset Boulevard, »Players« geheißen und abends ein Treffpunkt der Filmprominenz; aber bei Tag durften auch wir, die kleinen Niemande, denen in der gesellschaftlichen Hierarchie Hollywoods ungefähr der Rang eines postenlosen Kanalräumers zukam, das Nobellokal frequentieren. Hans, ein freundlicher, aus Bayern stammender Kellner, ließ uns oft stundenlang bei einem Kaffee auf der Terrasse sitzen, die als eine Art Wintergarten eingerichtet, also gegen die Straße zu gläsern abgedeckt war.

Als ich dort einmal allein mit László an unserm Tisch saß – die anderen kamen erst später –, brach er sein ausgiebiges Schweigen durch eine angesichts des gepflegten Rahmens eher unverständliche Bemerkung (er sprach ein langsames und recht mühsames Deutsch):

»Weißt du – manchmal ich komme mir vor wie ungarische Rekrut auf Latrine. Was machen wir hier?«

Ich mußte gestehen, daß ich ihm das auch nicht genau sagen könnte, und wollte wissen, welche Bewandtnis es mit dem rätselhaften ungarischen Rekruten hätte.

»Werde ich dir erklären«, hob László an. »Ungarische Rekrut ist von irgendwo aus kleine Bauerndorf in Kaserne nach Kecskemét gekommen und sitzt auf Latrine und jammert: ›Liebe Mutter, liebe Mutter, immer du hast mir gesagt, ich soll weiter weggehen von Haus zum Scheißen. Jetzt bin ich weit genug.‹ Du verstehst?«

Ich verstand.

Noch eine andre seiner bedrückenden Gedankenassoziationen ist mir in Erinnerung geblieben. Es war zur strahlenden kalifornischen Mittagszeit. Ein trostlos blauer Himmel, von dem man wußte, daß er viele Wochen lang auch nicht die leiseste Abwechslung durch ein bis zwei Wölkchen zulassen würde, wölbte sich über die »Players«-Terrasse und die niedrigen, weißgetünchten Bauwerke des Sunset Boulevards, die sich im gleißenden Sonnenlicht sonderbar exotisch ausnahmen. Wir kamen uns wieder einmal völlig deplaciert vor.

Schweigsam und mißgelaunt starrte László durch das Glasfenster in die unbeweglich fremdartige Gegend. Dann seufzte er auf und wandte sich zu mir:

»Jetzt könnte Zug schon weiterfahren«, sagte er.

Bei »Players« geschah es auch, daß Laci Fodor, obwohl gerade ohne Engagement, in einem unverkennbar fabriksneuen Packard Cabriolet aufkreuzte, das in der kalifornischen Vormittagssonne nur so funkelte. Allgemeine Verblüffung und wißbegierige Fragen, wie die Neuanschaffung zu erklären sei, empfingen ihn.

»Lengyel hat eine Story an Universal verkauft«, lautete die von Fodor bereitwillig erteilte Auskunft.

Und da war schon alles drin, da war die Plagiatsklage, die von der Universal-Film zwecks Vermeidung lästiger Komplikationen gezahlte Abstandssumme und die von Lengyel nachträglich angebotene Beteiligung schon eskomptiert.

Noch eine letzte, zur Illustration magyarischer Wesensart bestens geeignete Geschichte, an deren innerer Wahrheit die Frage, ob sie sich tatsächlich zugetragen hat oder nicht, hinfällig wird.

Metro-Goldwyn plante die Kálmán-Operette ›Gräfin Mariza‹ in einer Superproduktion zu verfilmen, und der große Louis B. Mayer persönlich empfing den Komponisten zu einer Vorbesprechung, um das Projekt in seiner ganzen Pracht vor ihm auszubreiten:

»Wir möchten von Anfang an im Einvernehmen mit Ihnen vorgehen, Mr. Kálmán. Schon der Autor des Drehbuchs soll Ihre Billigung finden. Wir dachten an George Allison. Kennen Sie ihn?«

»Nein, leider«, bedauerte Kálmán.

»Macht nichts. Es kommen ja noch ein paar andere in Betracht.« Verstohlen warf Louis B. Mayer einen Blick auf seine Notizen. »Kennen Sie Ladislas Fodor?«

»Ob ich ihn kenne?« Kálmán tat beleidigt. »Wer kennt nicht Fodor Laci? Weiß doch jedes Kind, daß er einer der größten europäischen Dramatiker ist.«

»Das freut mich zu hören. Und wie wäre es mit Bus-Fekete?«

»Bus-Fekete!« jauchzte Kálmán. »Einen besseren gibt's überhaupt nicht. Den könnten wir kriegen?«

»Ja, warum nicht. Und dann . . .« (abermals wurde der Zettel zu Rate gezogen) ». . . dann hätten wir noch Melchior Lengyel. Was halten Sie von ihm?«

Kálmán straffte sich. Seine Stimme klang respektvoll verschnürt:

»Ein Genie. Bin mit ihm in die Schule gegangen. Ein Genie.«

»Well, Mr. Kálmán«, schloß der Filmgewaltige und lehnte sich zurück. »Wen möchten Sie also fürs Drehbuch haben?«

»Allison, please«, sagte Kálmán.

Oder wie es im Sprichwort heißt: Wer einen Ungarn zum Freund hat, braucht keine Feinde.

Indessen soll hier nicht der Eindruck entstehen, als hätte es in Hollywood *nur* Ungarn gegeben, obwohl es manchmal bedrohlich danach aussah. Möglicherweise hatte ihr Vorhandensein einen gewissen Anteil daran, daß die deutschen und österreichischen Emigranten ihre Rivalitäten und Gegensätzlichkeiten auf Sparflamme abstellten und eine mehr oder weniger kompakte Einheit bildeten, allerdings – und zumal auf österreichischer Seite – mit Ausbuchtungen ins ungarische und ins böhmische Lager, denn auch unter den Abkömmlingen der ehedem habsburgischen Völkerschaften trat die einstige Zusammengehörigkeit jetzt wieder stärker zutage. Ich zweifle, ob es in Hollywood einen einzigen Emigranten gab, der sich nicht mindestens zweien der bestehenden Gruppen verbunden fühlte. Im übrigen nahm man das nicht so genau. Wer kam, war willkommen. Und wenn er nicht willkommen war, lag das nicht an seiner nationalen Herkunft, sondern an seiner persönlichen Unausstehlichkeit.

Daß wir am Abend mit Vorliebe bei Ernst und Anuschka Deutsch zusammenkamen, und wie sich's mit ihrer »Festung Europa« verhielt, habe ich schon in der ›Tante Jolesch‹ (TJ S. 206f.) berichtet. Es gab aber noch andere abendliche Treffpunkte, etwa bei Gina Kaus, mit der ich von Wien her befreundet war (TJ S. 196) und deren Monographie ›Katharina die Große‹ eben jetzt auf neues Interesse stößt; oder bei Gustav Machatý, dem tschechischen Filmregisseur, der um 1930 mit seinem Film ›Ekstase‹ vor allem deshalb Aufsehen erregt hatte, weil die damalige Hedy Kiesler und nachmalige Hedy Lamarr in einer gewagten Nacktszene zu sehen war.

Zur anheimelnden Atmosphäre im Hause von Gina Kaus trug nicht wenig die Mutter der Gastgeberin bei, die hochbetagte Frau Wiener, die uns mit rührender, ganz und gar europäischer Aufmerksamkeit umsorgte und zugleich auf nicht minder rührende Weise bemüht war, sich in Amerika einzuleben und sich all die neuartigen Begriffe anzueignen, die es da zu bewältigen galt.

Eines Abends verwickelte sie mich in ein Gespräch über meine literarischen Pläne und Möglichkeiten, an denen sie seit jeher lebhaften Anteil genommen hatte.

»Wissen Sie, was Sie einmal schreiben sollten?« fragte sie und hob zu nachdrücklicher Mahnung den Zeigefinger. »Sie sollten einmal einen Bestseller schreiben!«

Ihr Wort drang nicht bis zu Gottes Ohr.

Selbstverständlich sprach man an solchen Abenden immer wieder von der alten Heimat, von den alten Zeiten, von alten Freunden, über deren Schicksal man nichts wußte – und das war noch das Beste, was man wissen konnte, denn es ließ die Hoffnung zu, daß sie vielleicht noch am Leben wären. Von den Bitternissen der Auswanderung wurde erzählt, von Erlebnissen auf der Flucht, vom tödlichen Drangsal jener letzten Zeitspanne, die man unterm Naziregime noch hatte zubringen müssen, ehe alle Schikanen überwunden, alle Dokumente und Stempel und Bewilligungen herbeigeschafft waren und ehe es zum Abschiednehmen kam (vorausgesetzt, daß es noch jemanden gab, von dem man Abschied nehmen konnte).

Aber es waren nicht immer nur böse Erfahrungen, die man da austauschte und miteinander verglich. Dann und wann, zumal als die anfängliche Begeisterung der Österreicher über die Heimkehr ins Reich zu verfliegen begann, war manchem der hier Versammelten von seinen nichtjüdischen Nachbarn und Bekannten auch tatkräftige Hilfe und menschliche Anteilnahme erwiesen worden, teils im Bewußtsein der damit verbundenen Gefahren, teils in purer Ahnungslosigkeit – wie es vermutlich bei jenem oft zitierten Bäcker der Fall war, der kurz vor dem Pessachfest, jahrelanger Gewöhnung folgend, in der Wohnung seiner alten jüdischen Kundschaft erschien und mit den Worten: »Heil Hitler, Frau Kohn, ich bringe die Mazzes« das übliche Paket abgab. Mochte sich's hier noch um eine Erfindung handeln, so wußte der und jener mit garantiert Selbsterlebtem aufzuwarten: Einer war von einem ehemaligen Mitschüler und jetzigen Sturmbannführer rechtzeitig vor einer Hausdurchsuchung gewarnt worden, ein andrer hatte dank der Intervention eines bei der Gestapo tätigen Freundes in kürzester Zeit die Auswanderungspapiere bekommen, wieder ein andrer verdankte es einem Gestapomann, daß er seine ganze Wohnungseinrichtung hatte mitnehmen dürfen ...

»Also ich weiß nicht«, ließ sich da kopfschüttelnd die alte Frau Wiener vernehmen. »Bei *uns* hat die Gestapo *gar* nicht funktioniert.«

Ende 1940, kurz nachdem ich in Kalifornien gelandet war, fanden die amerikanischen Präsidentschaftswahlen statt, die einen überlegenen Sieg des zum zweitenmal kandidierenden Roosevelt gegen seinen republikanischen Gegenkandidaten Wendell Willkie erbrachten. Da dieser Ausgang von vornherein keineswegs feststand, herrschte unter den größtenteils noch nicht wahlberechtigten Emigranten, die samt und sonders den Erfolg Roosevelts herbeiwünschten, gewaltige Aufregung – als hätte jeder einzelne sein Einreisevisum von Roosevelt persönlich bekommen und müßte es im Fall eines Wahlsiegs Willkies wieder zurückgeben. Damals machte ich die erste Bekanntschaft mit jener dümmlich klischierten Art von Meinungsbildung, die mich späterhin (und bis auf den heutigen Tag) immer wieder in

Rage bringen sollte, weil ihre Verfechter sich penetrant fort-
schrittlich gebärdeten, ohne zu wissen, um was es überhaupt
ging. Sie waren von einer Selbstsicherheit, die nur den wirklich
Ahnungslosen gegeben ist, sie duldeten keinen Zweifel daran,
daß ein anständiger Mensch für Roosevelt zu sein hatte, und da
ich mich in den innerpolitischen Verhältnissen Amerikas noch
nicht recht auskannte, war ich für Roosevelt. (Ich wäre damals
auch für Roosevelt gewesen, wenn ich mich ausgekannt hätte;
aber das steht auf einem andern Blatt.)

Am Abend des Wahltags versammelten wir uns bei Machatý,
um den Radiomeldungen entgegenzufiebern. Zu den Anwesenden zählte die herrliche Gisela Werbezirk, deren Schauspiel-
kunst das Fach der »komischen Alten« um eine völlig einmalige
tragische Dimension erweitert hat und für die ich eine geradezu
kindliche, von ihr mit mütterlichem Wohlwollen aufgenomme-
ne Verehrung hegte. Die Werbezirk war in jeder Hinsicht ein
rocher de bronce der österreichischen Kolonie, trug das nichts-
würdige Schicksal, das die Emigration ihr auferlegt hatte, mit
unerschütterlich souveränem Humor und bewahrte auch an jenem Abend ihre Gelassenheit inmitten der fiebrigen Erregung
der anderen, die nicht einmal dem von Frau Machatý angerichteten Buffet zusprachen.

Dann kamen die ersten Meldungen. Roosevelt führte in bei-
nahe allen Staaten der Union, aber das waren nur vorläufige
Ergebnisse, und wir wagten noch nicht zu jubeln. Erst als sein
Vorsprung immer größer wurde und als sein Sieg (der dann zu
einem Erdrutsch gedieh) eindeutig feststand, gaben wir uns dem
persönlichen Triumph, den jeder von uns errungen hatte, unge-
hemmt hin. Wir konnten uns an den von überallher gemeldeten
Resultaten gar nicht satthören und suchten nach immer neuen
Regionalsendern, die sie uns bestätigten. Es dauerte eine gute
Stunde, ehe die ersten Müdigkeitserscheinungen auftraten. Endlich stellte ein Beherzter das Radio ab; jetzt wüßten wir's ja
schon, meinte er nicht mit Unrecht.

Nach ein paar Minuten erhob sich dann doch wieder
ein andrer, schlich zum Apparat und ließ sich aufs neue
von den triumphalen Ziffern berieseln. Er wurde zurückge-
rufen.

Da und dort sah man einige Erschöpfte an belegten Brötchen
kauen. Gisela Werbezirk strickte an einem Pullover für ihren
Sohn. Der Berliner Filmregisseur Max Nosseck, einer der Ko-
mischesten unsrer Gruppe und als 1933 Eingewanderter bereits

wahlberechtigt, erzählte von einem amerikanischen Kollegen, der ihn gefragt hatte, wen er wählen würde.

»Roosevelt«, antwortete Nosseck.

Ob er ihn auch beim letztenmal gewählt hätte, fragte der andre.

»Nein«, sagte Nosseck.

Ach, da hätte er zuletzt also Hoover gewählt?

»Nein«, sagte Nosseck. »Hindenburg.«

Unterdessen hatte ein Unersättlicher wieder das Radio angedreht, und da jetzt nicht mehr überall Wahlergebnisse zu hören waren, begann er die Skala nach einer vielleicht noch ergiebigen Station abzusuchen. Er traf auf ein Symphoniekonzert, auf einen Vortrag, auf eine Quiz-Sendung – bis plötzlich ein strahlender Sopran an unsere Ohren drang.

»No also«, stellte erleichtert Gisela Werbezirk fest, ohne von ihrer Strickarbeit aufzublicken. »Die Frau Roosevelt singt schon.«

Sie hat mir noch mit manchem andern Ausspruch das Leben in Amerika verschönt, auch später in New York, als sie in dem aus emigrierten Schauspielern bestehenden Ensemble »Players from Abroad« auftrat (das sie »Players vom Abort« nannte). Sie war eine grandiose Künstlerin und eine betörend warmherzige Menschennatur. Ich habe sie sehr geliebt, und ich kann nur hoffen, daß mein Nachruf – er findet sich im Anhang dieses Buches – ihrer Persönlichkeit halbwegs gerecht wird.

Manchmal, wenn uns die Hoffnungslosigkeit gar zu heftig überkam, versuchten wir ihr durch allerlei Phantasmagorien beizukommen, in denen wir uns ausmalten, wie es nach unsrer etwaigen Rückkehr in Europa aussehen würde. Einige dieser Gespinste haben sich nachmals grausam bewahrheitet, andere haben die spätere Wirklichkeit nicht minder grausam verfehlt.

Einmal bescherte uns Otto Eis eine himmelschreiend groteske Vision vom Wiedersehen der drei Remigranten McNussenblatt, Fitzpollak und O'Kornblum in einem Wiener Kaffeehaus: der eine beschwert sich über den Lärm der Music Box, der andre hat ein Renkontre mit dem Kellner, der nicht mehr weiß, was ein Kapuziner ist, und der dritte kommt zu spät, weil er keinen Parkplatz finden konnte. Wir lachten dröhnend. In Wien lachten wir dann nicht mehr.

Weniger haltbar stand es um das Zukunftsbild des wieder erscheinenden ›Prager Tagblatts‹, das ich gemeinsam mit Franz

Werfel entwarf. Leitartikel von Prof. Steiner, Feuilleton von Alfred Polgar, auf der ersten Seite eine Grußbotschaft von Präsident Beneš, auf der Kulturseite eine Abonnementeinladung für das Prager Deutsche Theater – soweit gingen wir konform. Meinungsverschiedenheiten entstanden über den Fortsetzungsroman. Ich plädierte für einen zusammenfassenden Vorspann (›Was bisher geschah‹), um die Leser, die sich vielleicht nicht mehr erinnerten, wo der Roman vor Jahren aufgehört hatte, wieder ins Bild zu setzen – Werfel fand das überflüssig, ja fast beleidigend, und wollte mit dem Satz: »Direktor Robitschek legte das Telegramm nachdenklich zur Seite« unmittelbar an die abgebrochene Stelle anschließen. Es kam zu keiner Einigung. Und es kam zu keinem Wiedererscheinen des ›Prager Tagblatts‹.

Was ich mir als Hollywood-Karriere erträumte, hatte schon in den ersten Tagen meines Aufenthalts Gestalt angenommen: ich wollte genug Geld verdienen, um nach New York übersiedeln zu können. Wenn möglich wollte ich vorher einen Erfolg haben, um mir von niemandem sagen lassen zu müssen, daß ich nur deshalb auf Hollywood schimpfe, weil ich dort keinen Erfolg gehabt habe.

Es vergingen vier Jahre, ehe sich mein Traum in beiden Teilen verwirklichte. Sie erwiesen sich als eine Art Junktim, das heißt, daß ich das nötige Geld mit dem Drehbuch zu einem Film verdiente, der von einer kleinen Außenseiterfirma auf Spekulation produziert und dann tatsächlich von »United Artists« übernommen wurde. Der Film hieß ›Voice in the Wind‹, und sein Erfolg konfrontierte mich mit einem unvermuteten Dilemma: es wurden mir jetzt nämlich ganz richtige, seriöse Verträge angeboten, darunter ein auf sieben Jahre berechneter Optionsvertrag mit einer von Jahr zu Jahr wachsenden Anfangsgage von 500 Dollar wöchentlich. Das war – es läßt sich nicht leugnen, auch von mir nicht – eine teuflische Versuchung. Nun gab es in Hollywood nicht wenige Schriftsteller, darunter ein paar literarisch hochbegabte, die ähnlichen Versuchungen erlegen und mit der festen Absicht nach Hollywood gekommen waren, nur diesen einen hochdotierten Vertrag zu erfüllen und dann gleich wieder wegzufahren, um fortan in Ruhe und finanzieller Sicherheit ihre Romane zu schreiben. Sie alle blieben in Hollywood hängen, und wenn sie nicht gestorben sind, dann glauben sie noch heute, daß sie sofort nach Ablauf der nächsten Vertragsfrist, diesmal aber ganz bestimmt, mit dem längst geplanten Roman beginnen werden. Ich bin nicht sicher, ob die Welt einen Verlust erlitten hätte, wenn es mir ebenso ergangen wäre – jedenfalls habe ich mich dem lockenden Risiko entzogen und ging für die guten, alten 100 Wochendollar nach New York zum ›Time Magazine‹. Dort war Willi Schlamm, unter dessen Aegide ich 1933 an der nach Wien übersiedelten ›Weltbühne‹ mitgearbeitet hatte, mit einem interessanten Projekt befaßt: Nach Kriegsende – das sich im Herbst 1944 schon mit einiger Sicherheit voraussehen ließ – sollte eine deutsche ›Time‹-Ausgabe erscheinen, zum einen Teil auf das Material der amerikanischen Ausgabe gestützt, zum andern, eigens redigierten Teil an die Bedürfnisse des deutschsprachigen Raums angepaßt. Für die redaktionellen Vorbereitungen hatte Schlamm neben Leopold Schwarzschild (dem einstigen Herausgeber des ›Tagebuch‹), Alfred Polgar und einigen anderen auch mich engagiert, was mir in jeder Hinsicht zupaß kam und überdies den Fragenkomplex der Rückkehr, der uns immer mehr zu beschäftigen und zu quälen begann, wohltätig neutralisiert hätte. Hätte: denn aus dem deutschen ›Time‹-Magazin ist nichts geworden. Das weit gediehene Vorhaben – ich bewahre in meinem Kuriositäten-Archiv die im Frühjahr 1945 erschienene »Nullnummer« – wurde eines Tags aus unerfindlichen Gründen eingestellt. Möglicherweise war das der Tag, der ohne Rudolf Augsteins Wissen den ›Spiegel‹ ins Leben rief.

Bald darauf begannen auch andere auf Europa bezogene Projekte anzulaufen. Gottfried Bermann-Fischer, der seinen 1936 aus Berlin nach Wien überführten Verlag 1938 nach Stockholm verlegt und ihn während des Kriegs von Amerika aus dirigiert hatte, bereitete das Wiedererscheinen der ›Neuen Rundschau‹ und eine intensivierte Verlagsproduktion vor, für die er mich nicht nur als Berater, sondern – sozusagen in einem Aufwaschen – auch als Autor heranzog. Zu den Folgen unsrer Zusammenarbeit, an der auch Joachim Maaß teilnahm, gehörten meine Veröffentlichungen in der ›Neuen Rundschau‹, das von mir herausgegebene ›Zehnjahrbuch‹ des Bermann-Fischer-Verlags (1938–1948) und mein 1948 in Stockholm erschienener Roman ›Hier bin ich, mein Vater‹. Gottfried und seine Frau Brigitte, im Freundeskreis auf die nicht eben literaturfähigen Rufnamen Goffi und Tutti hörend, kamen aus ihrem Haus in Old Greenwich (Connecticut) häufig zu Besprechungen nach New York, freundeten sich mit meiner 1945 erworbenen Ehegefährtin Marietta an und luden uns zu Gegenbesuchen ein, deren einer, auf Gottfrieds ausdrücklichen Wunsch, mit einer Vorlesung aus dem Manuskript meines Romans verbunden war – ganz so, wie sich das in früheren Zeiten zwischen Verlegern und Autoren abzuspielen pflegte. Zum täuschend ähnlichen Bild der wiedererstandenen früheren Zeiten gehörte auch die Anwesenheit von Frau Hedwig Fischer, der Witwe des Verlagsgründers, die trotz ihrem hohen Alter ungebrochenes Interesse an literarischen Dingen nahm und mir in lebhaften Farben schilderte, wie Gerhart Hauptmann damals in ihrer Villa im Grunewald aus dem Manuskript der ›Weber‹ vorgelesen hatte. Vielleicht wollte sie mich damit in die richtige Stimmung bringen.

Daß ich an New York mit ungleich freundlicheren Gefühlen zurückdenke als an Hollywood, dürfte nach allem Gesagten klar sein. Ja ich muß gestehen, daß mich bei meinen seither erfolgten Besuchen in New York eine prickelnde Art von Wiedersehensfreude überkam, indessen ich mich in Hollywood nur wundern konnte, wie ich's dort so lange ausgehalten habe. Obwohl meine in Hollywood verbrachten Jahre vom Umgang mit Europäern geprägt waren und obwohl dieser Umgang mir – wie allen an ihm Beteiligten – beinahe den Eindruck vermittelte, in einer europäischen Enklave zu leben, empfand ich in New York vom ersten Augenblick an eine viel kräftigere Europa-Nähe; und damit meine ich nicht die geographische Nähe und nicht, was einer meiner Freunde als den großen Vorzug New Yorks vor allen anderen amerikanischen Städten rühmte: die besten Flugverbindungen nach Europa. Natürlich ist New York, und gerade New York, zugleich auf vehemente Weise amerikanisch, natürlich hat es unsereinem keine Sekunde lang verhehlt, daß er sich in der Fremde befand. Aber es war, wenn man das so sagen kann, eine vertraute Fremde. Es war, als begegnete man einem entfernten Verwandten, den man vorher nie gesehen hatte und an dem man nun plötzlich eine gewisse Familienähnlichkeit entdeckt.

Zweifellos lag das zum Teil (nur zum Teil, nicht zur Gänze) an den unmittelbar und unvermindert europäischen Bestandteilen New Yorks. Der mit Vorliebe so genannte »Schmelztiegel« wird nämlich erst auf Umwegen wirksam, erst wenn die zweite oder dritte Generation der aus Europa Eingewanderten sich assimiliert hat – aber inzwischen ist schon wieder eine neue Generation nachgekommen, die dafür sorgt, daß die nationale

Eigenart der einzelnen Gruppen gewahrt bleibt, daß Italiener und Deutsche, Griechen und Ungarn, Tschechen und Skandinavier ihre präzise abgegrenzten Wohnviertel beibehalten, von den kompakten Siedlungsbezirken der osteuropäischen Juden ganz zu schweigen.

Nach meiner Ankunft aus Hollywood hatte ich mich zunächst im Tschechenviertel eingemietet, weil ich mir von meinem ziemlich passablen Tschechisch gewisse Erleichterungen im Alltagsleben erhoffte. Die Hoffnung trog. Es wurde mir in keiner Weise honoriert, daß ich Tschechisch sprach. Man hätte mich scheel angesehen, wenn ich *nicht* Tschechisch gesprochen hätte. Übrigens traf mich manch scheeler Blick auch so, denn die New Yorker Tschechen sprachen damals, in den Vierzigerjahren, noch das mit »kuchelböhmischen« Wortbildungen durchsetzte Idiom, wie sie es von der alten Heimat her gewohnt waren, und schienen die notgedrungen korrekte Ausdrucksweise, die ich mir in meinen Prager Jahren angeeignet hatte, für eine neumodische Überheblichkeit zu halten. Der Schneider an der Ecke, bei dem ich mir einen Anzug machen ließ und den ich fragte, wann ich »na skoušku« (zur Probe) kommen könne, belehrte mich in unüberhörbar zurechtweisendem Ton: ich meinte wohl »naprubovat« – was soviel wie »anprobieren« heißt und die deutsche Sprachwurzel deutlich erkennen läßt. Hätte ich ein solches Wort in Prag zu verwenden gewagt, wäre mir die umgekehrte Belehrung erteilt worden. (Nähere Angaben zu diesem Thema macht mein im Anhang enthaltener Aufsatz ›Als noch geböhmakelt wurde‹.)

Das Doppelgesicht New Yorks, der Zusammenklang von amerikanischen und europäischen Elementen, wurde von einem alten jüdischen Kellner – ohne daß er's wußte – auf eine unübertreffliche Kurzformel gebracht. Er hieß (oder nannte sich) Moe, stammte aus Czernowitz, lebte schon seit Jahrzehnten in New York und hatte sich dort total eingewöhnt, bis tief in den bodenständigen Slang hinein, zu dem auch die familiäre Anrede »folks« für seine Gäste gehörte. Sein Arbeitsplatz war ein kleiner, mit der üblichen Imbißstube verbundener Delikatessenladen im Areal zwischen Broadway und Central Park, der auch nachts offenhielt und den wir scherzhaft-liebevoll »Zum Mitternachtsjuden« nannten, weil die gerade am Broadway tätigen Wiener, Berliner, Prager oder Budapester Schauspieler sich dort nach Schluß der Vorstellung einfanden, um mit ihren versprengten Landsleuten aus dem Theater- und Literaturbereich – manchmal war auch Ferenc Molnár dabei – noch ein wenig zu plaudern. Und wie begrüßte der Kellner Moe seine europäische Stammkundschaft? Er begrüßte sie mit zwei Worten, in denen zwei Welten beschlossen lagen. Er sagte: »Habedjehre, folks!«

Sowohl am Broadway wie in Hollywood herrschte das strenge Prinzip, die aus Europa stammenden Schauspieler nur in Akzentrollen zu beschäftigen. Das hatte schon damals böse Folgen und mag in einer näheren oder ferneren Zukunft noch bösere zeitigen. Sollte es nämlich diesem Planeten gelingen, sich eines Tags zum größeren Teil in die Luft zu sprengen, und sollten künftige Forscher bei den Aufräumungsarbeiten auf Anzeichen für das Vorhandensein sogenannter »Nazi« in der ersten Hälfte des 20. Jahrhunderts stoßen, dann werden sie sich natürlich fragen, wie diese rätselhaften Gesellen ausgesehen haben; und das werden sie, wenn's gut geht, aus einigen unversehrt ausgegrabenen Hollywoodfilmen erfahren, in denen die Nazi von Schauspielern wie Fritz Kortner, Ernst Deutsch, Franz Lederer und Otto Preminger dargestellt wurden. Man weiß es heute noch nicht – aber das war die wirkliche Rache der Juden an Hitler.

Sie vollzog sich auch in der zweiten Garnitur, den »B-Pictures«, in deren einem Leo Reuss* den Kapitän eines deutschen Unterseeboots gab. Selbstverständlich trugen er, sein Adjutant und die gesamte Besatzung große Hakenkreuz-Armbinden, denn so entsprach es dem Uniformreglement der Marine, jedenfalls in B-Pictures. Das von Reuss befehligte U-Boot hatte die Aufgabe, einen britischen Öltanker zu torpedieren, und taucht nach Abschuß des Torpedos hoch, um zu erkunden, ob sich – als Zeichen eines Volltreffers – Öl auf der Wasseroberfläche zeigen würde. Kapitän und Adjutant, martialische Feldstecher über den nicht direkt martialischen Nasen, suchen in sichtlicher Spannung das wogende Meer nach allen Richtungen ab, und es ist der Adjutant, der als erster erfolgreich feldsticht. Ein atemloses »Captain, look!« hervorkeuchend, zupft er seinen Vorgesetzten am Hakenkreuzärmel und weist ihm die richtige Richtung, in die zu Verdeutlichungszwecken auch die Kamera einschwenkt. Der Captain tut desgleichen, grinst schurkisch, setzt den Feldstecher wieder ab, und es ist sein unverschuldetes Pech,

* Über sein abenteuerliches Auftreten in Wien als »Kaspar Brandhofer« vgl. den im Anhang enthaltenen Aufsatz ›Tiroler Reis-Auflauf‹.

daß der Triumphschrei, den das gesichtete Öl ihm entlockt, rettungslos wie ein jüdischer Klagelaut klingt:

»Oil!«

Der Broadway, der mit der Realität ein wenig vorsichtiger und mit Nazimotiven ein wenig sparsamer umging, ließ die emigrierten jüdischen Schauspieler in unverfänglicheren Rollen auftreten – Hauptsache, daß es Rollen mit ausländischer Tonfärbung waren. Manchmal drängten sich ihrer drei oder vier in einem einzigen Stück zusammen, wie etwa in ›Ardèle‹, der ersten nach Amerika gelangten Komödie Jean Anouilhs. Das New Yorker Publikum legte da eine wahrhaft engelsgleiche Geduld an den Tag, denn die Szenen, die hauptsächlich oder ausschließlich von den Akzentsprechern bestritten wurde, blieben ihm weitgehend unverständlich. Einer meiner amerikanischen Freunde bemerkte in der Pause nicht ohne Fug: »Was dieses Stück braucht, sind englische Untertitel.« Auch erlebte man den großen Albert Bassermann in einer Dramatisierung von Werfels ›Veruntreutem Himmel‹ als den zweifellos einzigen Papst der Weltgeschichte, der Englisch mit Mannheimer Akzent sprach. Aber das verschlug nicht viel. Es war ohnehin ein miserables Schauspiel.

Hingegen wurde Werfels ›Jacobowsky and the Colonel‹ mit Oscar Karlweis als Jacobowsky zu einem sensationellen europäischen Doppelerfolg. Bemerkenswerterweise hatten die Verantwortlichen der »Theatre Guild«, die das Stück produzierte, heftige Bedenken gegen den Namen des Titelhelden; es könnte, so fürchteten sie, dem Publikum allzu schwerfallen, ihn auszusprechen. Sie täuschten sich. In einer Vorverkaufsstelle erschien gleich am ersten Tag ein eiliger, wahrscheinlich in einem der jüdischen Stadtviertel wohnhafter Theaterbesucher mit dem Verlangen: »Geben Sie mir zwei Karten für Jacobowsky und . . . *wie* heißt der andre?«

Ich kann nicht sagen, daß ich mich in New York wohl oder gar heimisch gefühlt hätte. Aber die hunderterlei Reize, die von dieser zügellos gigantischen Stadt ausgingen – sie wären am ehesten der Faszination eines Großbrands auf einen Pyromanen vergleichbar –, ließen mich sogar ihre nervenzermürbenden Kehrseiten ertragen. Wirklich unerträglich war die Witterung (»Heuer fällt der Frühling auf einen Dienstag«, seufzte ein gepeinigter Europäer) und vor allem die lähmende, durch einen aberwitzigen Feuchtigkeitsgehalt verschärfte Hitze. Wer irgend kann, entflieht ihr so weit wie möglich, am sichersten dem Norden zu, in die nahe der kanadischen Grenze gelegenen Gegenden mit ihren Seen und Wäldern. Mir wurde einmal die Vergünstigung eines Sommeraufenthalts in Bar Harbor im Staate Maine zuteil, wo ich außer zahlreichen Europäern auch zahlreiche an Mitteleuropa gemahnende Landschaftsbilder vorfand, die sogar namentlich auf diese Ähnlichkeit pochen – ein vielbesuchter, von immerhin Bergen umrahmter See heißt beispielsweise Lake Lucerne. Als Attraktion wird den Sommergästen unter anderm eine Rundfahrt durch die Bar Harbor Bay geboten, wobei man vom Fremdenführer ganz genau erfährt, wem jeder einzelne der imposanten, in die Bucht hineingeprotzten Sommersitze gehört. Meistens gehören sie Frauen. Die Erzeugung reicher Witwen ist eine der größten Industrien Amerikas.

Als ich dann in New York wieder einmal mit Hans Jaray zusammentraf, dem einstmals wohlgelaunten und jetzt eher trübgestimmten Gefährten so manchen Salzkammergut-Sommers, stellte sich heraus, daß er desgleichen ein paar Wochen in Maine gewesen war. Ob der Lake Lucerne auch ihn an den Altausseer See erinnert hätte, fragte ich.

»Ja«, sagte Jaray und starrte in die stickige New Yorker Luft. »Aber eines ist merkwürdig: der Altausseer See hat mich *nie* an den Lake Lucerne erinnert.«

Einen extremen Fall von Erinnerungssuche berichtete mein in der ›Tante Jolesch‹ wiederholt zitierter Gewährsmann Viky Kahler. Auf der Fifth Avenue kam ihm einmal einer seiner älteren Wiener Freunde entgegen, im Steieranzug und mit einem Operngucker vor der Brust. Nach der Ursache seiner seltsamen Kostümierung befragt, gab er an, daß er in den Central Park ginge, das täte er regelmäßig und das sei dann immer sein schönster Tag in der Woche. Nun bietet der weit ausgedehnte Central Park, der in manchen Teilen noch eine ziemlich naturbelassene Wald- und Wiesenlandschaft ist, ja wirklich sehr viel Anziehendes – aber der älplerisch Gewandete besuchte ihn, wie sich zeigte, zu eher ausgefallenem Zweck:

»Wissen Sie«, erläuterte er, »dort gibt es einen kleinen Hügel, den kann ich noch ohne Mühe ersteigen, und wenn ich oben bin, habe ich eine hübsche Aussicht auf den unten liegenden Teich, um den ein paar Tannenbäume herumstehen. Und dann halte ich mir den Operngucker verkehrt an die Augen und sehe den Teich mit den Tannen in der Verkleinerung – wie in weiter Ferne – so daß er beinahe wie ein See ausschaut – und dazu mache ich ganz kleine Trippelschritte am Ort – und dann bilde ich mir ein, ich bin auf einem Ausflug im Salzkammergut...«

Auf die Umfrage einer Emigrantenzeitschrift: »Was gefällt Ihnen am American way of life?« antwortete einer der Befragten: »Daß mich niemand zwingt, nach ihm zu leben.«

Eine, wie mir scheint, sehr gute, sehr mannhafte und – wenn man genauer hinsieht – keineswegs negative Antwort. Weil aber im Vorstehenden soviel Negatives über den American way of life gesagt wurde, möchte ich zum Abschluß von zwei Erfahrungen berichten, die ich mit seinen positiven Seiten gemacht habe.

Bald nach meiner Ankunft in Hollywood hatte ich in der hügeligen, vom filmischen Wohnstil noch unbeleckten Gegend des Laurel Canyon zu einem für mich erschwinglichen Preis einen kleinen, sauberen Wohn-Bungalow gefunden. Er lag auf einem schmalen, zum Canyon hin abfallenden Seitenweg, dem Yucca Trail, und war vom Studio der Warner Brothers in Burbank, das ich allmorgendlich ansteuern mußte, etwa 40 Autominuten entfernt. Eines Tags, als ich mich in meinem auf Raten erworbenen Gebrauchtwagen (kein second hand car, sondern mindestens ein third oder fourth hand) der Kreuzung zwischen Trail und Canyon näherte, bekam ich von einem dort Wartenden das übliche Stopsignal, und da es in Los Angeles angesichts der gewaltigen Entfernungen als ungeschriebenes Gesetz gilt, Autostopper mitzunehmen, hielt ich an. Aber der Mann wollte nicht mitgenommen werden. Er händigte mir zwei Briefe und 6 Cents ein – das Inlandporto für einen Brief betrug damals 3 Cents –, bat mich, die Briefe zu frankieren und einzuwerfen, entschuldigte sich für die Mühe, die er mir verursachte, bedankte sich und ging. Daß der völlig Fremde, dem er da Geld und Briefe anvertraute, die Briefe vielleicht lesen oder einfach wegwerfen und das Geld für sich behalten könnte, kam ihm nicht in den Sinn. Ich wage zu bezweifeln, ob irgendwo in Europa etwas Ähnliches möglich wäre.

Die historisierende Erklärung, daß es sich hier um einen Nachhang des einstmals im Wilden Westen gepflegten Pioniergeistes handelte, erwies sich einige Jahre später in New York als untauglich. Dort war auf dem Höhepunkt einer Hitzewelle unser elektrisch betriebener Eiskasten zusammengebrochen, und das bedeutete nicht nur die Unmöglichkeit, unsern permanenten Durst zu stillen, es bedeutete zugleich die drohende Verrottung der aufbewahrten Nahrungsmittel; bei 90° Fahrenheit und 95% Luftfeuchtigkeit braucht so etwas nicht sehr lange. Zum Glück befand sich in unsrer Nähe – wir wohnten mitten in Manhattan, zwischen 6th und 7th Avenue – eine dieser kleinen Steh-Bars, die man in New York fast an jeder Straßenecke antrifft. Ich nahm einen Kübel und ging hinunter, um Eiswürfel zu holen. Das Lokal war, der Hitze entsprechend und sie steigernd, zum Bersten voll, der schwitzende, hemdärmelige Barkeeper keuchte hinter der Theke unter den pausenlos auf ihn eindrängenden Bestellungen, und es dauerte Minuten, ehe ich mich überhaupt bemerkbar machen konnte. Nach einigen weiteren Minuten kam er auf mich zu, nahm meine Bitte um Eis und die dazugehörige Erklärung wortlos entgegen und füllte den Kübel bis zum Rand mit Eiswürfeln.

»Danke«, sagte ich. »Was bin ich schuldig?«

»Nichts«, sagte er. »Einem Nachbarn hilft man.«

Daß ich ein Nachbar war, konnte er nur aus meinen Hemdärmeln geschlossen haben. Er sah mich das erste Mal.

Soviel zum American way of life. Natürlich besteht er nicht nur aus solcherlei, ach bei weitem nicht. Aber daß auch solcherlei dazugehört, mußte vermerkt werden.

IV. Hernach

Seit 1945 war Europa wieder in Sicht, die für mich noch runde fünf Jahre lang eine Fernsicht blieb. Ich wollte das gesamte Für und Wider der nunmehr möglichen Rückkehr – es war ja noch gar nicht so lange her, daß sie unwiderruflich jenseits des Möglichen zu liegen schien – erst gründlich geklärt haben, wollte alle Probleme, die ich nach eigenem Ermessen entscheiden konnte, wenigstens theoretisch entschieden haben, um in der Praxis für sie gewappnet zu sein. Immer noch verblieben ihrer genug, die sich erst an Ort und Stelle entscheiden ließen.

Die Vorentscheidung fiel in Paris, dem nahezu programmatischen Gegenteil New Yorks, dem Urgrund und Nährboden aller europäischen Zugehörigkeitsgefühle, denen man sich auch als Nicht-Pariser hingeben darf, ohne vor sich selbst in den peinlichen Verdacht einer Anbiederung zu geraten. Ich war nach einem Nonstop-Flug aus New York am frühen Vormittag in Le Bourget gelandet und befand mich zwei Stunden später auf dem Weg zum geliebten Jardin du Luxembourg, in dessen Nähe ich zuletzt mit Joseph Roth beisammengesessen war, im »Café de la Poste«, seinem Stammlokal in der Rue Tournon. Die Erinnerungen, die mich beim Bummel durch den Park überkamen, hätte ich zur Not auch in New York heraufbeschwören können. Was mir in New York niemals geglückt wäre, war das Bummeln an sich. Und *dazu* wiederum hätte es keines Parks bedurft. Dazu taugen in Paris auch die Straßen, die lärmenden nicht minder als die stillen. Paris ist die einzige mir bekannte Stadt, in der einem vom Spazierengehen besser wird.

Mir wurde also besser, viel besser. Ich konnte von diesem Spaziergang gar nicht genug bekommen, und als ich mich endlich entschloß, ihn abzubrechen, wußte ich nicht, wie ich zur nächsten Métro käme. Der spielende Knabe, den ich danach fragte, nahm das Béret vom Kopf, bevor er mir antwortete. Sein amerikanischer Altersgenosse hätte mir statt einer Antwort den Baseballschläger übers Schienbein gedroschen. Ich war wieder in Europa.

Noch nachdrücklicher bestätigte sich das in Zürich, der andern ausführlichen Station meiner Emigrationszeit und der nächsten auf meiner Rückfahrt. Hier, mit einer anfangs verwirrenden Selbstverständlichkeit, umklang mich wieder Muttersprache, Mutterlaut, wonnesam wie im Lied und selbst in der kehligen eidgenössischen Variante wenn schon nicht traut, so doch vertraut. Hier sah ich im Theater wieder eine richtige, eine hervorragende Aufführung in deutscher Sprache, noch dazu in der edelsten, die es gibt, und noch dazu mit Maria Becker – über deren Debut als blutjunge Anfängerin ich vor vielen Jahren eine begeisterte Kritik geschrieben hatte – in der Titelrolle von Goethes ›Iphigenie‹. Es bestand jetzt kein Zweifel mehr, daß ich wieder in Europa war.

Ja, und dann war ich also in Wien, und da bin ich geblieben. Darüber etwas mitzuteilen, obliegt nicht mir. Wenn es Mitteilenswertes gibt, muß ich es anderen überlassen. Ich beschränke mich auf die anekdotische Mitteilung einiger unpersönlicher und, wie ich glaube, zeittypischer Vorkommnisse.

Für die Zeit unmittelbar nach 1945, für ihren wilden, aus »Displaced Persons« und den Angehörigen der Besatzungsmächte unkontrollierbar zusammengewürfelten Schwarzmarkt-Betrieb gibt es wohl keinen präziseren Aufschluß als den folgenden, der sich gerade durch seinen Mangel an Präzision auszeichnet. Man stelle sich einen Schwarzhändler vor, der im einschlägigen Geviert einen andern unter das nächste Haustor zerrt, und man versuche ihren hastigen Dialog Schlag auf Schlag nachzusprechen:

»Wieviel?«

»Fuffzig.«

»Was – fuffzig?«

»Was wieviel?«

Es ist, sozusagen, die platonische Idee des Luftgeschäfts, die hier ihren Ausdruck gefunden hat.

Andern, nicht minder typischen Aufschluß birgt das von ihm selbst berichtete Erlebnis eines meiner Freunde, dem 1938 die Flucht noch ganz knapp geglückt war und der bald nach Kriegsschluß zu Besuch in die alte Heimatstadt kam, wo es ihn trieb, sein Geburts- und einstiges Wohnhaus aufzusuchen. Das Haus, in einer stillen Gasse der Inneren Stadt gelegen, hatte durch einen Bombentreffer den Eckteil des obersten Stockwerks eingebüßt, war aber sonst intakt geblieben, und als mein Freund sich näherte, saß auch der alte Hausmeister auf der kleinen Bank vor dem Haustor. Er sah den Herankommenden, er erkannte ihn, und er deutete mit dem Daumen hinter sich, zum Bombenschaden hinauf:

»Des habts von eure Nazi!« rief er ihm gallenbitter entgegen.

Sein Gedankengang lag klar zutage. Hätte es in Wien nicht so viele Juden gegeben, wäre kein Hitler gekommen – ohne Hitler hätte es keinen Krieg gegeben – und ohne Krieg –– kurz und gut: die Juden waren auch an den Bombenschäden schuld.

Daß die Nazizeit wirklich vorbei und daß er jetzt wirklich frei war, konnte der Rechtsanwalt Dr. Sonnenschein, ein Überlebender des Konzentrationslagers Mauthausen, am Anfang gar nicht glauben. Er glaubte es erst, als er eines Tags in seinem nun wieder gewohnten Nachmittagsschläfchen durch eine draußen lärmende Knabenhorde gestört wurde und als der Hausmeister, der ihn seinerzeit denunziert hatte, auf die Straße hinausstürzte:

»Werd'ts gleich stad sein, Bagage übereinand!« rief er den Ruhestörern zu. »Der Herr von Sonnenschein will schlafen!«

An die amerikanische Hilfe, an Care-Pakete und Konserven und die anderen praktischen Dinge, die Amerika herüberschickte, hatten sich zumal die Wiener mühelos gewöhnt und hielten sie binnen kurzem für etwas Selbstverständliches. Als der Benützer einer öffentlichen Bedürfnisanstalt nach der Benützung feststellen mußte, daß kein Klosettpapier da war, soll er empört ausgerufen haben:

»Was ist los? Schläft Amerika?«

Das folgende, von einem der beiden Partner beglaubigte Gespräch hätte ebensogut in Österreich stattfinden können, fand aber im benachbarten Bayern statt. Ein versöhnlicher Hinblick auf inzwischen erfolgte Wiedergutmachungen veranlaßt mich, nähere Angaben über den Ort der Handlung und über das Hotel, in dem sie vor sich ging, zu unterlassen. Übrigens wurde im altrenommierten Restaurant dieses Hotels den aus Amerika Zurückgekehrten als Wiedergutmachungsaktion ein ausdrücklich so bezeichnetes Remigranten-Menu verabreicht, bestehend aus Pilzlingsuppe, aus Hasenrücken mit Rotkraut und aus Walderdbeeren – denn das alles hatte es in Amerika nicht gegeben.

Ungute Wißbegier stachelte meinen Gewährsmann, den erstrangierten (und seither längst verstorbenen) Portier des Hauses zu fragen, wie sich denn der Herr Chef unterm Naziregime verhalten habe. Er bekam bereitwillig Auskunft:

»Ah, für die Nazi hat er nix übrig gehabt. Wirklich nicht. Das kann ich Ihnen versichern. Stellen S' sich vor: da hat einmal der Himmler bei uns im Restaurant ein Essen gegeben, und der Chef hat's persönlich überwacht und hat sogar selbst serviert. Glauben S', die haben sich bei ihm bedankt? Nicht ein Wort! Nein nein, die Nazi hat er net mögen, der Chef.«

Aber es kursierten nicht nur ungute und kritische Geschichten – auch die Wehmut des Wiedersehens kam zu ihrem anekdotischen Recht. Ein ehemaliger Philharmoniker erschien bei seinem ersten Besuch in Wien auf einer Probe seines ehemaligen Orchesters, setzte sich zu den Streichern, unter denen auch er einmal gesessen war, und blickte, als die Pause kam, ein wenig befremdet um sich.

»Wo sind denn die Alten?« fragte er den neben ihm Sitzenden, den er von früher kannte.

»Die Alten?« fragte jener verwundert zurück. »Das sind doch wir!«

Auch mir waren ein paar melancholische Wiederbegegnungen beschieden und ein paar erfreuliche dazu. So traf ich einen der wenigen in jeder Hinsicht unversehrten Journalistenkollegen von damals und durfte mich auch seiner physischen Unversehrtheit freuen, die er nämlich am Beginn der Nazizeit leichtfertig aufs Spiel gesetzt hatte. Als reinrassiger Arier war er bei seinem Blatt nach der Gleichschaltung auf dem Posten eines Chefreporters belassen worden und unterlag – wie das gesamte ostmärkische Zeitungswesen – den vom Berliner Propagandaministerium ausgegebenen Richtlinien. Goebbels persönlich, so erzählte er mir jetzt, habe einmal die schlappschwänzigen Österreicher zusammengerufen, um ihnen beizubringen, wie man Nachrichten manipulieren und politische Spannung durch schmissige Aufmachung steigern könne. Besonders das Fragezeichen täte da gute Dienste. Nicht: ›Polnische Provokationen‹, sondern: ›Provoziert uns Polen schon wieder?‹ Nicht: ›Chamberlain kommt nach München‹, sondern: ›Kommt Chamberlain nach München?‹ Das nahm sich mein Freund zu Herzen und berichtete über einen offiziellen Kurzbesuch Görings unter dem Titel: ›War Göring in Wien?‹ Er hatte Glück und verlor damals lediglich seinen Posten. Jetzt redigierte er wohlbehalten und wohlbestallt die keineswegs schmissige Lokalrubrik eines von den Engländern herausgegebenen Nachmittagsblattes.

Es war zwar keine Wieder-, sondern eine Erstbegegnung, die mir ein Besuch in Berlin einbrachte, aber sie scheint mir aus zwei Gründen dennoch verbuchenswert: erstens um ihrer eigenen Ungewöhnlichkeit willen, und zweitens weil sie mit einer ebenso ungewöhnlichen Erinnerung an meine journalistische Frühzeit verbunden ist.

Um die Mitte der Dreißigerjahre hatte mich der neu gegründete ›Prager Mittag‹ aus Wien weggeholt, mit der unwiderstehlichen Lockung, daß ich Theaterkritiken schreiben *und* die Sportseite redigieren dürfe – und den möchte ich sehen, der sich die Erfüllung dieses Gymnasiastentraums entgehen ließe. Kenner werden sich erinnern, daß es damals in der Nachfolge des legendären Johnny Weißmüller einen amerikanischen Weltrekordschwimmer namens Peter Fick gegeben hat, und als er wieder einmal Weltrekord schwamm, nahm ich – denn wenn beispielsweise das finnische Laufwunder Nurmi einen neuen Rekord aufstellte, wurde das ja auch als neuer Nurmi-Rekord gemeldet – nahm ich also keinen Anstand, die Meldung mit der

Überschrift ›Neuer Fick-Rekord‹ zu versehen. Die Herausgeber des ›Prager Mittag‹ nahmen Anstand und setzten meiner Karriere als Sportjournalist ein jähes Ende.

Ungefähr fünfzehn Jahre später, bei einem Presse-Empfang in Berlin, kam ein dortiger Kollege, als er meinen Namen hörte, mit der Spontaneität eines alten Bekannten auf mich zu:

»Sie sind der Mann mit dem Fick-Rekord?« vergewisserte er sich.

Ich bejahte sowohl überrascht als auch geschmeichelt. Und erfuhr, daß er damals aus dem gleichen Anlaß vom gleichen Schicksal ereilt worden war wie ich. Er wurde entlassen, weil er die Rekordmeldung mit dem Titel ›Fick immer schneller!‹ überschrieben hatte.

Besonders erfreulich und zugleich von besonderer Wehmut durchtränkt war für mich die Wiederbegegnung mit Herrn Hnatek, dem alten Ober des Café Herrenhof (dem mein im Anhang zur ›Tante Jolesch‹ nachgedrucktes ›Requiem für einen Oberkellner‹ eine letzte Ehrung erwiesen hat). Die Wiener Freunde, die mich am Flugfeld – damals noch in Langenlebarn – empfingen, hatten mich unverzüglich ins Herrenhof gebracht und hatten nicht nur für den einstmals gewohnten Logentisch vorgesorgt, sondern obendrein für einen rechtzeitigen Telephonanruf, damit Herr Hnatek ganz wie früher mit den Worten »Herr Torberg – bitte Zelle zwei« an den Tisch treten könnte, gleich beim erstenmal, als wäre der Betrieb in vollem Umfang wieder aufgenommen, als wäre alles beim alten. Auch Stöße von Zeitungen wurden herbeigeschleppt, auch der Oberkellner Albert, jetzt Herr Kainz und Besitzer des Lokals, kam von Zeit zu Zeit nachfragen, ob alles in Ordnung sei, und das war es.

Als die Runde sich auflöste, als ich mich nach zwölfjähriger Unterbrechung vom gewohnten Logentisch erheben wollte, beugte sich Herr Hnatek diskret zu mir herab, zückte die mächtige Kellnerbrieftasche und fragte: »Herr Torberg – wenn Sie vielleicht etwas brauchen . . .?«

Es war ein nahtloser Anschluß an jene lang vergangene Zeit, da uns die Oberkellner über gelegentliche Geldnöte hinweggeholfen hatten. Nein, ich brauchte nichts; außer der Frage, ob ich etwas brauchte.

Die Erben der Tante Jolesch

Es hat mich seit jeher mit tiefem Abscheu erfüllt, wenn auf eine präzise Frage, die nach einer eindeutigen Antwort verlangt, mit »Ja und Nein« geantwortet wird oder gar mit »Jein«, diesem Gipfel verbaler Humorlosigkeit, vergleichbar höchstens der grauslichen Mißbildung »nichtsdestotrotz«, die irgendwann an irgendeinem Biertisch aus der scherzhaften Koppelung von »nichtsdestoweniger« mit »trotzdem« entstanden ist und damals vermutlich dröhnendes Gelächter hervorgerufen hat. Heute steht »nichtsdestotrotz« allen Ernstes im Duden, ohne daß sich jemand darüber aufregt.

Aber das gehört nicht hierher, und davon wollte ich ja gar nicht reden. Warum der Umschweif?

Weil ich auf die Frage, ob es Erben der Tante Jolesch gibt, am liebsten mit Ja und Nein antworten möchte. Keine Angst, ich tu's schon nicht. Ich flüchte mich in die freilich ein wenig gewundene Erklärung, daß ich mit den »Erben«, die diesem Buch und seinem abschließenden Kapitel voranstehen, keine eigentlichen Erben meine, sondern eine — vorwiegend atmosphärische – Erbschaft. Auch die selige Tante selbst trat ja nur am Beginn des nach ihr benannten Buchs in Erscheinung, hatte nur dessen Atmosphäre zu versinnbildlichen, war sozusagen die Galionsfigur des Narrenschiffs »Abendland«, als es Kurs auf Untergang nahm.

Sorgfältigen Lesern mag aufgefallen sein, daß die Anfangskapitel des vorliegenden Buchs auch Geschichten enthalten, die nicht mehr aus dem von der Tante Jolesch symbolisierten Zeitraum zwischen 1918 und 1938 stammen, also nicht mehr im »alten« Österreich, in der von Anton Kuh als »Palacinquecento« bezeichneten Epoche spielen, sondern beträchtlich später, in der Zeit nach 1945 und in einem neuen Österreich.

Aber da meldet sich schon ein Widerspruch an, meldet sich im Chronisten und will sich dem Leser mitteilen: »neu« kann doch wohl nur »erneut« bedeuten, im Sinn von »wiedererstanden« und im Hinblick darauf, daß Österreich nach den insgesamt sieben Jahren, die es vom Tausendjährigen Reich abbekommen hatte, wieder Österreich war. Wobei auch der Ausdruck »wieder« nur unterm Vorbehalt seiner Doppelbodigkeit zu verstehen ist. Denn daß es nun wieder das alte Österreich gäbe, wird niemand behaupten wollen. Eher werden sich welche finden, die der Meinung sind, wir hätten tatsächlich ein neues Österreich vor uns.

Ich bin gegenteiliger Meinung und habe sie an anderen, besser geeigneten Orten ausführlich dargelegt. Hier muß ich mich mit einem Resümee begnügen, welches auf den Unterschied zwischen Kontinuität und Tradition hinausläuft. Wenn eine Kontinuität endet, so ist das nicht unbedingt dem Erlöschen einer Tradition gleichzusetzen, die ja bekanntlich »anknüpfen« kann. Und eben dies scheint mir in Österreich der Fall zu sein. Das neue Österreich nach 1945 ist keine Fortsetzung des alten vor 1938 (indessen mir das alte vor 1938 als Fortsetzung des noch älteren vor 1918 gilt). Aber ich kann mir das neue Österreich nicht ohne das alte vorstellen. Nicht einmal ohne das noch ältere.

Wie dem auch sei − mit der Überschreitung jener für die ›Tante Jolesch‹ ursprünglich abgesteckten Zeitgrenze ist auch der Rahmen gesprengt, in dem sich der Untergang des von ihr und mir gemeinten Abendlandes anekdotisch vollzogen hat. Und wenn das ein sozusagen rechtsgültiger Vollzug war, dann schließt dieser zweite Band zu Unrecht an seinen Vorgänger an, dann sind die Geschichten, die hier aus einer späteren Zeit berichtet werden, geradezu ein Dementi der dort proklamierten Untergangsthese.

Sind sie das wirklich? Nicht ohne Absicht hieß es vorhin, daß die Überschreitung der Zeitgrenze *sorgfältigen* Lesern aufgefallen sein könnte. Minder sorgfältige hätten das ohne meinen Hinweis vielleicht gar nicht gemerkt. Für den Fall eines etwaigen Verdachts, daß mir solch mindere Sorgfalt willkommen wäre, darf ich mich schützend vor sie stellen. Sie ließe sich nämlich auf das durchaus zulässige Gefühl und den durchaus richtigen Eindruck zurückführen, daß die Geschichten aus späterer Zeit genausogut zu einer früheren hätten spielen können, eben zur Zeit der Tante Jolesch, zur Zeit der noch intakten Kaffeehauskultur mit ihren Käuzen und Originalen. Daß sie alle, die Molnár und Marton, die Polgar und Kortner und Csokor und ein paar andere dazu, noch aus jener Zeit stammen und deren Untergang um ein paar Jahre überlebt haben, ändert am Untergang nichts. Und daß seine letzten Zuckungen − wie im vorangegangenen Band gesagt und belegt − noch bis in die Emigration hinein zu spüren waren, bedeutet einen Zuschlag zur Emigration, keinen Abschlag vom Untergang. Die Wechselbeziehung zwischen fortgesetztem Emigrantendasein und fortgesetzter

Tradition wurde schon angedeutet. Sie zu analysieren, würde – nicht anders als eine Analyse der Wechselbeziehung zwischen altem und neuem Österreich – zu weit führen. Lassen wir's also und wenden wir uns wieder dem eigentlichen Zweck dieser Aufzeichnungen zu: festzuhalten, was des Festhaltens wert sein mag, gleichgültig, ob sich's zur rechten Zeit zugetragen hat oder in einer späteren, deren Richtigkeit nur noch Erbschaft war. Und als Erbschaftsverwalter, als Erben der Tante Jolesch sind jene Späteren und Heutigen anzusehen, die sich mit ihrer Wesensart und ihrem Witz, mit ihren Geschichten und Aussprüchen in die Atmosphäre der vergangenen Tage einfügen, die in ihrer Lebenshaltung ein letztes Restchen der alten Kaffeehauskultur bewahren und von denen die Tante Jolesch, wenn's ihr vergönnt gewesen wäre, vielleicht gesagt hätte: »Noch ein Glück, daß es sie gibt.«

Die Sache des Kaffeehauses ist in keiner andern Geschichte so gut aufgehoben wie in der nun folgenden. Ich berichte sie aus eigener Zeugenschaft und glaube mich um ihrer fundamentalen Wichtigkeit willen befugt, sie aus ihrem zeitlichen Kontakt zu lösen. Sie spielt im April 1952 in Wien.

Kurz nachdem Ferenc Molnár in New York gestorben war, veranstaltete die Kulturabteilung des Amerikanischen Hochkommissariats – im Wien der Viermächtebesetzung gab es noch keine Botschaften – einen Gedenkabend für ihn. Das Programm bestritten die besten Kräfte der Wiener Theater mit Szenen aus seinen Komödien und kleinen Prosastücken, die Gedenkrede war mir überantwortet. (Sie ist in einer seit damals mehrfach erweiterten Fassung in der ›Tante Jolesch‹ abgedruckt.) Nach Schluß der Veranstaltung wurde ich – wie alle Mitwirkenden – von Anerkennungsspendern umringt und sah mich plötzlich einem grauhaarigen Herrn gegenüber, der mir bewegt die Hand schüttelte. »Gestatten Sie, daß ich mich vorstelle«, begann er mit unüberhörbarem ungarischen Akzent und nannte einen Namen, der mir nichts besagte. Aber es war mir, als hätte ich seinen Träger vor unendlich langen Jahren, bei meinen Besuchen in Budapest, in mindestens drei Kaffeehäusern sitzen sehen, und zwar gleichzeitig.

»Ich danke Ihnen.« Nochmals ergriff er meine Hand. »Ich danke Ihnen von Herzen. Sie haben mir meinen alten Freund Feri so nahe gebracht, daß ich weinen möchte.« Tatsächlich: es standen ihm Tränen in den Augen – ohne daß er mein Mißtrauen, ob es sich da nicht bloß um eine vorgetäuschte »alte Freundschaft« handle, dadurch beseitigt hätte.

Das geschah erst, als er sich nach ein paar anderen Emigranten aus Molnárs engstem Freundeskreis erkundigte, von deren Existenz wirklich nur ein Intimkenner wissen konnte.

Während ich ihm die gewünschten Auskünfte gab, drängten weitere Anerkennungsspender heran und unterbrachen uns, wie denn überhaupt der bei solchen Anlässen unvermeidliche Wirbel herrschte. Mein Gesprächspartner fühlte sich ebenso gestört wie ich.

»Das geht nicht«, sagte er indigniert. »Ich möchte, wenn Sie erlauben, gern einmal etwas ausführlicher mit Ihnen sprechen. Darf ich fragen —«

Und jetzt fragte er mich nicht etwa nach meiner Adresse oder nach meiner Telephonnummer. Sondern er fragte:

»In welchem Kaffeehaus sitzen Sie?«

Er war der würdigste Erbe der Tante Jolesch, dem ich jemals begegnet bin.

Das Kaffeehaus aber, in dem man »sitzt«, in dem man ohne vorherige Verabredung zusammenkommt, in dem zu bestimmten Stunden bestimmte Menschen weitaus sicherer anzutreffen sind als in ihren Wohnungen, das Kaffeehaus in seiner Eigenschaft als selbstverständlicher Ort der physischen und geistigen Begegnung, der Diskussion und Rivalität, des Einverständnisses und Widerstreits, der Meinungs- und Gruppenbildung — dieses Kaffeehaus gibt es nicht mehr. Gesellschaftliche Umschichtungen, technische Eingriffe und nicht zuletzt das Verschwinden des jüdischen Stammpublikums haben ihm endgültig und unwiderruflich den Garaus gemacht.* Und es darf als ein kleines Wunder gelten, daß sein Esprit, sein Witz, seine Anekdotenträchtigkeit sporadisch weiterbestehen, auch unter den neu entstandenen Lebensformen, deren Stil und Atmosphäre so völlig anders geartet sind.

Denn die Lokalitäten, in denen man heute beisammensitzt, haben mit dem einstigen Kaffeehaus nichts gemein, nicht einmal dann, wenn sie Kaffeehaus heißen. Die zur Bestätigung der Regel erforderliche Ausnahme bildet das mittlerweile berühmt gewordene Café Hawelka, das seine eigentliche und echte Kaffee-

---

* Hierzu vgl. das im Anhang zur ›Tante Jolesch‹ abgedruckte ›Traktat über das Wiener Kaffeehaus‹.

hausfunktion eher wohl vor der Zeit seiner Berühmtheit ausgeübt hat, als es noch zur Gattung »Tschoch« gehörte und in bunter Mischung von Schriftstellern und Malern und Schauspielern bevölkert, aber nie überfüllt war. Heute, da das sorgliche Besitzer-Ehepaar oft größte Mühe hat, selbst alten Stammgästen ein Plätzchen zu verschaffen, muß manch ein Schriftsteller oder Maler oder Schauspieler unverrichteten Kaffees abziehen und drinnen im Lokal all jene sitzen lassen, die gekommen sind, um die Schriftsteller und Maler und Schauspieler dort sitzen zu sehen. Immerhin: das Hawelka ist ein Kaffeehaus. Immerhin: wer es zu nächtlicher Stunde aufsucht, darf sicher sein, wenn schon keinen Platz so doch Ansprache zu finden. Einen Stammtisch, oder gar ihrer mehrere, wie sie einst unabdingbar zum richtigen Kaffeehaus gehört haben, wird er allerdings vergebens suchen.

Das Café Grünwald anderseits weist zwar einen richtigen Stammtisch auf, enträt jedoch ihrer Mehrzahl und damit der zum richtigen Kaffeehaus gehörigen Möglichkeit, zwischen verschiedenen Stammtischen hin und her zu wechseln. Im Café Grünwald hat man keine Wahl. Die sich dort einfinden, müssen — sie wären denn Kartenspieler, Nachtmahl-Konsumenten oder Gelegenheitsgäste, aber die interessieren uns nicht, uns interessieren hier nur die Angehörigen der Sparte »Kunst und Kultur« unter besonderer Berücksichtigung des Theaters – und diese also müssen am Stammtisch Ernst Haeussermans Platz nehmen, oder sie brauchen erst gar nicht hinzukommen. Ist das Hawelka ein Lokal ohne Stammtisch, so handelt sich's hier gewissermaßen um einen Stammtisch ohne Lokal.

Ernst Haeusserman, früher Direktor des Burgtheaters mit zehnjähriger Amtsdauer (der dauerhaftesten seit Beginn des 20. Jahrhunderts) und jetzt Direktor des Theaters in der Josefstadt, hatte seinen Stammtisch viele Jahre lang im altehrwürdigen Restaurant »Zur Linde«, nach dessen Schleifung er samt allen ihm botmäßigen Stammgästen und Requisiten (einschließlich des Tischtelephons) ins Café Grünwald übersiedelte. Ich bin mit ihm von unsrer gemeinsamen amerikanischen Emigrationszeit her befreundet und kann nicht ausschließen, daß diese Freundschaft – für die er stets aufs loyalste eingestanden ist – meinen kritischen Blick für seine künstlerischen Eskapaden dann und wann ein wenig getrübt hat. Was jedoch seinen Witz betrifft, bedarf es keiner Freundschaft, um ihn als fulminant zu bezeichnen. Er hätte zur Hochblütezeit des Kaffeehauses jedem

Tisch zur Zierde gereicht, er kann sich mit den erlauchtesten Vorbildern von damals messen und wäre auch von einem Anton Kuh oder Alfred Polgar anerkannt worden. Mir nötigt er mehr als Anerkennung ab, nämlich Neid.

Es ist vor allem seine Schlagfertigkeit, um die ich Ernst Haeusserman beneide. Ich verwende Metaphern kriegerischer Provenienz nur ungern und halte überdies die Pistole für kein geeignetes Instrument zum Abschießen witziger Bemerkungen – aber für die Art der Haeussermanschen Reaktionen weiß ich mir keinen andern Vergleich. Zufällig war ich im vergangenen Sommer gerade zu Besuch in seinem Landhaus bei Salzburg, als Curd Jürgens, der unter Haeussermans Regie den ›Jedermann‹ spielte, von einer Durchsprechprobe kam und sich ebenso bitterlich wie glaubhaft über eine plötzlich aufgetretene Gedächtnisstörung beklagte, es wären ihm unerklärliche Hänger unterlaufen, er könne sich mitten im Text an ganze Satzteile nicht erinnern und er hätte Angst, daß er sogar beim Vaterunser hängen würde.

»Da ist schon einer bei der Uraufführung gehangen!« kam — nun ja: wie aus der Pistole geschossen – Haeussermans Replik.

Er hatte die Pistole auch an seinem Stammtisch bei sich, wo ein auswärtiger Gast nach einer Josefstädter Premiere an der Gestaltung des Programmheftes Anstoß nahm und sich besonders darüber mokierte, daß nicht nur Inspizient und Souffleuse namentlich genannt waren, sondern obendrein die Lieferanten der Schuhe und Pelze, der Friseur, der Beleuchter, der Tonmeister, der Perückenmacher. Die höhnische Aufzählung schloß mit folgendem knappen Dialog:

»Vielleicht werden Sie nächstens auch die Klosettfrau nennen?«

»Nur bei Durchfall.«

Vor dem Probenbeginn einer von ihm geleiteten Inszenierung kam ein Anruf: Fräulein X, die Darstellerin einer wichtigen Rolle, sei beim Verlassen des Hauses die Treppe hinuntergestürzt und würde sich verspäten.

»Wieso?« fragte Haeusserman. »Da müßte sie doch früher kommen?«

Eine seiner Pointen gehört in die Rubrik »Schwarzer Humor«, älteren Lesern noch unter dem Titel ›Heiteres vom Totenbett‹ geläufig.

Der bekannte Musikkritiker Richard K. war hoffnungslos erkrankt. Um ihn vielleicht doch noch am Leben zu erhalten, wurde ihm ein Bein amputiert, aber er war nicht mehr zu retten und starb wenig später. Gerade als die Todesnachricht in Haeussermans damaligem Stammlokal eingetroffen war, erschien K.'s Fachkollege und enger persönlicher Freund Erwin M., natürlich in Unkenntnis des traurigen Ereignisses. Ehe man sich noch verständigen konnte, wie man's ihm beibringen würde, hatte er schon am Tisch Platz genommen und fragte:

»Wie geht's dem K.?«

Haeusserman besann sich nicht lange:

»Er ist mit einem Fuß im Grab«, sagte er.

Als er einmal einem andern die Pointe überlassen mußte, hatte er sie gar nicht erst angestrebt. Sondern er war mit seinem in der »Linde« bestellten Beefsteak nicht zufrieden und rief nach dem Oberkellner Lehner, um sich zu beschweren:

»Herr Lehner, es tut mir leid — aber dieses Beefsteak kann man nicht essen. Es schmeckt wie eine Schuhsohle.«

»Ausg'schlossen«, verwahrte sich der in Ehren ergraute Ober. »Sowas gibt's bei uns nicht.«

»Es ist wirklich ungenießbar, Herr Lehner. Bitte kosten Sie.« Und er hielt ihm die Gabel mit einem Bissen Fleisch entgegen.

Der Oberkellner Lehner sah zuerst ihn an und dann die Gabel, ehe er einen tiefen Seufzer von sich gab:

»Jetzt bin ich vierzig Jahr' beim G'schäft«, sagte er. »Und noch *nie* hat mich wer eing'laden, wenn etwas gut ist. Nur die ungenießbaren Sachen — die darf ich kosten.«

Daß der alte Lehner ein echtes Wiener Original war, bekundete er noch bei einer andern Gelegenheit.

In der »Schank«, hochdeutsch Schwemme, ein dem eigentlichen Restaurant vorgelagerter Raum, der von sogenannter »Laufkundschaft« — einer Gästekategorie minderer Qualität — frequentiert wird, hatte sich ein solcher Gast an einem der großen, derben, ungedeckten Tische niedergelassen und ein Krügel Bier bestellt. Als es zum Zahlen kam, erwies sich, daß er vor allem dem Brotkorb und dem hölzernen Gestänge mit den Brezeln zugesprochen hatte:

»Ein Krügel Bier, drei Brezeln und sieben Semmeln«, sagte er an.

Herr Lehner quittierte die Ansage mit galligem Nicken und

mit einem Ausspruch, der durchaus in der Tradition Nestroys stand:

»Wann S' nächstens wieder so einen Durst haben, gehen S' zum Bäcker!«

Das Gastgewerbe scheint der Entwicklung von Originalen überhaupt förderlich zu sein, nicht nur in Wien, sondern bis tief ins steirische Salzkammergut hinein. Eines dieser Originale ist Herr Schraml, der Wirt des Gasthofs »Zur Post« in Grundlsee, bei dem es die besten Forellen des Erdenrunds gibt. (Mit ihrem Züchter und Lieferanten, dem Herrn Grill, liegt er in ständiger Wortfehde und mußte sich in meiner Gegenwart von ihm sagen lassen, er, Schraml, habe seinen Eltern nur ein einziges Mal wirklich Freude gemacht, nämlich neun Monate vor seiner Geburt.)

Es geschah eines sommerlichen Mittags im schattigen, direkt am See gelegenen Gasthausgarten der »Post«, daß ein bundesdeutscher Feriengast immer wieder und immer lauter nach schnellerer Bedienung verlangte – bis es dem Schraml-Toni zu dumm wurde. Er trat an den Tisch des penetrant Eiligen heran und erkundigte sich mit aller Höflichkeit, deren ein österreichischer Gastwirt fähig ist:

»Sagen Sie, bitte schön – sind Sie auf Urlaub oder auf der Flucht?«

Als unbewußter Wahrer der Nestroy-Tradition prangt in meiner Erinnerung auch jener Schaffner auf der (damals noch offenen) Plattform einer Wiener Straßenbahn, von dem eine ältliche, offenkundig etwas begriffsstützige Frauensperson immer aufs neue wissen wollte, wann, wo und wie sie vom Ring nach Hütteldorf umzusteigen hätte und der ihr das immer aufs neue erklärte. Als der Ringwagen sich dem schicksalhaften Umschlagplatz näherte, schärfte er ihr nochmals genauestens und langsamst ein, was sie tun müsse:

»Alsdann, daß Sie sich's ganz bestimmt merken, Frau. Wann wir jetzt stehnbleiben, steigen S' aus und gehn S' übern Ring hinüber, auf die andre Straßenseite, zur Kopfstation vom Neunundvierziger. Aber das ist *nicht* die Station linker Hand, die was Sie jetzt sehen, *nicht* die mit'n gedeckten Stationshäusel. *Ihre* Station ist rechts um die Ecke. Passen S' auf, daß Sie das nicht verwechseln, sonst kommen S' nie nach Hütteldorf. Rechts müssen S' gehen, Frau. Rechts!«

Der Wagen hielt, die Frau stieg aus und ging schnurgerade nach links.

Eine Sekunde lang hatte es den Anschein, als wollte ihr der Schaffner etwas nachrufen. Dann machte er eine resignierte Handbewegung und wandte sich an mich:

»Sehen S'«, sagte er. »Dessentwegen hab i net g'heirat'.«

In einer andern altösterreichischen Tradition, die sich mehr von Metternich als von Nestroy herleitet, liegt ein Ausspruch des langjährigen Burgtheatermitglieds Karl Eidlitz, ein Ausspruch von unnachahmlich winkelzügiger Diplomatie. Er erfolgte in einer der vielen Krisenzeiten des Hauses, zu deren Beendigung man insgeheim den Sturz des noch regierenden Direktors Adolf Rott vorbereitete. Wie weit diese Vorbereitungen auch höherenorts bereits gediehen waren, glaubten Eingeweihte aus einer scheinbar nebensächlichen Bemerkung schließen zu können, die der damalige Unterrichtsminister Drimmel in einen Vortrag einflocht. (Rott befand sich gerade in Deutschland, um Regieverpflichtungen nachzukommen.) Die Expertisen, denen diese Bemerkung nachher unterzogen wurde, resümierte Eidlitz wie folgt:

»Also wenn das vom Minister *nett* für den Direktor gemeint war – also dann hat er sich *sehr* ung'schickt ausgedrückt.«

Eine der in jüngerer Zeit entstandenen österreichischen Literaturtraditionen ist mit Fritz von Herzmanovsky-Orlando verbunden (und ich darf mir schmeicheln, an dieser Verbindung als sein Wiederentdecker und als Herausgeber seines literarischen Nachlasses beteiligt zu sein). Es gibt bereits eine Reihe von Autoren, die unverkennbar und einbekanntermaßen unter Herzmanovskys Einfluß stehen und die kauzig-skurrile Weltschau ihres Meisters – ein deutscher Kritiker nannte ihn »einen ins Groteske umgekippten Franz Kafka« – eigenständig abwandeln und fortsetzen. Der wahrscheinlich begabteste von ihnen ist Herbert Rosendorfer, mit dem ich mich vor vielen Jahren auf der Basis gemeinsamer Herzmanovsky-Verehrung angefreundet habe. Rosendorfer, in Herzmanovskys Wahlheimat Südtirol geboren, übt in München den Beruf eines Zivilrichters aus, womit er noch einer weiteren, auf Grillparzer zurückgehenden österreichischen Tradition Genüge tut, nämlich der des dichtenden Staatsbeamten. Vielleicht liegt es an gewissen bürokratischen Komponenten seines Wesens, daß er auf die keineswegs segensreiche Tätigkeit des »Kuratoriums unteilbares Deutschland« durch die fiktive Gründung eines »Kuratoriums unteilbares Österreich-Ungarn« reagiert hat. Eine Zeitlang schickte er mir die durchaus glaubhaften Sitzungsprotokolle dieser Körperschaft, mußte dann aber berichten, daß im Präsidium unheilvolle Spaltungstendenzen aufgetreten wären und daß er nunmehr die Stelle eines Vorsitzenden des »Kuratoriums unteilbares Kuratorium unteilbares Österreich-Ungarn« bekleide. Seither hat er von seiner Organisation nichts mehr hören lassen. Ich kann den Verdacht nicht unterdrücken, daß er es vorzieht, Bücher zu schreiben. Aber die Gründung der beiden Kuratorien, an denen Herzmanovsky große Freude gehabt hätte, bleibe ihm unvergessen.

Auch Herzmanovskys Vater muß eine höchst bemerkenswerte Erscheinung gewesen sein. Das geht aus dem achtunggebietenden Eklat hervor, mit dem er seine Karriere im kaiserlich österreichischen Staatsdienst vorzeitig beendet hat und von dem sein Sohn mit sattem Behagen zu erzählen liebte.

Vater Herzmanovsky war Sektionschef im Unterrichtsministerium, und als rangältestem Beamten fiel ihm anläßlich der Übernahme des Ministeriums durch Baron Gautsch die Aufgabe zu, den neuernannten Chef zu begrüßen. Er unterzog sich dieser Aufgabe um so bereitwilliger, als er gemeinsam mit Gautsch das k. k. Theresianum besucht hatte, dessen Schüler nach Absolvierung ihrer exklusiven Lehranstalt in freundschaftlichem Kontakt blieben und einander selbstverständlich auch weiter duzten.

»Mein lieber Gautsch«, begann er also vor versammelter Beamtenschaft seine Begrüßungsansprache, »es ist mir eine besondere Freude, dich als unsern Chef willkommen zu heißen. Ich versichere dir, daß wir nach besten Kräften bemüht sein werden, dir deine Tätigkeit zu erleichtern.« Und nach ein paar weiteren passenden Sätzen schloß er in herzlichstem Ton: »Nicht nur als dein rangältester Mitarbeiter, auch als ein Theresianist dem andern wünsche ich dir in deinem neuen Amt Erfolg und alles Gute.«

Die Herzlichkeit war, wie sich zeigte, fehl am Ort. Der andre Theresianist räusperte sich und ließ es bei einer durch und durch knappen Erwiderung bewenden:

»Mein lieber Sektionschef«, näselte er, »ich nehme Ihre freundlichen Worte gerne zur Kenntnis und hoffe auf eine gedeihliche Zusammenarbeit mit Ihnen und Ihrem Stab. Danke verbindlichst.«

Betretenes Schweigen lastete im Raum. Wie Herzmanovsky fils angab, war die Stille so groß, daß man deutlich zwei Fliegen summen hörte. Dann ergriff Herzmanovsky père nochmals das Wort zu der folgenden, noch knapperen Gegenrede:

»Lieber Gautsch, gestatte mir noch einmal das trauliche Du. Leck mich im Arsch.«

Sprach's, drehte sich um und ging in Pension.

Sei's Nestroy, sei's Metternich, sei's Herzmanovsky-Orlando – mit jeder dieser Traditionen, und mit etlichen anderen dazu, kann es die von den Tschechen hochgehaltene Schwejk-Tradition aufnehmen. Sie hat die Monarchie und die Erste Republik ebenso überstanden wie den klirrenden Frost, der dem Prager Frühling nachkam und der immer noch anhält. Keine zweite Nationalliteratur – nicht die spanische mit ihrem Don Quijote, nicht die flämische mit ihrem Till, nicht die jiddische mit ihrem Tewje – hat eine ähnlich vollsaftig im Volkscharakter verwurzelte Figur hervorgebracht wie die Tschechen mit ihrem Schwejk, ob sie's nun wahrhaben wollen oder nicht. Eine Zeitlang, in den Zwanzigerjahren – ich erinnere mich an diese Phase eines entgleisten Patriotismus noch aus eigener Wahrnehmung – wollten sie nicht, ja sie fühlten sich entwürdigt, wenn man den Schwejk als »typisch« für sie ansah. Das hat sich zum Glück im Unglück geändert. Mit dem Humor dieses Volkes war es ja sowieso unvereinbar, obwohl sich's im Grunde verstehen läßt. Denn der Schwejk ist nicht »typisch« für den Tschechen, ist es so wenig wie der Apfel für den Apfelbaum. Er ist ganz einfach ein Bestandteil seiner Wesensart, ein natürlicher, organischer Bestandteil, beim einen mehr und beim andern weniger ausgeprägt, aber in jedem vorhanden, auch wenn er's selbst nicht weiß. Die von Jaroslav Hašek, dem genialen Schöpfer des Schwejk, gegründete »Partei für den gemäßigten Fortschritt innerhalb der gesetzlich zugelassenen Grenzen« – sie hat tatsächlich kandidiert und sogar ein paar hundert Stimmen erhalten – wäre sicherlich in der Lage gewesen, Ordnung in diese noch lange nicht ausgelotete Sachlage zu bringen.

Zu den ausgeprägten Hervorkehrern des immanenten Schwejk-Charakters gehört ein Prager Schauspieler, mit dem ich schon seinerzeit befreundet war und noch heute in gelegentlicher Verbindung stehe. Da ihm die tschechischen Behörden, mit denen er sich nicht sehr gut verträgt, diese Verbindung übelnehmen könnten, verzichte ich lieber auf die Nennung seines Namens. Und da man eine bestimmte Art tschechischer Äußerungen, um ihr spezifisches Aroma halbwegs einzufangen, nur im Deutsch der Schwejk-Übersetzung wiedergeben kann, werde ich mich bei den zwei Aussprüchen, die ich von ihm zu zitieren plane, dieses Idioms bedienen.

Die erste liegt lange zurück, in meinen Prager Jahren. Jenda – so wollen wir ihn nennen – war plötzlich von der Bildfläche verschwunden und niemand wußte wohin. Allmählich wurde ruchbar, daß er sich tief in eine Liebesaffäre verstrickt hatte, aber Genaueres ließ sich nicht eruieren. Nach einiger Zeit tauchte er wieder auf, hohlwangig, mißmutig, müde und zusätzlich vergrämt, weil ihm mittlerweile eine Rolle abhanden gekommen war. Ich traf ihn zufällig auf der Straße.

Ob er diese Geschichte nun also hinter sich habe, fragte ich.

Er nickte.

Ob es wenigstens schön gewesen sei, fragte ich weiter.

»Scheen? Ich bitte dich!« wehrte er ab. »Eine platonische Liebe. Nur vägeln und nix zum Fressen.«

Typisch tschechisch? Typisch schwejkisch? Es macht keinen Unterschied.

Die andre Äußerung ist erheblich jüngeren Datums und mit einer noch stärkeren Schlagseite in Richtung Schwejk ausgestattet. Es geschah vor wenigen Jahren, daß die Kohlenzulieferung nach Prag empfindliche Mängel aufzuweisen begann, denen die Behörden durch immer striktere Maßnahmen entgegenwirken mußten: zuerst wurden alle Neon-Lichtreklamen verboten, dann durften die Schaufenster der Geschäfte bei Nacht nicht mehr beleuchtet werden, dann wurden die Heizanlagen gedrosselt, dann wurde die Straßenbeleuchtung eingeschränkt, dann wurde sie noch weiter eingeschränkt – und eines Nachts lag Prag in völligem Dunkel.

Jenda saß mit ein paar Kollegen bei Kerzenlicht in einer Kneipe auf dem Belvedereplateau, ließ den Blick über die verdunkelte Stadt schweifen, seufzte tief auf und sprach:

»Also wann wir jetzt noch a *bissl* mehr Fleisch hätten, wär's wie im Krieg.«

Möge mir der geliebte Schwejk, für den ich im Leben doch auch schon einiges getan habe, noch einmal beistehen und mir zum baldigen Abschluß dieser Aufzeichnungen verhelfen. Es geht um ein Gleichnis.

Ort der Handlung ist das Ausbildungslager der tschechoslowakischen Exilarmee in Frankreich. Zeit: Anfang 1940, als ich einen Schnellsiedekurs für die Offiziersprüfung mitzumachen hatte. Unter den Teilnehmern aus meiner Kompanie befand sich ein herrlicher, völlig eindeutiger und vielleicht sogar absichtlicher Schwejk-Nachkomme, der mit den Vorgesetzten und mit der sogenannten »Tagcharge« wiederholt in Konflikt geraten war und jeglichen Ehrgeizes entriet. Aber das fruchtete ihm nicht. Er wurde auf Grund seiner Schulbildung – nicht etwa seiner militärischen Eignung – dem Offizierskurs zugeteilt.

Ein Major unterwies uns in der für Offiziere zweifellos unerläßlichen Kunst, ein Maschinengewehr auseinanderzunehmen und wieder zusammenzusetzen. Nach einigen Vorübungen mußten wir die ganze Prozedur in einer Zeitspanne von zehn Minuten bewältigen. Sie genügte allen, sogar mir, nur unserm Schwejk genügte sie nicht. Auf seinem Übungstisch lagen nach Ablauf der Frist zwar die Umrisse eines Maschinengewehrs, aber daneben, in wirrem Durcheinander, alle möglichen Schrauben, Gelenke, Sprungfedern und sonstige Bestandteile.

»Was ist denn mit Ihnen?« fragte unwirsch der Major.

Ich gebe die Antwort, die er bekam, abermals im klassischen Schwejk-Idiom wieder (und lasse außer acht, daß – anders als einst in der k. u. k. Armee – in der republikanisch tschechoslowakischen nicht »gehorsamst« gemeldet wurde, sondern nur so):

»Melde gehorsamst, Herr Major, mir is da iebriggeblieben auf drei Maschinengewehre.«

So auch mir, wobei es sich allerdings nicht um Material für Maschinengewehre handelt. Wenn ich jetzt nicht bald Schluß mache, bleibt mir noch übrig auf eine dritte ›Tante Jolesch‹.

Ich mache Schluß. Aber ich mache ihn so, wie ich's mir von Anfang an vorgenommen habe und wie es mir der erschöpfte Leser hoffentlich nachsehen wird. Ich möchte ans Ende dieses Buchs drei Geschichten setzen, denen meine besondere Liebe gilt, drei wunderschöne, von fundamentaler Weisheit und Gedankentiefe zeugende Geschichten, die mit der Tante Jolesch höchstens insoweit zu tun haben, als zwei von ihnen gleichfalls jüdischer Provenienz sind. Und das nütze ich aus, um ihnen noch eine Geschichte aus meinem eigenen Erinnerungsfundus voranzuschicken. Sie handelt von meiner letzten Begegnung mit Martin Buber, dessen Geburtstag sich im Frühjahr 1978 zum 100. Mal gejährt hat.

Um meinen persönlichen Kontakt zu Martin Buber war es weit weniger intensiv bestellt als um die Verehrung, die ich schon als sehr junger Mensch für ihn empfand und die mich frühzeitig unter seinen geistigen und erzieherischen Einfluß brachte. Ihm selbst bin ich im Lauf der Jahrzehnte vier- oder fünfmal begegnet, und vielleicht ebenso oft kam es zu einem Briefwechsel. Anlaß des ergiebigsten war die hebräische Ausgabe meiner Novelle ›Mein ist die Rache‹, Anlaß unserer letzten Begegnung, im Juni 1959, war ein Besuch Bubers in München.

Buber war gekommen, um eine posthume Ausstellung des ihm befreundeten israelischen Malers Mordechai Kaufmann zu eröffnen, und wir hatten vereinbart, daß ich ihn nachher in der Bayerischen Akademie der Schönen Künste, wo er zu Gast war, aufsuchen sollte. Dort saß ich ihm dann also gegenüber, in einem erst noch tastenden und von meiner Seite ziemlich verlegen geführten Gespräch. Buber, wiewohl von eher kleinem Wuchs, wirkte im Sitzen geradezu imposant. Das lag nicht nur an seiner aufrechten Haltung, sondern mindestens ebensosehr an seinem wunderschönen Patriarchenkopf mit dem weißlich wallenden Vollbart. Rascher, als es mir im Grunde lieb war, erkannte er, warum ich die Begegnung mit ihm gesucht hatte; aus der Hellsichtigkeit seiner achtzig Jahre kam ebenso unvermittelt wie unzweideutig die Frage:

»Und was *tun* Sie eigentlich?«

Ohne großen Nachdruck begann ich ihm meine Aktivitäten herzuzählen, deutete auf das mitgebrachte FORVM-Heft und wollte näher darauf eingehen, als er mich unterbrach:

»Das meine ich nicht. Ich meine: was arbeiten Sie *wirklich*? Es gibt doch eine wirkliche Arbeit für Sie? Sie müssen doch Bücher schreiben, oder nicht?«

»Sie halten die Zeitschrift, die mich daran hindert, in der Hand.«

Buber sah zuerst mich und dann das Heft an, hielt es ein wenig seitwärts von sich weg und rieb das Papier ein paarmal zwischen Daumen und Zeigefinger. In seiner Gebärde schien mir eine leise, keineswegs beleidigende, aber dennoch beabsichtigte Geringschätzung zu liegen, die ich auch aus seiner Frage herauszuhören glaubte:

»Das ist Ihnen so wichtig?«

Eben dieses Wörtchen »wichtig« gab mir eine Antwort ein, von der ich hoffte, daß sie seiner Frage gewachsen wäre und die mich überdies als gelehrigen Kenner seiner ›Chassidischen Bücher‹ ausweisen würde:

»So etwas fragen *Sie,* Herr Professor Buber? Und gerade von Ihnen habe ich gelernt, daß Rabbi Susja auf die Frage, was er für wichtig halte, die Antwort gegeben hat: ›Immer das, womit ich mich beschäftige‹!«

Buber wiegte den Kopf, auf eine Art, die nicht sogleich klarwerden ließ, ob sie Anerkennung oder Tadel bedeuten wollte. Wie sich zeigte, war es ein Tadel, wenn auch ein nachsichtig und lächelnd geäußerter:

»Hören Sie. Das hat nicht Rabbi Susja gesagt, sondern der Kobryner, und eigentlich nicht er, sondern seine Schüler haben einem Neugierigen, der wissen wollte, was ihrem Meister das Wichtigste im Leben sei, diese Antwort gegeben.« Buber machte eine kleine Pause, ehe er fortfuhr. »Von Rabbi Susja stammt ein andrer Ausspruch, und zwar der folgende: ›Wenn ich einmal vor das Antlitz des Heiligen treten sollte, wird er mich nicht fragen: Warum bist du nicht Moses geworden? Er wird mich fragen: Warum bist du nicht Susja geworden?‹ Das ist es, was man uns von Rabbi Susja überliefert hat . . .«

Die Pause jetzt wurde noch länger und Bubers Lächeln noch inniger, nämlich noch mehr nach innen gekehrt; er schien in dieses Lächeln tatsächlich zu versinken. Dann wandte er sich voll zu mir:

»Aber«, sagte er, »es ist zulässig, die beiden Geschichten miteinander zu verwechseln.«

Wäre es allzu verwegen, wenn ich mir einbilde, daß ich auf diese Weise zum wenn auch passiven Helden einer wenn auch späten chassidischen Geschichte geworden bin?

Es folgen, den angekündigten Abschluß herbeizuführen, meine drei Lieblings-Anekdoten. Die erste ist, obwohl sie in China spielt, nicht erfunden, sondern einer noch ziemlich nahen Wirklichkeit entsprungen – und dazu fällt mir prompt der alte Raabe-Jenkins vom ›Prager Tagblatt‹ ein (TJ S. 115 f.); wenn man dem eine Geschichte dadurch schmackhaft machen wollte, daß man sie ausdrücklich als wahr bezeichnete, pflegte er brummig zu erwidern: »Wahr is egal – gut muß sie sein.« Die folgende Geschichte ist wahr *und* gut.

Sie wurde mir von einem untadeligen Gewährsmann berichtet, der als Diplomat lange in China gelebt hatte, so lange, daß er fast schon chinesisch aussah. Ich lernte ihn nach seiner Rückkehr in den diplomatischen Dienst seines Heimatlandes kennen und fragte ihn im Verlauf eines in jeder Hinsicht ergiebigen Gesprächs, ob es sich mit den chinesischen Speisesitten wirklich so zeremoniell verhalten habe, wie man sich's in Europa vorstellt. Das wurde mir im großen und ganzen bestätigt, ja, sagte er, es gäbe in der Tat ein strenges Ritual, demzufolge etwa am Ende eines Gastmahls der Ehrengast die Güte der aufgetischten Speisen enthusiastisch zu preisen habe, der Gastgeber hingegen müsse sich für deren mangelnde Qualität entschuldigen und lebhaft bedauern, daß sein Koch zu nichts Besserem fähig sei. Hierauf verneigen sich die beiden Herren voreinander, und die Tafel ist aufgehoben. Er selbst, so erzählte mein ex-chinesischer Freund, sei einmal einem Festmahl beigezogen worden, das ein hoher Würdenträger der Stadtverwaltung von Peking zu Ehren eines anderen, vielleicht in den Mandarinstand oder in eine sonstwie erlauchte Position beförderten Beamten veranstaltet hatte. Man tafelte aufs exquisiteste mehrere Stunden lang, alles verlief wie gewohnt und vorgeschrieben — aber dann geschah etwas für meinen Freund völlig Unerwartetes und geradezu Ungeheuerliches. Nach Beendigung der Mahlzeit erhob sich der Gastgeber (wohlgemerkt: der Gastgeber, nicht der Ehrengast) und erging sich in hemmungslosen Lobsprüchen über die genossenen Gaumenfreuden. Daran nicht genug: der Ehrengast widersprach indigniert und erklärte, noch nie im Leben so miserabel gespeist zu haben. Das könne er nicht hinnehmen, beharrte der Gastgeber, es sei vielmehr im Reich der Mitte seit Erlöschen der Ming-Dynastie nichts vergleichbar Köstliches serviert worden. Daraufhin brachte der Ehrengast nochmals seinen Unmut zum Ausdruck, daß man ihm einen solchen Schlangenfraß vorgesetzt hatte, verneigte sich, nahm die Verneigung des Gastgebers entgegen, und das war das Ende.

Für meinen Freund war es das nicht. Er hatte die rätselhafte Prozedur mit wachsendem Befremden beobachtet und forschte nach einer Erklärung. Sie wurde ihm zuteil: Der Koch des Gastgebers war plötzlich erkrankt, und das Festmahl war vom Koch des Ehrengastes zubereitet worden.

Mir ist diese Geschichte deshalb so lieb, weil sie für alle Zeiten die Frage beantwortet, was man unter dem Begriff »Kultur« zu verstehen hat.

Auch die beiden anderen Geschichten gehören in eine Kategorie, die von den Experten ihres informativen Charakters wegen geschätzt wird; es sind sogenannte »Lehrgeschichten«, deren Informationswert in der gleichnishaften Aufdeckung und Klarstellung irdischer Grundsituationen besteht. Sie können sogar, wie die folgende, ihrerseits ein Gleichnis zum Gegenstand haben.

Der Wilnaer Gaon, eine der großen rabbinischen Autoritäten des 19. Jahrhunderts, war dafür berühmt, daß er in seinen Predigten und Disputationen immer besonders treffende, besonders einleuchtende Gleichnisse fand, unfehlbar und für jeden Anlaß, der sich gerade bieten mochte. Von einem andern Rabbiner befragt, wie er das denn anstelle, dachte er ein wenig nach, bevor er zu seiner Antwort ausholte:

»Ich will es Euch mit einem Gleichnis erklären«, sagte er. »Hört mich an. Der junge Graf Lubomirsky wurde von seinen Eltern auf die kaiserliche Militärakademie nach Warschau geschickt, wo er alle Prüfungen mit Glanz bestand und den Ruf erwarb, der beste Reiter und der sicherste Schütze seines Jahrgangs zu sein. Auf dem Heimweg, den er stolzgeschwellt antrat, hielt er Einkehr in einer Herberge, versorgte sein Pferd und begab sich in die Wirtsstube. Nach ein paar Schritten machte er eine merkwürdige Entdeckung: er sah auf der Stallmauer eine Reihe winzig kleiner Kreidekreise, in deren Mitte sich genau gezielte, offenbar von einer Pistole stammende Einschüsse befanden. Da muß ein Meisterschütze am Werk gewesen sein, dachte er, vielleicht gar ein besserer als ich. Die Sache ließ ihm keine Ruhe, und er erkundigte sich beim Wirt, ob er den Urheber jener Einschüsse kenne. Der Wirt bejahte und machte sich anheischig, ihn zur Stelle zu schaffen. Nach einer Weile öffnete sich die Türe, ein blasser, unscheinbarer Talmudjüngling mit Brille und Käppchen erschien auf der Schwelle und näherte sich unter tiefen Bücklingen dem Grafen. Der riß vor Verblüffung den Mund auf. ›Du?!‹ fragte er ungläubig. ›Du bist der Meisterschütze, der in diese winzigen Kreise hineingetroffen hat?!‹ Der Angeredete schüttelte den Kopf. ›Ich bin kein Meisterschütze‹, erwiderte er mit einem bescheidenen Lächeln. ›Und ich habe in diese Kreise nicht hineingetroffen. Ich habe zuerst geschossen und dann um den Einschuß herum einen Kreis gezogen.‹ Das«, schloß der Wilnaer, »ist die Antwort auf Eure Frage, wie ich zu meinen Gleichnissen komme.«

Und nun, so schwer es mir fällt – aber das Maschinengewehr mahnt, es hilft nichts – nun zur letzten der drei Geschichten. Sie spielt in einer kleinen östlichen Judengemeinde, genauer: auf der Landstraße, die zum nächsten größeren Ort führt. Dort wird jeden Donnerstag der Wochenmarkt abgehalten, und eines solchen Donnerstags strebt wieder einmal ein Handelsmann mit seinem Pferdewagen dem Markt zu, wie üblich in aller Herrgottsfrühe. Wie keineswegs üblich, sieht er plötzlich auf der staubigen Straße den Zadik dahinschreiten, den anerkannten Gerechten der Gemeinde. Sofort hält er sein Pferdchen an, beugt sich hinunter und fragt erstaunt:

»Wohin des Wegs, Zadik?«

»Zum Wochenmarkt nach Pupidowka«, lautet die Antwort.

Noch um einiges erstaunter kommt des Handelsmanns nächste Frage:

»Wozu? Was sucht ein Zadik auf dem Wochenmarkt in Pupidowka?«

Und es antwortet der Zadik:

»Vielleicht find't sich eine Fuhr' zurück.«

In meinen Augen ist das die Lehrgeschichte kat exochen. Wer sich von ihr belehren läßt, weiß um die Vergeblichkeit des Daseins und was man äußerstenfalls dagegen tun kann.

Kardinal, ich habe das Meinige getan.

Als noch geböhmakelt wurde
(1971)

In den deutschsprachigen Gebieten der einstigen Habsburgermonarchie erfüllte das Böhmakeln die gleiche Funktion wie in
Deutschland das Sächseln. Es erfüllt sie auch im heutigen Österreich, besonders in Wien. Es wirkt komisch.

Sei's auf der Bühne, sei's am Stammtisch beim Witze-Erzäh-
len: »Der Böhm« und seine Ausdrucksweise galten seit jeher als
etwas Komisches oder gar Lächerliches, dem man mit bestenfalls gutmütigem und schlimmstenfalls verächtlichem Spott begegnete. Selbst der alte Hindenburg, Braunau am Inn mit
Braunau in Böhmen verwechselnd, nannte den Emporkömm-
ling Hitler einen »böhmischen Gefreiten«, womit er gewiß keine schmeichlerische Absicht verband.

Und in meinen Kindheitserinnerungen hat sich ein Revolu-
tionslied aus den Umsturztagen von 1918 erhalten (das nach-
weisbar einzige, zu dem sich die Österreicher damals auf-
schwangen); es begann mit der Frage: »Wer wird uns die Straßen jetzt kehr'n«, überantwortete dieses Geschäft »den noblich-
ten Herrn mit die goldenen Stern« und fuhr fort:

> »Wer wird uns in Wien jetzt regier'n?
> Wer wird uns in Wien jetzt regier'n?
> Der Tschechoslowak
> Mit'n Zylinder und Frack,
> Der wird uns in Wien jetzt regier'n!«

Offenbar konnte man der neuen Machtfülle des zum Tsche-
choslowaken avancierten »Böhm« nur dadurch beikommen,
daß man ihn gleichzeitig zur Praterfigur degradierte, zum Bu-
denausrufer »mit Zylinder und Frack«. Es war ein zweigeleisi-
ger Hohn.

Seine Wurzeln lagen in den sozialen Schichtungen der Jahr-
hundertwende, als aus den böhmischen Kronländern ein gewal-
tiger Zustrom nach Wien einsetzte und als die Zugeströmten –
größtenteils auf dienstbare oder manuelle Betätigungen ange-

wiesen (Stubenmädchen und Hausbesorger, Köchinnen und Kellner, Schneider und Schuster) – sich nicht nur rasch assimilieren, sondern höher hinaus wollten und sich zu beiderlei Behuf möglichst wienerisch gebärdeten.

Assimilation und Karriere sind ihnen mittlerweile weitgehend geglückt: Österreichs Bundespräsident Jonas ist tschechischer Abkunft, und der Nachfolger des Wiener Bürgermeisters Marek heißt ebenso unverkennbar Slavik. Im übrigen erscheinen in Wien noch zwei Wochenzeitungen in tschechischer Sprache, und wer sich den Spaß macht, das Wiener Telephonbuch zu durchblättern, stößt seitenlang auf nichts als tschechische Namen.

Trotzdem wird in Wien kaum mehr geböhmakelt, und es wäre hoch an der Zeit, daß ein Sprachforscher sich der noch vorhandenen Restbestände dieses reizvollen Elements annimmt, ehe es aus dem Farbspektrum der Umgangssprache endgültig verschwindet (wie das aus freilich anderen Gründen mit dem jüdischen Element geschehen ist). Schon jetzt läßt es sich eigentlich nur noch auf der Basis eines historischen Rückblicks erfassen.

Worin bestand es denn, das Böhmakeln? Lediglich im fremdartigen Akzent, in einer Verzerrung der Aussprache und einer Verstümmelung von Wörtern und Wendungen? Es war natürlich weit mehr. Es war eine bei aller Härte behagliche Sprachtönung, der immer ein wenig Küchengeruch zu entströmen schien und die sich für eine bestimmte Gattung heimtückisch nuancierten Humors vortrefflich eignete. Und sie erschöpfte sich keineswegs in der Übernahme einzelner Ausdrücke oder im bloßen Austausch von Lehnwörtern, wie sie schon bei Nestroy auftauchen und wie sie der heutige Wiener mit Selbstverständlichkeit gebraucht, ohne ihren tschechischen Ursprung zu ahnen. Er geht, wenn er sich einen guten Tag machen will, »auf lepschi« (tschechisch »lepši« = besser), und des gemächlichen Genießens wegen verfährt er dabei »hübsch pomali« (tsch. »pomalu« = langsam), auf die Gefahr hin, daß seine Ehefrau ihn bei der Heimkehr ordentlich »trischacken« wird (tsch. »držák« = Pracker), das macht ihm nichts aus, das ist ihm »schetzkojedno« (tsch. »všecko jedno« = alles eins). Und so tut er noch manches, was er ohne tschechischen Einfluß nicht täte.

Mit dem, was man sich unter »Böhmakeln« vorstellt, hat das allerdings so wenig zu tun wie das tatsächlich längst und rettungslos ausgestorbene »Kuchelböhmisch«, das auf deutsche Wortstämme tschechische Verästelungen aufpfropfte und das Ergebnis dem eigenen Sprachschatz einverleibte. Mustersatz, in phonetischer Wiedergabe: »Hausmajstr vypucuje fotruv ibacia na klandru« = »Der Hausmeister putzt des Vaters Überzieher am (Stiegen-)Geländer«. Ein heutiger Tscheche würde das weder sagen noch verstehen.

Ist es dann also er, der richtig böhmakelt, wenn er deutsch spricht? Gibt's beispielsweise in Prag noch ein echtes Böhmakeln zu hören?

Höchstens von den Alten, deren Deutsch noch »von früher« stammt, aus jener Zeit (um ein populäres, bemerkenswerterweise neu entstandenes Wienerlied zu zitieren): ›Als Böhmen noch bei Österreich war.‹ Die Jüngeren sprechen ein Deutsch, das ihnen von Lehrern aus der DDR beigebracht wurde und das dem Österreicher eher »piefkisch« klingt. Sie sagen »Kissen« statt Polster und »Schrank« statt Kasten, sie gehen »zur« Schule statt »in« dieselbe und »haben« dort gesessen, wo ihre Väter gesessen »sind«.

Vielleicht, wenn man Glück hat, ertappt man einen von ihnen bei einer wörtlich aus dem Tschechischen übersetzten Redewendung, vielleicht fragt er dich im Gasthaus: »Was gibst du dir?« (»Co si dáš?«), fügt vorsorglich hinzu: »Gib dir keine Knödel, die treffen sie hier nicht machen«, und beantwortet deinen Gegenvorschlag mit einem ablehnenden: »Das will sich mir nicht.« Damit wäre er etwas Böhmakel-Ähnlichem immerhin nahegekommen.

Nur muß man sich da wieder vor einer Verwechslung mit dem »Prager Deutsch« hüten, das etwas andres und Eigenes ist, gekennzeichnet durch die Verschärfung eines jeglichen S am Wortbeginn (»Die Ssonne ßinkt«, würde Lynkeus auf einem in Prag gelegenen Turm anheben) sowie durch grundsätzliche Verhärtung weicher Konsonanten und umgekehrt.

Ich spreche aus der schmerzlichen Erfahrung meiner Prager Gymnasiastenjahre, als ich, eben erst aus Wien verlagert, noch nicht recht wußte, woran ich war. Unser Lateinprofessor veranstaltete mit Vorliebe Vokabelprüfungen durch raschen Zuruf, den man prompt zu beantworten hatte. »Die Herde«, rief er mir zu, und »grex, gregis«, antworte ich. »Die – Herde«, akzentuierte er, und »grex, gregis, Herr Professor«, gab ich abermals zurück. »Droddel«, knurrte er, »turidas!« Er meinte die Härte, lateinisch duritas. Und er hat nicht geböhmakelt, sondern er sprach ein Prager Deutsch, das man genauer als »Kleinseitner« und ganz genau als »Kleinßeitner« Deutsch bezeichnen müßte, denn in wirklich unverfälschter Form wurde es nur auf der Kleinseite gesprochen, jenem alten, verwinkelten, verzauberten Stadtteil Prags, der sich unterhalb des Hradschins und des Veitsdoms hügelaufwärts zieht und von den Nachkommen der deutschen Urbevölkerung bewohnt wurde – die ihrerseits auf die späteren, nämlich am linken Moldauufer siedelnden Deutschen mit tiefer Verachtung herabblickten.

Egon Erwin Kisch, der zuverlässigste Chronist pragerischer Vielschichtigkeit, hat in einer einschlägigen Abhandlung ein komplettes Lied im Kleinßeitner Deutsch wiedergegeben (›Die gleine Kredl wisste kern ...‹) und will mit eigenen Ohren gehört haben, wie eine ältliche Kleinßeitner Dame, die unversehens in den sonntäglichen Mittags-Korso vor dem »Deutschen Haus« am (jenseits gelegenen) Graben geraten war, kopfschüttelnd stehenblieb und sich leicht angewidert an ihre Begleiterin wandte: »Ich pitte dich, Kertrud – was ist das für eine Ssorte Menschen?«

Demgegenüber manifestierte sich das sozusagen »eigentliche« Prager Deutsch etwa in der Erkundigung einer Hausfrau nach dem Brotaufstrich, den die Nachbarin ihrem Dienstmädchen fürs Gabelfrühstück bewilligt: »Was schmieren Sie Ihrer um zehn?« Oder in der hochnäsigen Äußerung eines Blaustrumpfs, dem geistige Werte höher galten als leichtfertige Abenteuer: »Was andere Mädchen Verhältnisse haben, geh *ich* in Vorträge.« War das geböhmakelt? Auch nicht. Hilft es uns weiter, wenn wir als unabdingbares Merkmal korrekten Böhmakelns die Vermeidung sämtlicher Umlaute aufzeigen? Oder das unentbehrliche »herich«, ein verballhorntes »hör'ich«, das prinzipiell im Sinn von »angeblich« gebraucht wird? Es sind Merkmale, gewiß. Wichtige Merkmale, aber keine konklusiven. Wenn das so einfach wäre – »da möchten wir uns gut haben« (to bychom se měli dobře).

Was aber *ist* nun endlich das Böhmakeln? Wo kann man sich seiner Unverwechselbarkeit vergewissern, wo kann man es hören, wo wird es gepflegt? Ich fürchte: nur noch auf der eingangs erwähnten Bühne.

Und selbst dort immer seltener. Hans Moser und Alfred Neugebauer, die es meisterhaft beherrscht haben, sind tot, und von den heute Wirkenden darf man allenfalls bei den Komikern Heinz Conrads und Maxi Böhm noch sicher sein, daß sie wissen, was sie tun (beide sprechen auch Tschechisch). Mehr gibt's nicht.

Ein Idiom, das bis vor wenigen Jahrzehnten einer Unzahl von Menschen zur praktischen Verständigung mit der Umwelt gedient hat, wird nur noch künstlich und in denkbar dünn gepflanzten Kulturen am Leben erhalten. Und da haben wir leider die Antwort. Das Böhmakeln ist eine Kunstsprache geworden.

Als solche besitzt es allerdings ein Monument, das unzerstörbar in unsre zusehends verödende Sprachlandschaft ragt: die Übersetzung des ›Braven Soldaten Schwejk‹. Sie war, notabene und wie das bei großen Erfindungen schon geht, wir wissen's vom Schießpulver — sie war nicht so gemeint. Die Übersetzerin Grete Reiner glaubte den Schwejk ins Deutsche übersetzt zu haben. Statt dessen hat sie etwas völlig Einmaliges geschaffen, hat das Böhmakeln in der Literatur verankert und ihm für alle Zeiten einen paradigmatischen Fortbestand gesichert. Von ihrem Namen meldet kein Lied, kein Heldenbuch. Sie sei an dieser Stelle bedankt.

Und Jaroslav Hašek sei bedankt. Und Böhmen. Als es noch bei Österreich war. Als Kaiser Franz Joseph, weil er so gerne spazierenging, den Wienern wie den Pragern unter dem Spitznamen »der alte Prochaska« geläufig war (tschechisch »procházka« = Spaziergang). Als Wien und Prag noch die gleiche Lebensluft atmeten. Als noch geböhmakelt wurde.

Tiroler Reis-Auflauf
Eine Reminiszenz an den Fall Brandhofer
(1966)

»Endlich« – so schrieb die stets auf Bodenständigkeit bedachte
›Reichspost‹ 1936 nach der Premiere – »endlich einmal wehte
von der Bühne reine Tiroler Bergluft . . .«

Die reine Tiroler Bergluft kam aus Galizien, und der sie we-
hen machte, hieß auf dem Theaterzettel Kaspar Brandhofer, in
Wirklichkeit jedoch Leo Reuss, ursprünglich sogar Leo Reis.
Solcher Ursprung war damals nicht eben vorteilhaft, auch in
Österreich nicht und noch weniger in Deutschland, wo seit drei
Jahren die Nazi herrschten.

Als der blutjunge Leo kurz nach dem Ersten Weltkrieg aus
dem Osten der ehemaligen Monarchie herüberkam, war er ein
hoffnungsfroher Schauspielschüler und wollte – wie so viele
seinesgleichen, wie Rudolf Schildkraut, Alexander Granach,
Paul Baratoff und andere – auf dem deutschen Theater Karriere
machen. Sie geriet nicht ganz so glanzvoll wie die der Genannten, aber im Berliner Theaterbetrieb der späten Zwanziger- und
frühen Dreißigerjahre hatte sich Leo Reuss immerhin einen sicheren Platz erworben.

1933 gingen Platz und Sicherheit flöten. Leo Reuss mußte
Deutschland verlassen, abermals wie so viele seinesgleichen, nur
waren's ihrer jetzt beträchtlich mehr und eine große Anzahl
Namhafter darunter: Deutsch und Kortner und Pallenberg, die
Bergner und die Mosheim und die Massary, Karlweis und Wall-
burg und Wohlbrück, um nur die Allerberühmtesten zu nennen
(und um die Filmstars von Arno und Bressart bis Lorre und
Veidt gar nicht erst aufzuzählen). Die brauchten sich, zumindest am Anfang, keine Sorgen zu machen, für die war vorerst
noch Platz, in Wien und in Prag und in der Schweiz, wo eine
geschlossene Gruppe mit Ginsberg, Horwitz, Lindtberg und
Steckel den Ruhm des Zürcher Schauspielhauses begründete.
Auch etliche nichtjüdische Protagonisten, allen voran der in
jeder Hinsicht unvergleichliche Albert Bassermann, zogen die
Emigration einem Leben unterm Hakenkreuz vor.

Leo Reuss hat nicht zu dieser Spitzengarnitur gehört. Um ihn
gab es, gelinde ausgedrückt, kein Geriß. Für die führenden
Theater war er nicht attraktiv genug, für die Kleinkunstbühnen,

die damals in Wien aus dem Boden schossen und die ihre Qualität nicht zuletzt der jüngeren Garde emigrierter oder remigrierter Schauspieler verdankten, war er doch schon zu prominent (und wohl auch zu alt). Da und dort gab man ihm eine Nebenrolle, dann und wann kam er in einem Tournee-Ensemble unter, aber was er sich – im Vertrauen auf sein Können, auf seine österreichische Herkunft, auf seine künstlerischen Anfänge – gerade in Wien erhofft hatte, blieb ihm versagt. Und das stand, wie er alsbald merken mußte, in einem gewissen Zusammenhang damit, daß der christliche Ständestaat einen jüdischen Schauspieler nur ungern Fuß fassen ließ.

Nach einiger Zeit verschwand Leo Reuss von der Bildfläche. Da er auch in dieser Hinsicht nur einer von vielen war, fiel sein Abgang nicht weiter auf.

In Filmdrehbüchern heißt das, was jetzt folgt, »Ausblendung«.

Wenn das Bild wieder aufblendet, steht ein Tiroler Bauer mit blondem Vollbart im Schloßpark von Leopoldskron vor der großen Helene Thimig und ringt ihr die Erlaubnis ab, den Tell-Monolog deklamieren zu dürfen. Offenbar ein Theaternarr. Die Erlaubnis wird nachsichtig erteilt. Was kann da schon herauskommen?

Was herauskommt, ist ein kleines Wunder, ist die Entdeckung eines unglaublichen Naturtalents. Der Tiroler Bauer – er stellt sich als Kaspar Brandhofer vor, aber seine Papiere lauten auf Kaspar Altenberger, Brandhofer ist nur sein Deckname, denn für einen Angehörigen des ehrsamen Bauernstandes schickt es sich nicht, den Leuten ein Kasperl abzugeben –, der Kaspar also wird dem Professor Reinhardt vorgeführt, der ihn unverzüglich an sein von Ernst Lothar geleitetes Josefstädter Theater weiterschickt. Dort wird gerade die Dramatisierung von Schnitzlers ›Fräulein Else‹ vorbereitet. Und die männliche Hauptrolle des Dorsday wird mit Kaspar Brandhofer besetzt.

Wie er die Zeit bis zur Premiere durchsteht, wie er Nerven und Disziplin bewahrt, um den einkalkulierten und ungeahnten Schwierigkeiten zu begegnen, mit denen er's immer wieder zu tun bekommt: das können sich selbst die wenigen Vertrauten, die er über sein Abenteuer auf dem laufenden hält, kaum vorstellen (ich war einer von ihnen und kann's bis heute nicht). Mit dem doppelten Pseudonym und der restlosen, bis zu den Brusthaaren reichenden Erblondung war's ja noch keineswegs getan. Durch hundert Kleinigkeiten in Ausdrucksweise und Gehaben muß er sich als ahnungsloser Mann von der Scholle bekunden. Er läßt sich zeigen, wie man Gabel und Messer richtig handhabt. Er spricht ausschließlich im (sorgfältig erlernten) Dialekt – das Hochdeutsche bleibt der Rolle vorbehalten. Da Schauspieler aus altem Aberglauben im Theater nicht pfeifen dürfen, pfeift er sich eins, wenn er, noch dazu mit Hut, auf der Probe erscheint – bis man ihm beides verwehrt (was er kopfschüttelnd hinnimmt). Als die Szene probiert wird, in der er die zusammengebrochene Else aufhebt und zu einem Fauteuil tragen muß, richtet Rose Stradner die scherzhafte Frage an ihn, ob sie ihm nicht zu schwer sei. »Jo mei, schwerer wie a jung's Kalbl sein S' schon«, lautet die landwirtschaftliche Antwort. Kein Zweifel: da weht Tiroler Luft.

Kein Zweifel? Ach, mehr als einer. Die Sensation hat sich im Bau herumgesprochen. Mißtrauen keimt auf. Allerlei Spürnasen wollen den einstigen Kollegen erkannt haben, schnüffeln – aus welchen Gründen immer – nach Beweisen, legen Fallstricke. Er entgeht ihnen. Nächtliche Telephonanrufe reißen ihn aus dem Schlaf, wollen ihm die Nennung seines richtigen Namens abluchsen, eine weibliche Stimme haucht »Leo?«, kopiert den Tonfall seiner in Berlin zurückgebliebenen Lebensgefährtin Agnes Straub. Er läßt sich nicht überrumpeln: »Ja, bittschön? Hier ischt Altenberger.« Die obligate Schauspielerprüfung wird fällig. Vorsitzender der Kommission ist jener frühere Intendant aus Frankfurt, bei dem Leo Reuss einmal als Tell gastiert hat und der ihn praktisch nur mit dem blonden Vollbart kennt. Und seinen forschenden Blick nicht von ihm wendet . . .

Reuss besteht die Prüfung, besteht alle Prüfungen, die ihm bis zur Premiere noch auferlegt sind, besteht mit übermenschlicher Nervenanspannung auch den Abend. Erst nach dem Erfolg, erst als die enthusiastischen Kritiken erscheinen, gibt er sich preis.

Von da an wird's uninteressant, ja fast ein bißchen kläglich. Die Maskerade, die zur Demaskierung einer allgemeinen Heuchelei gedient hat, findet keine Anerkennung, bewirkt keine Selbsterkenntnis, weckt nicht einmal ein ehrliches Lachen. Die Zeit ist nicht danach. Man nimmt übel. Der eben noch als Elementarereignis Gefeierte wird – da sich herausstellt, daß er kein bäuerlicher Dilettant, sondern ein gelernter Schauspieler ist – nicht mehr beschäftigt.

In seiner letzten Berliner Rolle, als Gefängniswärter in der von Karl Kraus bearbeiteten ›Perichole‹ Jacques Offenbachs, hatte er ein Auftrittslied:

»Ein Schließer bin ich, aber zart,
Und nur mein Bart, mein Bart ist wild.
Man sagt mir, ich soll scheren den Bart,
Doch dieser Wunsch bleibt unerfüllt.«

Jetzt erfüllt er ihn. Der Bart ist ab. Aber es hilft nichts mehr. In einer mäßigen Aufführung von ›Madame sans Gêne‹ im Theater an der Wien darf Leo Reuss noch den Napoleon spielen, dann ist's vorbei. Mit einem kleinen Vertrag, aus dem auch drüben nichts Größeres wird, geht er nach Hollywood. Als er 1950 stirbt, weiß kaum noch jemand von der Affäre Kaspar Brandhofer.

Hans Weigel hatte sie 1936 in einer dem ›Wirtshaus an der Lahn‹ nachgebildeten Chronik festgehalten, die in Abschriften kursierte – wo hätte damals so etwas auch gedruckt werden sollen? Die Schlußstrophe lautete:

»Und die Moral von der Geschicht'?
Begabung braucht es heute nicht
Im neuen Österreiche.
Es kommt nur auf den Vollbart an.
So streng sind dort die Bräuche.«

Es war eine vollkommen einmalige Geschicht'. Es war die größte Rolle im Leben des Schauspielers Leo Reuss, die Rolle eines Verstellers, der sich vor anderen Verstellern verstellen mußte, eine Köpenickiade unter lauter Hauptmännern von Köpenick. Wir werden nimmer ihresgleichen sehen. Hoffentlich.

Armin Berg
(1956)

Armin Berg, vor 72 Jahren in Brünn geboren, zählte zu jener glorreichen Komikergilde, die sich noch vor dem Ersten Weltkrieg in Wien zusammengefunden hatte, teils aus dem Mährischen und teils aus dem Ungarischen kommend: Heinrich Eisenbach, Max und Sandor Rott, Armin Springer und wie sie alle hießen. Er begann seine Karriere in Praterbuden und in den improvisierten Theatersälen längst abgerissener Hotels. Die ersten Honorare wurden ihm, wenn überhaupt, in Gulden ausbezahlt. Ein letztes Stück Wiener Vorstadt-Theatergeschichte sinkt mit ihm ins Grab.

Theatergeschichte? Hat er denn eigentlich zum »Theater« gehört? Zum Theater, wie wir es heute verstehen, wohl nicht. Aber sehr wohl und im höchsten Maß zum Theater in jener urtümlichen Bedeutung, die sich in Wendungen wie »ein Theater machen« erhalten hat. Er war ein Possenreißer von klassischem Gepräge, ein »Pojazzer« so alten (und ehrwürdigen) Stils, daß man statt »alt« auch »zeitlos« sagen könnte. Er war kein Jargonkomiker im engeren Sinn, sondern ein Volkskomiker im weitesten, und war es auch im Smoking, auch auf den Vortragspodien der City. Er sprach die universelle Sprache des Humors – eines warmherzigen, wohlgelaunten, ganz und gar unaggressiven Humors. Er hat keinem Menschen je ein Leids getan. Aber er hatte viele Tausend durch viele, viele Jahre hindurch lachen gemacht.

Infolgedessen mußte er 1938 aus seiner Heimat fliehen und sich in der New Yorker Emigration durch Verkauf von Bleistiften und Büromaterial fortbringen. Nie war ein Wort des Jammers oder des Vorwurfs von ihm zu hören. So mancher, dem es besser ging, hätte sich an seiner Haltung ein Beispiel nehmen können. Manchmal trat er bei privaten Veranstaltungen auf, manchmal bei den wenigen öffentlichen, die sich das neu eingewanderte Publikum allmählich leisten konnte. Als die Möglichkeiten einer Rückkehr in die alte Heimat wieder Gestalt an-

nahmen, entwarf er in einem seiner Couplets eine Zukunftsvision: »Wenn ich wieder so wie früher sing das Lied vom
Überzieher . . .«

Er hat das Lied vom Überzieher wieder gesungen, und das
Lied vom Maurer dazu, und die unzähligen Couplets mit den
melancholischen Kehrzeilen: »Ich glaub', ich bin nicht ganz
normal«, »So dreht sich alles auf der Welt«, »Es war einmal, es
war einmal« und zahllose andere. Er sang sie mit einer lebens-
froh fettigen, von der Freude an den Späßen des Daseins vibrie-
renden Stimme, mit zwinkernden Äuglein und meisterhafter
Pointierungskunst. Er sang sie »so wie früher«, aber sie hörten
sich trotzdem anders an. Das behagliche Lächeln seines Mond-
gesichtes fand keinen rechten Widerschein mehr in einer Welt,
der das Behagen abhanden gekommen war.

Jetzt ist er tot. Der letzte Vollmond eines untergegangenen
Planetensystems ist erloschen. Gulasch hier – da das Bier – und
da hängt der Überzieh'r, den keiner mehr anziehen wird.

Karl Farkas
Der unwiderruflich Letzte
(1971)

Jetzt ist es endgültig vorbei.

Eigentlich war die Ära, die er mitrepräsentiert hat, schon 1938 zu Ende. Fritz Grünbaum, ihr legendärer Großmeister, kam in Dachau ums Leben; wo die Engel und Springer, die Rott und Wiesenthal, die Charlotte Waldow und Paula Walden geblieben sind, weiß niemand so genau; und die wenigen, die nach 1945 zurückkehrten – Armin Berg, Fritz Heller, Hermann Leopoldi –, verabschiedeten sich bald darauf für immer. Jetzt, mit Karl Farkas, wird der Letzte aus der Glanzzeit des Wiener Kabaretts zu Grabe getragen, der Letzte, der von sich sagen durfte, daß er mit allen jenen noch auf der Bühne gestanden war. Uns läßt er nur zu sagen übrig, daß wir noch den Farkas auf der Bühne stehen sahen, bis 1971.

Er hat die Emigration nicht nur überlebt, sondern überstanden. Er kam zurück, als ob er niemals fortgewesen wäre. Er war der gleiche wie zuvor. Er war der große Alte und der ewig Junge.

Über die Daten und Einzelheiten seines Lebens und seiner Laufbahn, über seine Erfolge als Kabarettist und Schauspieler, als Regisseur und Theaterleiter, als Bühnen- und Filmautor haben die vielen Nachrufe bereits alles Wissenswerte verlautet. Hier soll der Versuch unternommen werden, das Einmalige seiner künstlerischen und, jawohl: geistigen Erscheinung anzudeuten.

Die Materialien und Kenntnisse, auf die der Versuch sich stützt, umfassen nahezu ein halbes Jahrhundert. Der ihn unternimmt, war nämlich schon als widerwärtig frühreifer Knabe von Karl Farkas fasziniert, hat sich in den Zwanzigerjahren als Gymnasiast mit kurzen Hosen zu den Farkas-Gastspielen ins Ischler Kurtheater geschmuggelt (das damals noch kein Kino war), hing atemlos an den Lippen des Wortakrobaten, der oben auf der Bühne seine halsbrecherischen Kunststücke zum besten gab, aus Zurufen blitzschnell Gedichte improvisierte – nicht etwa um des Reimes willen verkrampfte, sondern durchaus sinnvolle Balladen von scheinbar mühelosem Witz. Einmal rief ich ihm sogar einen »Ort der Handlung« zu, und er machte Gebrauch davon.

Etwas später, als meine eigenen literarischen Ambitionen einsetzten und mich immer verhängnisvoller (bis zum Durchfall bei der Matura) von meinen Schulpflichten ablenkten, habe ich ihn persönlich kennengelernt. Die Vermittlung besorgte ein Freund meines Vaters: Fritz Grünbaum, der Liebenswerteste von allen, ein Mann von höchster Bildung und unvergleichlichem Esprit. Mein drängendes Bedürfnis nach der Bekanntschaft mit Karl Farkas schien er allerdings nicht gutzuheißen. »Wenn der Bub noch lang den Farkas verehrt, wird nix aus ihm«, gab er meinem Vater sorgenvoll zu bedenken. Erst als er merkte, daß meine Verehrung für ihn selbst durch Farkas keinen Abbruch erlitt, hielt er mich wieder für begabt.

Es war tatsächlich die meisterhafte Handhabung des Worts und des Reims, die ich an Karl Farkas bewunderte, es war der entdeckungsfrohe Spürsinn, mit dem er den Windungen der Sprache folgte, der Erfindungsreichtum, mit dem er die sprödesten Worte auseinandernahm und dergestalt wieder zusammenfügte, daß ihm der unwahrscheinliche Reim wie ein natürliches Nebenprodukt zufiel. Diese Fähigkeit ist ihm bis zum Schluß erhalten geblieben. Noch in seinen letzten Programmen reimte sich Goethes westöstlicher Diwan auf »Geniewahn«, erreichte die Schilderung einer UNO-Prozedur den verwegenen Gipfel: »In der geheimen Sprechnische / Bespricht man dann das Technische.« Und schon in seiner Frühzeit, als die Honorare vorerst nur kärglich flossen, wußte er seinem Namen den Reim auf »Quarkgage« abzugewinnen. Wenn er von einstigen Jugendträumen sprach, als er »zum Dichterwald, zu lichten Fichten flüchten« und »hingestreckt im Moos, im dichten, dichten« wollte, oder wenn er vor der Zahlpause im »Simpl« die Zuschauer aufforderte: »Begleichen Sie jetzt unverdrossen / Was Sie und Ihre Genossen genossen«, so waren Doppeldeutigkeiten aufgedeckt und Geheimnisse entschleiert, die tief im Gewebe des zum bloßen Verständigungsmittel degradierten Organismus »Sprache« ruhten. Heutzutage tut sich dergleichen unter dem Banner einer angeblichen »Wiener Schule« als optisch oder phonetisch zergliederte Lyrik auf und beansprucht literarische Ernstnahme. Tausche 2 Jandl gegen 1 Farkas.

Nein, bitte vielmals: mit Karl Kraus hat das alles von weither nichts zu tun, und daß der junge Schauspieler Karl Farkas an der »Neuen Wiener Bühne« unter Berthold Viertels Regie im ›Traumstück‹ von Karl Kraus mitgewirkt hatte, erfüllte mich noch Jahre später mit so gruseliger Neugier, daß ich Genaueres von ihm zu wissen verlangte. Wie sich das denn abgespielt hätte, fragte ich ihn, wie er denn mit dem sprachempfindlichen, die Proben scharf überwachenden Dichter ausgekommen wäre? »Ja, also«, sagte Farkas nach kurzem Besinnen, »ich bin doch ein schlampiger Lerner ...«, und: »Danke schön«, sagte ich, »mehr brauchen Sie mir nicht zu erzählen.«

Im übrigen war's ein rarer Genuß, ihn von den Anfängen seiner Schauspielerkarriere berichten zu hören. Unvergeßlich die Geschichte seines Einspringens an irgendeinem deutsch-böhmischen Provinztheater, mit flüchtig überflogenem Text, ohne Probe, ohne die leiseste Ahnung, was in dem Stück überhaupt vorging. Eine Zeitlang vermochte er sich noch zurechtzutasten, entfernte sich jedoch immer weiter von der Handlung – und dann war jener unvermeidliche Punkt erreicht, an dem völlige Textstille eintrat. Nach einer peinlichen Weile entschloß sich sein Partner zu der unverblümten Frage, ob er die Gräfin nicht von der Oper abholen wolle, Farkas quittierte das mit einem jauchzenden: »Ja, richtig! Gut, daß Sie mich erinnern!«, und das Stück nahm seinen Fortgang. »Es war nicht direkt eine ausgefeilte Aufführung«, bemerkte er zum Abschluß seines Berichts.

Mochte er die eigenen Texte, im Vertrauen auf sein enormes Improvisationstalent, auch noch so »schlampig« behandeln – in jedem übrigen Bühnenbelang, und ihrer sind viele, besaß er die unerbittliche Präzision des Vollblutprofessionals. Ob er nun eine der intimen Kammerrevuen im »Simpl« oder im »Pavillon« inszenierte oder eine der berühmt verschwenderischen Ausstattungsrevuen im Stadttheater: da saß jeder Blackout bis ins kleinste Detail, da klappte auch der scheinbar unwichtigste Auftritt auf die Sekunde, da verzahnten sich szenische Abläufe und musikalische Überleitungen in so rasantem Tempo, daß man kaum noch zu dem wenigen Atem kam, der einem vom Lachen her übriggeblieben war. Und erst die Doppelconférencen mit Fritz Grünbaum – welch ein »timing« war da am Werk, wie unmerklich wurden da die Pointen vorbereitet, um genau in der richtigen Sekunde zu explodieren:

»Fritz, kannst du Rätsel lösen?«

»Sehr gut sogar.«

»Also hör zu. Du gibst es mir heute, und ich geb's dir nächste Woche zurück. Was ist das?«

»Nicht ein Schilling.«

Manchmal, besonders wenn Grünbaum Begriffsstützigkeit zu mimen hatte, verstieg sich die Ungeduld des vergeblich Belehrenden in fast schon surrealistische Dimensionen. »Ich bitt' dich, tu mich informieren über was ich nicht weiß: wie macht sich ein Krieg?« fragte da etwa der Wissensdurstige und lauschte aufmerksam, bis er's zu verstehen glaubte:

»Aha. Also wenn zum Beispiel Brünn mit Bulgarien Krieg führen will, dann –«

»Brünn kann mit Bulgarien nicht Krieg führen, du Tepp.«

»Nein? Warum nicht?«

»Weil Brünn überhaupt keinen Krieg führen kann.«

»Olmütz ja?«

»Olmütz ja.«

Mit rationalen Mitteln ist die Komik dieser schlichten, sachlichen Aussage nicht zu fassen und nicht zu definieren. Nicht einmal Farkas selbst vermochte das, obwohl er ein Meister der prägnanten Definition war und natürlich sehr genau wußte, wie ein Krieg »sich macht«. Überhaupt waren seine Conférencen keineswegs so harmlos, wie man sie in den letzten Jahren zu etikettieren liebte. Er durchschaute den General de Gaulle sehr bald als »den einzigen Politiker, der Europa vom Westen her angreift«. Und mit Bemerkungen wie: »Jetzt haben wir schon wieder eine neue Regierung – wo wir doch die alte kaum gebraucht haben«, oder: »Ein Minister kann bei uns nur sehr schwer zurücktreten, weil der nächste, der auf seinen Posten wartet, so dicht hinter ihm steht«, hat er die innenpolitische Szene heller beleuchtet als mancher lichtvolle Leitartikel.

Um es nun klar und möglichst kurz zu sagen: Karl Farkas war viel gescheiter, als er sich's anmerken ließ. Er hat sich immer ein wenig unter seinem Wert verkauft und ist immer ein wenig unter sein Niveau gegangen, nur ein wenig, gerade weit genug, um jenen, die seines Niveaus entrieten, nicht zu hoch zu erscheinen und den anderen nicht zu billig. Auf diese Art ist ihm das einmalige Kunststück gelungen, beim »breiten Publikum« ebenso beliebt und erfolgreich zu sein wie bei den Intellektuellen. Auf diese Art hat er sich's auch leisten können, bis zum Schluß »altmodisches« Kabarett zu machen, und darin bestand eine weitere Einmaligkeit, mit der nur noch er aufzuwarten wußte, im weiten Rund nur noch er allein.

Die ganze Glanzzeit des großen Kabarettstils von einst, der ganze Glanz der großen Kabarettisten, die er noch zu Partnern

gehabt hat, war in Karl Farkas eingegangen wie in eine Sammel-
linse. Er war der einzige, der diesen Glanz noch ausgestrahlt
hat, der einzige und unwiderruflich letzte. Jetzt ist es endgültig
vorbei.

Hans Moser
(1964)

Sie hießen »Die Budapester«, weil sie ursprünglich aus lauter Budapestern bestanden und weil das Theater, in dem sie ihre Schwänke und Soli darboten, sich ursprünglich in Budapest befand. Übrigens wurde damals, vor 1914, auch in Budapest jeweils einer der drei Einakter des Programms in deutscher Sprache gespielt, oder, um es vorsichtiger auszudrücken: in jenem ans Deutsche anklingenden Verständigungsmittel, auf das sich der mährisch-magyarische Kulturkreis mit der Wiener Kultusgemeinde geeinigt hatte und das vom richtigen Jiddisch, wie es im Osten der Monarchie gesprochen wurde, ebenso weit entfernt war wie vom richtigen Deutsch. Es war ein durchaus eigener, auf ganz bestimmte Landschafts- und Gesellschaftsschichten beschränkter Jargon, den man oft schon in Prag nur unter Zuhilfenahme eines Brünner Dolmetschers verstand und den man in Hietzing, ja wohl gar in den besseren israelitischen Kreisen des neunten Bezirks, nicht minder verachtete als in Lemberg oder Czernowitz (wenn auch aus anderen Gründen).

Das also waren die »Budapester«, und die habe ich nicht mehr gekannt. Die kenne ich nur aus schwärmerischen Erzählungen. An ihren Star, den 1925 verstorbenen Heinrich Eisenbach (den Karl Kraus für einen der größten Schauspieler seiner Zeit gehalten hat), kann ich mich zwar aus meiner frühreifen Jugend noch recht genau erinnern, aber ich habe ihn nur auf regulären Bühnen spielen sehen, und selbst als »Budapester« war er kein ganz echter »Budapester« mehr, sondern eigentlich der Star eines schon in Wien ansässigen Ensembles, das von der Originaltruppe außer dem Namen und dem Jargon nur die eine oder andre schauspielerische Auffrischung bezog. Dieses Ensemble, nach Eisenbachs Tod hauptsächlich auf Armin Springer, Sandor Rott, Armin Berg und Paula Walden gestützt, hat unter wechselnden Bezeichnungen und in wechselnden Heimstätten noch bis 1938 gespielt. Und diesem Ensemble habe ich die ersten Begegnungen mit Hans Moser zu danken.

Bei den »Budapestern« – nennen wir sie so, obgleich sie selbst im letzten Jahrzehnt ihres Bestehens sich nicht mehr so genannt haben – gab es zwei Rollenfächer, die nie mit Budapestern im eigentlichen, jargongebundenen Sinn besetzt wurden: das Fach des draufgängerischen Liebhabers und das Fach jedweder manuellen Arbeitsleistung. Jenes wurde irgendeinem zweitklassigen Vorstadt-Beau anvertraut, dieses – mochte sich's nun um einen Gärtner, einen Feuerwehrmann oder einen Pompfuneberer handeln – war eine Zeitlang die unumstrittene Domäne Hans Mosers. Es wurde überhaupt erst durch ihn zur Domäne. Denn vorher gab's da nichts zu dominieren. Und wer sich der strengen, fast schon an die Commedia dell'arte gemahnenden Typologie des Jargonlustspiels entsinnt, wird ermessen können, was es heißt, bei den »Budapestern« in diesem vernachlässigten Rollenfach Karriere zu machen. Er wird auch den vehementen Theaterinstinkt würdigen, der dort obwaltete und der es zuließ, daß Hans Moser seine Handlanger-Figuren vom Rande des Geschehens immer mehr in den Mittelpunkt rückte, bis zur eindeutigen Szenenbeherrschung, bis ihm die Hausdichter des Theaters eigene Moser-Rollen zu schreiben begannen und bis es geschehen konnte, daß der Armenrat Pomeisl, der nur als Aufputz zur Hochzeitstafel des protzigen Parvenus geladen war, sie plötzlich zentral überwucherte. Unvergeßlich, wie Hans Moser, eben noch intensiv mit dem Essen beschäftigt, auf die lässig hingeworfene Konversationsfrage des Hausherrn »Na, Herr Armenrat, und was tut sich in *Ihrer* Branche?« langsam das Besteck hinlegt, wie er mit zwinkerndem Luchsauge die Chance wahrnimmt, das Gespräch an sich zu reißen, wie er mit immer neuen, immer unerwünschteren Auskünften den vergebens nach Hilfe spähenden Fragesteller umfängt, überwältigt, erdrosselt und völlig lahmlegt – was dann die fürchterlichsten Folgen für die mühsam aufgebaute Sozialstruktur der Tafel und für die ganze Handlung hat. (Es war dieser Sketch, der mich bis heute davon träumen läßt, als Gegenstück zur »Hamburgischen Dramaturgie« eine Art »Budapester Dramaturgie« abzufassen und ihren Einfluß auf die später in aller Welt erfolgreiche panmagyarische Schule des Marton-Verlages nachzuweisen. Vielleicht ist mir das noch einmal vergönnt.)

Oder der arme, ehrsame Uhrmacher, dem sein Gehilfe immer wieder beizubringen versucht, daß er's nie zu etwas bringen würde, wenn er kleine Reparaturen so billig durchführt, statt sie, deren Schwierigkeit doch niemand kontrollieren kann, als möglichst kostspielig hinzustellen. In die Tochter des redlichen Mannes aber – auf die der Gehilfe, in idealer Verknüpfung der Liebesgeschichte mit der Haupt- und Staatsaktion, ein Auge geworfen hat – ist der Sohn eines stinkreichen Fabrikanten verliebt und will sie heiraten. Und natürlich erscheint dieser Fabrikant eines Tages inkognito im Uhrmacherladen, um sich den künftigen Brautvater näher anzusehen. Und reicht ihm die natürlich vollkommen intakte goldene Taschenuhr zur Prüfung. Unvergeßlich, wie Hans Moser, vom teuflischen Gehilfen ermuntert, mit eingeklemmter Lupe zum inneren Kampf antritt und sich ein immer besorgteres Kopfschütteln abringt: »Ts, ts, ts ... so eine schöne Uhr was das ist ... und bitte *gar* nicht in Ordnung!« Unvergeßlich, wie er als Sarglieferant irrtümlich in eine Hochzeitsgesellschaft gerät statt zur Trauerfeier, und wie seine Fassungslosigkeit über die allseits herrschende Frohlaune sich erst am Anblick der schluchzenden Brautmutter beschwichtigt, der er denn auch mit einem herzlich befriedigten »So g'hört's es sich!« auf die Schulter klopft. Unvergeßlich noch vieles, vieles andre aus jener Zeit, die ihm schließlich den unerhörten Triumph einbrachte, daß die Budapester Hausautoren für ihn, den Ganzundgarnicht-Budapester (der freilich eine ergiebige Lehrzeit an östlichen Provinzbühnen hinter sich hatte) sogar eigene Jargonrollen schrieben, darunter den Nachtbankier, der sozusagen strichweise auf der Kärntnerstraße amtiert, den Heiratsvermittler und den Krankenkassenpatienten. Von diesem Ritterschlag war es dann nur noch ein Schritt zur Erhebung in den Reinhardtstand ...

Was Hans Moser nach seinem Abgang von der Jargonbühne alles gespielt und geleistet hat, angefangen von den Komikerrollen in den dritten Akten der Kálmán-Operetten bis zum König Menelaus in Offenbachs ›Schöner Helena‹, vom »Fürwitz« in Hofmannsthals ›Großem Salzburger Welttheater‹ bis zum Hausdiener Melchior und zum Schuster Pfrim bei Nestroy, dem Musiker Weiring in Schnitzlers ›Liebelei‹ und dem »Hohen Alter« in Raimunds ›Bauer als Millionär‹ bis zum Himmels-Offizial in Molnárs ›Liliom‹, dem letzten Bühnenauftritt des damals schon 82jährigen, über dem wahrhaftig ein nicht mehr ganz irdisches Leuchten lag –: das alles muß hier nicht im Detail aufgezählt werden, so wenig wie die Titel der zahllosen Filme, denen er die eigentliche Breitenwirkung seines Ruhms verdankt und von denen er doch keinen einzigen gebraucht hätte, um sich im Gedächtnis seiner Zeitgenossen als der größte und menschlichste Repräsentant jenes Genres zu verankern, welches mit der Bezeichnung »Volkskomiker« höchst unzulänglich etikettiert ist. Er war neben Max Pallenberg die einzig wirklich unverwechselbare und unersetzliche Erscheinung am komischen

Rundhorizont des deutschsprachigen Theaters, und es hat etwas auf sich, daß eine um 1930 in Umlauf gesetzte Anekdote, wenn sie nicht über Pallenberg erzählt wurde, nur über Hans Moser erzählt werden konnte: bei einem Faschingsfest, so hieß es, sei eine Preiskonkurrenz für die drei besten Moser-Imitationen veranstaltet worden, und Hans Moser, maskiert wie alle übrigen Teilnehmer, habe den dritten Preis gewonnen. Tatsächlich gab es um jene Zeit im weiten Bühnenumkreis niemanden, der nicht sofort mit einer Moser-Imitation zur Hand gewesen wäre, und tatsächlich hatte der Begriff Hans Moser so selbstherrliche Gestalt angenommen, daß er die wirkliche beinahe auszustechen drohte. Hans Moser war schon zu Lebzeiten eine Legende.

Sollten Schallplatte, Film und Fernsehen sich einst vor Gottes Thron für all den Unfug verantworten müssen, den sie auf Erden angerichtet haben, dann werden sie geltend machen dürfen, daß uns mit ihrer Hilfe doch etwas Wirklichkeit von der Legende Hans Moser erhalten geblieben ist. Schade nur, jammerschade, daß sie von den Anfängen, vom sozusagen prä-legendären Hans Moser nichts aufbewahren konnten. Darum ist hier, mit notwendig kargen Mitteln, versucht worden, seine Anfänge wenigstens nicht ganz in Vergessenheit geraten zu lassen. Es wäre ihm nämlich – ich weiß es aus wehmütiger Erinnerung an ein letztes Gespräch mit ihm – gar nicht recht, wenn das geschähe. Er hat nämlich an seine Anfänge gern und getreu und hingebungsvoll zurückgedacht, mit aller Hingabe des echten, großen Komödianten, der er zeit seines Lebens war.

Gisela Werbezirk
oder
Frau Breier aus Gaya in Hollywood
(1956)

Hollywood, wie man zu wissen glaubt, ist ein Stadtteil von Los Angeles, der flächenmäßig größten Stadt der Welt. Hingegen ist Gaya – und was jenes Gaya betrifft, aus dem Frau Breier kam, sollte man nicht »ist« sagen, sondern »war« – eine kleine Stadt in Mähren, mit einer seit Jahrhunderten seßhaften Judengemeinde, deren Angehörige, wenn sie's draußen in der Welt zu etwas brachten, ihre Herkunft aus Gaya schamhaft verschwiegen und prahlerisch behaupteten, sie kämen aus Brünn. ›Frau Breier aus Gaya‹ schließlich ist – und man sagt hier abermals besser: war – ein Lustspiel von Arnold und Emil Golz oder vielleicht von Armin Friedmann oder von einem andern der zahlreichen Autoren oder Autorenpaare, die in den Zwanzigerjahren solche Lustspiele schrieben, nämlich Lustspiele für die Werbezirk.

Die Werbezirk ihrerseits stammte nicht aus Gaya, sondern aus Preßburg, das auch Pozsony hieß und auch Bratislava und das mit seiner magyarisch-deutsch-slowakisch-jüdischen Mischung ein ganz ähnliches Konzentrat der alten Monarchie darstellte wie Gaya mit seiner deutsch-mährisch-tschechisch-jüdischen. In Wien verloren sich diese Unterschiede sowieso, und wer aus Preßburg nach Wien kam, konnte hier durchaus die gleiche Rolle spielen, als ob er aus Gaya gekommen wäre. Gisela Werbezirk war sehr frühzeitig nach Wien gekommen und spielte sehr frühzeitig die Rolle der Frau Breier aus Gaya. Denn die war es doch immer, auch wenn das Stück zum Beispiel ›Hulda Selzer in Venedig‹ hieß oder ›Epsteins Witwe‹ oder ›Frau Pick in Audienz‹. Sie spielte, kurzum, schon sehr frühzeitig die »komischen Alten«. Aber durch ihre Komik brach oft genug so elementare Tragik hervor, daß einem das Lachen verging, und ihr Alter war von Anfang an keine Angelegenheit der Jahre, sondern einer zeitlosen, unendlich weisen Distanz zum Leben: in das sie sich dennoch mittenhinein stellte. So echtblütige, so vollsaftige, so daseinsträchtige Gestalten gab es kein zweites Mal. Und es waren bei weitem nicht nur die mährisch-preßburgisch-leopoldstädtischen Typen, an denen sich das erwies; es waren ganz ebenso, und ebenso unverfälscht, die wienerischen oder österreichischen, vom ›Kleinen Glück auf der Wieden‹ über den ›Krach im Hinterhaus‹ bis zu Anzengrubers ›Viertem Gebot‹. Es war immer das Leben selbst, das die Werbezirk verkörperte, und immer mit jener bezwingenden Beispielhaftigkeit, auf deren höherer Stufe dann eben die Frau Breier aus Gaya sich mit der Greislerin vom Grund und mit der Schalanterischen Großmutter traf: im Menschlichen. Man könnte sie vielleicht eine Kombination von Hansi Niese und Heinrich Eisenbach nennen, von Wiener Volksstück und »Budapester« Posse (die ja auch der Ausgangspunkt für die Karriere Hans Mosers war und als deren letzter Vertreter Armin Berg übriggeblieben ist). Sie war eine große Volksschauspielerin und eine große Menschendarstellerin, die Werbezirk, und eine Meisterin der Nuance. Sie ließ die Pointen fallen wie Gansgrammeln aus der Einkaufstasche. Sie besaß eine Bühnenpräsenz von schlechthin monströser Wirkung und etablierte sie schon durch ihr bloßes Erscheinen, durch die groteske Überwältigungskraft ihres Äußeren. Und sie besaß die unfehlbare Zauberkraft der Persönlichkeit: das Publikum gänzlich (und dennoch unmerklich) zu beherrschen, ein vor Lachen tobendes Haus in Sekundenschnelle herumzureißen und ihm die Stille des angehaltenen Atems aufzuzwingen, den eben noch nach Luft Japsenden die Kehle derart abzuschnüren, daß ihnen kein Ausweg blieb als der in die Träne.

Ihre Popularität erreichte gewaltige Ausmaße. Und das brachte so um 1930 herum eine Berufs-Schnorrerin, deren Pferdekopf tatsächlich eine entfernte Ähnlichkeit mit dem der Werbezirk besaß, auf einen grandiosen Einfall. Zündhölzel und die Legende feilbietend, daß sie die arme Schwester der berühmten Schauspielerin sei, durchzog sie die Wiener Nachtcafés und durfte sicher sein, daß man sich jedenfalls auf ein Gespräch mit ihr einlassen würde, welches dann stets mit einer (zumeist erfolgreichen) Schnorraktion endete. Es geschah, was geschehen mußte: eines Nachts, im alten »Café de l'Europe«, stand sie der Werbezirk gegenüber, erbleichte, begann zu stottern, wollte sich entschuldigen. Die Werbezirk griff in die Tasche, zog eine Banknote hervor und sprach: »So, da haben Sie. Aber ab morgen erzählen Sie gefälligst, daß Sie die Schwester von der Jeritza sind!«

Man sollte meinen, daß sich mit solcherlei in andrer Atmosphäre und andrer Sprache, ja auf dem andern Planeten, welcher

Hollywood heißt, nichts hätte aufstecken lassen. Dem war nicht so. Die Werbezirk mußte sich im Hollywoodfilm nicht deshalb mit kleinen Rollen zufrieden geben, weil sie zu wenig, sondern weil sie zu viel von sich projizierte. Sie sprengte ihre Szenen und sprengte die streng gestufte Hierarchie der großen Gagenempfänger. Im Manuskript waren ihre Rollen manchmal gar nicht so klein. Aber die Stars, die sich in der und jener Szene von ihr an die Wand gespielt merkten, bestanden darauf, daß man diese Wand niederriß. Einmal, in einem Lubitschfilm, in dem sie eine Pensionsinhaberin gab, hatte sie nichts weiter zu tun als dabeizusein, wie der junge Mann die junge Dame vermittels Klavierspiel zu betören versuchte. Sie tat auch wirklich nichts weiter. Sie saß nur da und glotzte zwischen den beiden hin und her, stumm, mit der vorwurfsvollen Melancholie eines Droschkengauls. Die Szene, von entscheidender Bedeutung für die Liebesgeschichte des Films, ging bei der Vorschau im dröhnenden Gelächter des Publikums unter und wurde derart zusammengeschnitten, daß die Werbezirk nur ein einziges Mal ins Bild kam. Und ich habe selbst etwas Ähnliches mit einem Film erlebt, in den ich eigens eine Rolle für sie hineingeschrieben hatte: das Drehbuch mußte während der Produktion umgearbeitet werden, als auf Betreiben eines Stars die ganze Werbezirk-Sequenz wegfiel.

Die Werbezirk nahm all das mit Gelassenheit hin. Sie war im Leben so wenig aus der Fassung zu bringen wie auf der Bühne. Auch Hollywood insgesamt, das sich von Gaya und von Preßburg und von Wien doch einigermaßen unterscheidet, hat sie nicht aus der Fassung gebracht. »Purkersdorf mit Palmen«, sagte sie und richtete sich dementsprechend ein. Und weil man ihr – was ja die tröstliche Kehrseite der zusammengeschnittenen Rollen war – immer die vollen Gagen auszahlte, konnte sie sich's sogar halbwegs erträglich einrichten. Sie war, um ein andres geflügeltes Wort der Emigration zu zitieren, sogar happy; aber glücklich war sie nicht.

Jetzt ist sie gestorben, 81 Jahre alt, ohne die Heimat wiedergesehen zu haben. Und die Heimat wird nimmer ihresgleichen sehen.

Alma Mahler-Werfel
Ein Denkmal ihrer selbst
(1964)

Sie war um mindestens zehn Jahre älter als ihr letzter Ehemann, Franz Werfel, und sie hat ihn um zwanzig Jahre überlebt. Als sie mit Gustav Mahler, dem 1911 Verstorbenen, die erste ihrer Ehen schloß, war sie knappe 19. Sie hat unglaublich früh zu leben begonnen und hat unglaublich lange gelebt. Und zwar bestand das Unglaubliche darin, daß sie von Anfang an im höchsten Grad bewußt gelebt hat. Sie ließ sich nichts entgehen, aber schon gar nichts, sie holte aus dem Leben alles heraus, was sich irgend herausholen ließ, und holte es – meilenfern vom oberflächlichen Erlebnishunger betriebsamer Frauenspersonen – vorsätzlich und beinahe planmäßig in ihr Bewußtsein herein. Erst in den allerletzten Jahren begann das nachzulassen, gewann die Vergangenheit, deren sie übervoll war, allmählich die Oberhand über eine unergiebig werdende Gegenwart, erstarrte Alma Mahler-Werfel auch nach außenhin zu jener Statur, die sich niemals von ungefähr ergibt: zu einem Denkmal ihrer selbst.

In den Augen ihrer Freunde war sie das schon längst gewesen, seit mindestens drei Jahrzehnten schon, jedenfalls seit ich sie kannte. Wann immer sie Unberechenbares oder Ärgerliches tat, wann immer sie einen Plan über den Haufen warf oder einen Eklat hervorrief: man beschied sich alsbald in ein lächelndes Achselzucken und in die verehrungsvoll-resignative Erkenntnis, daß es keinen Sinn hätte, an diese Frau normale Maßstäbe anzulegen oder sich gar über sie zu ärgern. Sie stand bereits zu Lebzeiten unter Denkmalschutz, und sie machte weidlich Gebrauch davon. Sie war die klassische Ausprägung dessen, was man in Amerika eine »take it or leave it«-Proposition nennt: nimm's oder laß es bleiben – aber wenn du's nimmst, dann so, wie es ist.

Es war, zugegeben, nicht jedermanns Sache, Alma Mahler-Werfel so zu nehmen. Wer sich jedoch dazu entschlossen hatte, war ihr auf der einen oder andern Ebene (und manchmal auf mehreren zugleich) unweigerlich verfallen, war bereichert um das Erlebnis einer garantiert einmaligen Persönlichkeit, einer Frau von gewaltigem Kunstverstand und Kunstinstinkt, von unheimlichem Spürsinn für Werte und Wirkungen, und von bedingungslosem Glauben ans Aufgespürte. Dieser Glaube war vielleicht der einzige, den sie wirklich ernst nahm (ihr Katholizismus hatte mehr demonstrative Funktionen; im Grund ihres Wesens war sie, und das sagte sie auch, eine Heidin). Wenn sie von jemandes Talent überzeugt war, ließ sie für dessen Inhaber – mit einer oft an Brutalität grenzenden Energie – gar keinen andern Weg mehr offen als den der Erfüllung. Dazu war er dann sich und ihr und der Welt gegenüber verpflichtet, und sie empfand es als persönlichen Affront, wenn eine von ihr erkannte oder gar geförderte Begabung nicht allgemein anerkannt wurde. Das geschah übrigens nur wenigen, und denen blieb sie rührend treu.

Erfolg betörte sie, aber Erfolglosigkeit beirrte sie nicht. Ihre Einsatzfreude, ihre Hingabe, ihre Aufopferungsfähigkeit kannte keine Grenzen und mußte schon deshalb faszinierend und aneifernd wirken, weil sie nichts von kritikloser Vergötterung an sich hatte, weil ihre Urteilskraft sich durch nichts vernebeln ließ. Daran lag es wohl auch, daß so viele schöpferische Männer an ihr hängenblieben. Hier setzte ihre eigene Produktivität sich fort und um. (Die achtzehnjährige Alma Maria Schindler hatte nämlich, noch ehe sie Gustav Mahler kennenlernte, selbst komponiert, und einige ihrer Lieder waren in der Universal-Edition erschienen.)

Müßig, darüber nachzusinnen, inwieweit sie das Werk und das Leben der solcherart von ihr Betreuten beeinflußt hat. Nie werde ich die zweischneidige Wehmut vergessen, die in Franz Werfels Stimme lag, als er einmal – auf dem Höhepunkt seiner amerikanischen Bestseller-Erfolge – ein langes nächtliches Gespräch mit diesen Worten abschloß: »Wenn ich die Alma nicht getroffen hätte – ich hätte noch hundert Gedichte geschrieben und wäre selig verkommen . . .«

Wie das gemeint war, weiß ich bis heute nicht. Er kam nie wieder darauf zu sprechen. Aber er hat oft und oft davon gesprochen, wie unvorstellbar ein Leben ohne Alma für ihn gewesen wäre. Und er konnte mitten in einer von ihr beherrschten Gesellschaft – es gab eigentlich keine anderen – mich am Ärmel zupfen und mir mit verklärtem Gymnasiasten-Aufblick zuflüstern: »Schau sie dir an! Ist sie nicht großartig?«

Sie war es. Sie hatte eine Art, zu arrangieren und zu dirigieren, die ihr mit geometrischer Zwangsläufigkeit den Mittelpunkt zuwies, und alle waren dessen froh: denn dieser Mittelpunkt stand fest und setzte die andern in Szene, nicht sich. Dem großen Haus, das sie auch in Amerika führte, waren die kleinen Mittel, mit denen das zumal in der schwierigen Anfangszeit geschah, niemals anzumerken. Es war die selbstverständliche Fortsetzung ihres Wiener Salons, und es trafen dort mit Selbstverständlichkeit alle zusammen, die ihr und ihrem Franzl noch von Wien und von Europa her verbunden waren, Bruno Walter und Arnold Schönberg und Hermann Broch, und es kamen noch Igor Strawinsky hinzu und Remarque und Zuckmayer und Thornton Wilder, und die Ehepaare Thomas Mann und Bruno Frank, und Reinhardt und Lubitsch und die Massary, und es hatte ein jeder, mit dem sie gerade sprach, das Gefühl, dies alles geschähe nur um seinetwillen. Ein solches Gefühl müssen, im weitesten Ausmaß, wohl auch die Männer gehabt haben, mit denen sie verheiratet oder verbunden war, Gustav Mahler und Walter Gropius und Oskar Kokoschka und Franz Werfel (»die nicht gerechnet, die der Fluß verschlang«, wie es so richtig in der ›Jungfrau von Orleans‹ heißt).

Sie war ein Katalysator von unwahrscheinlicher Intensität, sie thronte über dem Getriebe und war zugleich mittendrin, blond bis ins hohe Alter und von imposantem Wuchs, eine verwirrende Mischung aus Patronatsherrin und Patronne eines Maison de Rendezvous – »eine tolle Madame«, wie Gerhart Hauptmann sie einmal mit bewunderndem Kopfschütteln genannt hat.

Am Morgen pflegte sie um 6 Uhr aufzustehen, trank eine Flasche Champagner leer und spielte eine Stunde lang das ›Wohltemperierte Klavier‹. Ich berichte das aus Erfahrung. Denn ich war meiner Gewohnheit, die zur Deckung des Lebensunterhalts erforderlichen Schreibarbeiten des Nachts zu erledigen, auch in Los Angeles treu geblieben, und es geschah nicht selten, daß im Morgengrauen das Telephon ging, dem dann ohne weitere Formalitäten ihre Stimme entklang: »Bist noch wach? Komm frühstücken!« Und da gab es keinen Widerspruch.

Vor etwa zwei Jahren in New York habe ich sie zum letztenmal gesehen. Sie hatte kurz zuvor einen Schlaganfall überstanden, saß ein wenig mühsam und verschrumpft in einem tiefen Fauteuil, dämmerte vor sich hin – und wurde plötzlich für zehn oder fünfzehn Minuten so unheimlich wach und lebendig wie eh und je, sprach von elektronischer Musik (und so, daß man's verstand), schimpfte auf Clara Schumann, deren Briefe sie anmaßend fand, erklärte mir, warum der ›Sturm und Drang‹-Dichter Klinger es zu nichts gebracht hätte, wollte mir das an

Hand einer bestimmten Stelle der zwölfbändigen Werkausgabe, die sie gerade las, ganz genau beweisen, und schickte mich ins Nebenzimmer, den betreffenden Band zu holen. Die Bände waren an ihrem Bett aufgeschichtet, Teil einer kunstvollen Rundmauer aus Büchern und Partituren, in deren ausgesparter Mitte eine Flasche Benediktiner stand, den ihr der Arzt strengstens verboten hatte.

Als ich ins Zimmer zurückkam, schlief sie wieder. Und eine Viertelstunde später war sie wieder wach und lebendig.

Jetzt ist sie – 85jährig, wenn sie sich nicht vielleicht um zwei Jahre jünger gemacht hat – endgültig hinübergedämmert, hoffentlich sanft und ohne Widerstreben: von dem ihr Leben durchwirkt und bestimmt war, solange sie es noch nach eigenem Geschmack hat führen können. Sie war eine große Figur und eine große Frau. In dieser Ausführung werden sie nicht mehr geliefert. Alma Mahler-Werfel war die letzte.

Der Jandak-Brief

Es wird hier ein Brief wiedergegeben: zuerst im Faksimile, damit man's glaubt, dann in originalgetreuem Druck, damit man's besser lesen kann, und schließlich in einer annähernd hochdeutschen Übertragung, damit man's versteht. Der Brief stammt von einer alten böhmischen Köchin namens Katharina Jandak, die jahrzehntelang im Haus einer Wiener Familie beschäftigt war. Sie schrieb ihn bald nach Kriegsschluß an die 1938 emigrierte Frau des Hauses, in phonetischem Deutsch, so, wie sie's sprach und wie sie's zu hören meinte, und sie behalf sich dabei mit tschechischen Schriftzeichen. Der Publizist Götz Fehr hat mit seinem 1977 erschienenen ›Fernkurs in Böhmisch‹ diese phonetische Schreibweise in die Literatur eingebracht. Aber was sich in der Schreibweise der Köchin Katharina Jandak offenbart, hat nichts mit Literatur zu tun. Eher vielleicht mit Offenbarung. Lache darüber, wer will. Mir sind beim Lesen die Tränen gekommen. Ich kenne kein zweites document humain, aus dem mit solcher Unmittelbarkeit der Mensch hervorträte, den es dokumentiert.

Die Kenntnis des Briefs – von dem ich gleich damals, Ende 1945 in New York, eine Photokopie anfertigen ließ – verdanke ich einem mir befreundeten Verwandten der Adressatin, die von der Absenderin nicht etwa als »Gnädige Frau« angesprochen wurde, sondern als ihre liebe Frau Kronberg. Denn eine Köchin wie Katharina Jandak war keine Dienstperson. Sie war – das gab's ja bis 1938 noch – ein Mitglied des Haushalts, ein Familienmitglied.

Frau Kronberg ist tot, Katharina Jandak ist tot, mein Freund ist tot. Was lebt und leben bleiben wird, ist dieser Brief.

main: Libe Frau Kronberg musich inen vasu—
šraibn vonti fremde laite kanich net sofile falanen
unt taic kanich net oraien pitte lasnsitas jemanten
for lezn Libe Frau Kronber inen šwegerin habeich
bezuchen hat ire vonunk in ordunk šešen angerichtet auch šene fogl hat aba laida ter libe Man ire
is geštorben Dexenberk for vainachten hat vainen
soiz za gesunt äh ti Dochta iba trauriš ales Libe
Frau Kronberg vonti zPoliza vervante sain ewrik
ge komen var bei Tirkiže krenze ti Frau var beimir
hat vonuk trits in Deblink ich habe si fraidet ši
komen aimal cumir vas hama ales mit mašnu
mišn venti peze menin musma frosain sailma
gesunt hern Got iba ales Libe Frau Kronberg inen
šwegerin sain cvai brife vönini cvrikk gekomen
vaisma net aine von andere vas gešen is

ter nochzu maine hat mišu nacht flichtet nima
cvrigekomen jezt sain ti menin als aftevel unt
un lib aba ich lasich ina freitmiš sikuben
von mir tize brife krif šraibens nur vassi
mechtus vion pioti Slasini aimal komen
tan šraibe ich inen ti šlastni hat kenuk
mit machn
      heraliche krise von ale tize
brif habe ich im lezn lassn tilwiz

herzleche krisse von mir unt maine
šwestri
    Katherina Zavodata
    fiti Got
Libe Frau Kronberg minis maine šrife parmalalezn

obiriv brif in a Mexika
bekome ale ire kinla zen lois...

friviiv überviv

maine Libe Frau Kronberg musich inen vascušraibn vonti fremde laite kanich net sofill falanen unt taič kanich net šraiben pitte
lasnsitas jemanten for lezn Libe Frau Kronber(g) inen *švegerin*
habe ich bezuchen hat ire vonunk in ordnunk sešen angerichtet
auch šene fogl hat aba laida ter libe Man ire is geštorben dezen-
berk for vainachten hat vainen soizza gesunt auchti Dochta aba
traurich ales Libe Frau Kronberg vonti Poliza vervante sain
curik gekomen var bei *Tirkiše* krenze ti Frau var bei mir hat
vonunk krik in Deblink ich habe si fraidet *si* komen aimal cumir
vas hama ales mitmachn misn venti peze menčn musma frosain
saima gesunt hern Got iba ales Libe Frau Kronberg inen frau
švegerin sain cvai brife von inen curikk gekomen trum vaisma
net aine von andere vas gešen is ter nochpa maine hat misn *nacht*
flichtet nima curigekomen ject sain ti menčn ale afkeret unt
unlib aba ich lasich ina freitmich sihaben von mir tize brife krik
šraibens mir vassi mechtns visn pisti Štastni amal komen tan
šraibe ich inen ti Štastni hat kenuk mit machn
herzliche krise von ale tize brif habe ich im lezn lassn tilaite
herzliche krisse von mir unt maine švestr

Katherina Jandak
fiti Got

Libe Frau Kronberg misns maine šrift parmallezn pissitas ales
vissn
obsitis brif in a Merika bekome ale ire kinda šen krissn

Meine liebe Frau Kronberg, muß ich Ihnen was zuschreiben, von die fremde Leute kann ich net soviel verlangen und deutsch kann ich net schreiben. Bitte lassen Sie das jemanden vorlesen. Liebe Frau Kronberg, Ihre *Schwägerin* habe ich besucht, hat ihre Wohnung in Ordnung, sehr schön eingerichtet, auch schönen Vogel hat (sie). Aber leider der liebe Mann ihrer ist gestorben, Dezember vor Weihnachten. (Sie) hat weinen (müssen). So ist sie gesund. Auch die Tochter. Aber traurig alles. Liebe Frau Kronberg, von die Politzer Verwandte sind zurück gekommen, war(en) bei *türkischer* Grenze. Die Frau war bei mir. Hat Wohnung gekriegt in Döbling. Ich habe mich gefreut, *Sie* kommen einmal zu mir. Was haben wir alles mitmachen müssen wegen die bösen Menschen. Muß man froh sein, sind wir gesund. Herr Gott über alles. Liebe Frau Kronberg, Ihrer Frau Schwägerin sind zwei Briefe von Ihnen (?) zurück gekommen, drum weiß man nicht einer vom anderen, was geschehen ist. Der Nachbar meiner hat müssen bei *Nacht* flüchten. Nimmer zurück gekommen. Jetzt sind die Menschen alle aufgeregt und unlieb, aber ich laß ich ihnen. Freut mich, Sie haben von mir diesen Brief gekriegt. Schreiben Sie mir, was Sie möchten wissen. Bis die Stastny einmal kommt, dann schreibe ich Ihnen. Die Stastny hat genug mitgemacht.
Herzliche Grüße von alle die Leute (die ich) diesen Brief habe lesen lassen.
Herzliche Grüße von mir und meiner Schwester.

Katharina Jandak
Behüt dich Gott
(Pfüatdigott)

Liebe Frau Kronberg, müssen Sie meine Schrift paarmal lesen, bis Sie das alles wissen.
Ob Sie diesen Brief in Amerika bekommen? Alle Ihre Kinder schön grüßen.

Herr Gott über alles. Sie muß gemerkt haben, daß es der gleiche ist wie in ihrem »fiti Got« am Schluß, sonst hätte sie's zusammengeschrieben, »fitigot«. Und sollte Er, wenn sie dereinst vor Seinem Thron erscheint, die Frage an sie richten: »Womit willst du dir den Himmel verdient haben, Katharina Jandak?«, dann wird sie antworten dürfen: »Mit diese Brief.«

maine libe Frau Fronberg waaich ihren warm —
wraibn wani fremde laite kanich nit sofill falanen
unt laić kanich nit wraiben pöre kannitas jemainter
for lern Libe Frau Fronber ihen wiegerin habeich
bezuchen hul ie wunnit in ordnunk aldn angen-
ahtt auch iene tagl hat aba laiPa ter Libe Man ite
is gestorben Dezember for mainachten hat minen
waiana gezunt ist ti Dohia iba traurich ales Libe
Frau Fronberg wuti Polina wewante wain cunk
ge komen war bei tirhsize wrenze ti Frau war beimir
hat wunik krik in Dellink ich habe wi traibet ad
komen aimal cumir was huma ales mit machen
wann wenti zere mencin muoma fwrwain waiuma
hern Put iba ales Libe Frau Fronberg inen
woß wiegerin wain wai wriße cunikk gekomen
waiwma nit aine won andere was gewen is

288 S., ISBN 3-7844-2699-9

Friedrich Torberg
Wien oder Der Unterschied

**Prachtstücke
aus dem Gesamtwerk
Friedrich Torbergs**

*So weit gespannt wie die Lebensinteressen des
geistreichen Schriftstellers ist auch der Themen-
kreis dieses Lesebuchs: Es enthält Humorvolles
und politische Analysen, Exil-Zeugnisse der
Sehnsucht nach Österreich und Erinnerungen
an berühmte Zeitgenossen ...*

Hrsg. von David Axmann und Marietta Torberg.

Langen Müller

Joseph von Westphalen
im dtv

»Westphalen schreckt vor nichts zurück.«
Prinz

Im diplomatischen Dienst
Roman · dtv 11614
Frauenliebhaber Harry
von Duckwitz ist unan-
gepaßt, zynisch, unpoli-
tisch – und ausgerechnet
Diplomat geworden…
Ein scharfzüngiger
Schelmenroman.

Das schöne Leben
Roman · dtv 12078
Harry von Duckwitz
versucht den Zusammen-
bruch seines Vielfrauen-
imperiums zu verhindern
und eine neue Weltord-
nung zu schaffen.

**Das Drama des
gewissen Etwas**
Über den Geschmack und
andere Vorschläge zur
Verbesserung der Welt
dtv 11784

**Dreiunddreißig weiße
Baumwollunterhosen**
Glanz und Elend der
Reizwäsche nebst sonsti-
gen Wahrheiten zur
Beförderung der Erotik
dtv 11865

Das Leben ist hart
Über das Saufen und wei-
tere Nachdenklichkeiten
zur Erziehung der
Menschheit
dtv 11972

Die Geschäfte der Liebe
dtv 12024
Bissige, boshafte und
brillante Geschichten.

High Noon
Ein Western zur Lage
der Nation
dtv 12195

Die Liebeskopie
und andere Herzensergie-
ßungen eines sehnsüchti-
gen Schreibwarenhändlers
dtv 12316
Nachrichten über die
Liebe und übers Internet.

Die bösen Frauen
Roman
dtv 12525
Harry von Duckwitz ver-
sucht sich als erfolgloser
CD-Produzent und erfolg-
reicher Möbelhändler –
und natürlich in der Liebe.

Erich Loest im <u>dtv</u>

»Lest Loest, und ihr wißt mehr über Leipzig
und wie alles gekommen ist.«
Armin Eichholz

Schattenboxen
Roman
dtv 10853
Gert Kohler wird nach
zweieinhalb Jahren aus dem
Gefängnis entlassen. In-
zwischen gibt es den kleinen Jörg und neue
Probleme …

Zwiebelmuster
Roman
dtv 10919
»Dieser Roman erweist e
einmal mehr die Stärke
Loests, Alltag pointiert in
Szene zu setzen.« (Deut-
sches Allgemeines Sonn-
tagsblatt)

Froschkonzert
Roman
dtv 11241
Satire auf bundesdeutsche
Krähwinkelei.

Wälder, weit wie das Meer
Reisebilder
dtv 11507

Fallhöhe
Roman
dtv 11596
Die letzten Tagen der
DDR.

Katerfrühstück
Roman
dtv 12060
Ein rheinisch-sächsisches
Familienrennen.

Durch die Erde ein Riß
Ein Lebenslauf
dtv 12249

Bauchschüsse
Erzählungen
dtv 12290

Nikolaikirche
Roman
dtv 12448
Chronik einer Leipziger
Familie. Ein Wende-Ro-
man.

Völkerschlachtdenkmal
Roman
dtv 12533

**Es geht seinen Gang
oder
Mühen in unserer Ebene**
Roman
dtv 12549
Ein Mann verweigert sich
dem Leistungsdruck in
Gesellschaft und Familie.
DDR-Roman.